CB014617

Guimarães Rosa
Fronteiras, Margens, Passagens

Marli Fantini

Guimarães Rosa
Fronteiras, Margens, Passagens

2ª EDIÇÃO

Copyright © 2004 Marli Fantini

Direitos reservados e protegidos pela Lei 9.610 de 19 de fevereiro de 1998.
É proibida a reprodução total ou parcial sem autorização, por escrito, das editoras.

1ª edição, 2004   2ª edição, 2008

Dados Internacionais de Catalogação na Publicação (CIP)
(Câmara Brasileira do Livro, SP, Brasil)

Fantini, Marli
    Guimarães Rosa: fronteiras, margens, passagens / Marli Fantini.
– Cotia, SP: Ateliê Editorial; São Paulo: Editora Senac São Paulo, 2003.

    Bibliografia.
    ISBN 85-7480-210-7 (Ateliê Editorial)
    ISBN 978-85-7359-691-5 (Editora Senac São Paulo)

    1. Rosa, Guimarães, 1908-1967 – Crítica e interpretação I. Título.

03-6888   CDD – 869.909

Índice para catálogo sistemático:
1. Literatura brasileira: História e crítica   869.909

ADMINISTRAÇÃO REGIONAL DO SENAC NO ESTADO DE SÃO PAULO
Presidente do Conselho Regional: Abram Szajman
Diretor do Departamento Regional: Luiz Francisco de A. Salgado
Superintendente Universitário e de Desenvolvimento: Luiz Carlos Dourado

EDITORA SENAC SÃO PAULO
Conselho Editorial: Luiz Francisco de A. Salgado
                      Luiz Carlos Dourado
                      Darcio Sayad Maia
                      Lucila Mara Sbrana Sciotti
                      Marcus Vinicius Barili Alves

Editor: Marcus Vinicius Barili Alves (vinicius@sp.senac.br)

Coordenação de Prospecção e Produção Editorial: Isabel M. M. Alexandre (ialexand@sp.senac.br)
Supervisão de Produção Editorial: Izilda de Oliveira Pereira (ipereira@sp.senac.br)

Gerência Comercial: Marcus Vinicius Barili Alves (vinicius@sp.senac.br)
Supervisão de Vendas: Rubens Gonçalves Folha (rfolha@sp.senac.br)
Coordenação Administrativa: Carlos Alberto Alves (calves@sp.senac.br)

Proibida a reprodução sem autorização expressa. Todos os direitos reservados à

ATELIÊ EDITORIAL
Estrada da Aldeia de Carapicuíba, 897
06709-300 – Granja Viana – Cotia – SP
Telefax (11) 4612-9666
www.atelie.com.br   atelie@atelie.com.br

Impresso no Brasil 2008   Foi feito depósito legal

EDITORA SENAC SÃO PAULO
Rua Rui Barbosa, 377 – 1º andar – 01326-010 – Bela Vista
Caixa postal 1120 – 01032-970 – São Paulo – SP
Telefone (11) 2187-4450 – Fax (11) 2187-4486
www.editorasenacsp.com.br   editora@sp.senac.br

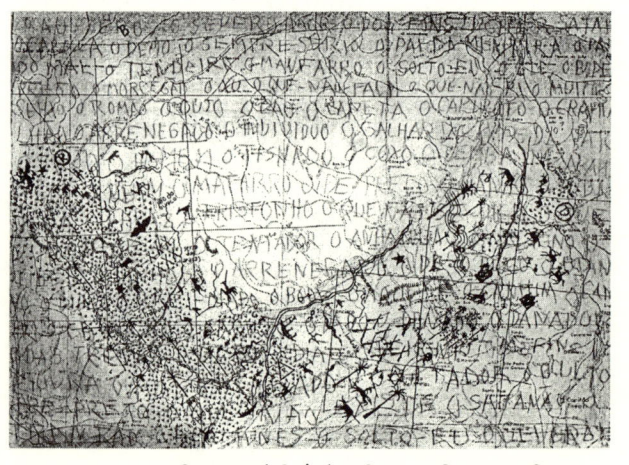

Satanão! Sujo!... S... — Sertão... Sertão...

Desejo que tudo isso fique marcado no corpo quando eu morrer. Acredito nessa cartografia — ser marcado pela natureza, não apenas pôr um rótulo sobre o mapa [...]. Somos histórias comunitárias. Não somos propriedade única de alguém nem monógamos no nosso gosto e na nossa experiência. Tudo que eu queria era andar numa terra que não tivesse mapas.

MICHAEL ONDAATJE

Inneres und Ausseres sind nicht mehr zu trennen
(O interior e o exterior já não podem ser separados).

GOETHE, *via* GUIMARÃES ROSA

A Ana Carolina e Juliana, minhas queridas filhas.

A meu pai e a meu filho, que, embora habitando o não-lugar da terceira margem, estão sempre a lembrar-me sua magnânima aceitação do "outro".

Agradeço, com meus melhores sentimentos, a Benjamin Abdala Junior, Eneida Maria de Souza e Isabel Alexandre.

Sumário

Nota dos Editores 15
Prefácio – *Eneida Maria de Souza* 19

TRAVESSIA DO GRANDE SERTÃO 21
    As interfaces de Manuelzão 25
    As fronteiras de Guimarães Rosa 29
    Novas formas de enunciação 33

1. POR QUE LER GUIMARÃES ROSA? 35
    Rosa, rosae, rosarum 37
    Mirada estrábica 39
    Renovar a língua 44
    Diálogo de escritores latino-americanos 51
    Entre duas águas 59
    Amilhoramento da língua 61
    Um novo clássico 64

2. FRONTEIRAS DISCURSIVAS 71
    O discurso do entre-lugar 73
    Transculturação narrativa 76
    Fronteira transnacional 80
    Trocas culturais 85

Desterritorializar a pátria 91

A zona fronteiriça 99

Comunidades imaginadas 108

Viagem à própria geografia 113

O recado do diplomata 115

O lugar do estrangeiro 121

A estranheza das línguas 122

A perspectiva de lá 125

3. POÉTICAS DO DESDOBRAMENTO 133

Transportar a tradição 135

Por outra voz 137

A tradução em Guimarães Rosa 143

Transitividade cultural 149

Retramar o território 151

Em busca da região perdida 156

Tão longe, tão perto 161

Identidades partilhadas 165

A terceira margem do rio 167

Ilhas sem lugar 169

Discurso do outro lugar 171

Limites da transculturação 173

Eppur si muove 177

4. RELATO DE UMA INCERTA VIAGEM 185

A diversidade cultural 187

Medir: deslocar 188

As virtualidades do pensamento selvagem 194

Estrangeiros uns aos outros 196

A imagérie *do viajante estrangeiro* 198

Fronteiras ex-cêntricas 201

Recado do morro, legado de Rosa 204

5. TERCEIRA MARGEM DA HISTÓRIA 207

   A festa e a farsa 209

   Poética da história 212

   Recontar a história 217

   Nação de maracatu 222

   As margens da utopia 227

   Cidade letrada 228

   As margens da modernidade 232

   A utopia brasiliana 234

   Perenidade e efemeridade 235

   Uma rede interativa 240

   Fundação e dispersão 246

   Máquina de tecer estórias 251

   Sinagoga de pagode 260

   Uma estória de amor 264

GRANDE SERTÃO: FRONTEIRAS 269

REFERÊNCIAS BIBLIOGRÁFICAS 283

Nota dos Editores

EM 1963, o crítico uruguaio Emir Rodríguez Monegal (que, anos depois, viria a tornar-se um importante biógrafo de Jorge Luis Borges) visitou Guimarães Rosa, no Rio de Janeiro, quando este já era Ministro de 1ª Classe, ocupando o cargo de Chefe do Serviço de Demarcação de Fronteiras no Itamaraty. Durante a entrevista, o escritor explicou minuciosamente como constrói sua poética, o modo de intencionar sua forma, a inserção de vários idiomas no português, a exploração deliberada de contradições etc., o que leva Monegal a perceber a conjunção entre o escritor e o diplomata: "Enquanto o escutava falar com precisão sem pressa, pensei que esta tarefa devia ser também um serviço de demarcação de fronteiras".

Dessa feliz observação, ocorreu a Marli Fantini, autora deste livro, a idéia de relacionar as fronteiras profissionais com as literárias que emergem da vida e da obra de Guimarães Rosa. A interface entre a sua e outras línguas (e culturas), o difícil confronto entre ásperas alteridades irão exigir que ele – sobretudo quando ocupa, no Itamaraty, a Chefia do Serviço de Demarcação de Fronteiras – enfrente o desafio de permeabilizar fronteiras reais e metafóricas, tanto nas negociações oriundas da função diplomática, quanto no trabalho de criação de seus espaços literários.

Ainda que enfoque, em sua obra literária, as singularidades lingüísticas, geopolíticas e culturais do sertão mineiro, Guimarães

Rosa, como mostra a autora, submete o repertório heterogêneo que constitui essa realidade "local" à prática simultânea de decomposição e recomposição, imbricamento e superposição, podendo, dessa forma, surpreender os múltiplos legados culturais que colocam essa região em relação interativa com a herança ibérica. O procedimento de trocas lingüísticas, históricas e culturais possibilita a inserção do "local" numa territorialidade bem mais ampla e complexa do que a que se verifica com os autores que se circunscrevem a um universo meramente regional.

Um dos méritos fundamentais desta publicação, resultante de uma feliz parceria entre a Editora Senac São Paulo e a Ateliê Editorial, é mostrar, com atualidade crítica e para um leitor que ingressa neste século XXI, a capacidade de Rosa em dar visibilidade a potencialidades não-realizadas; em agenciar novas redes de sentido; em conciliar experiência e discurso – sem perder de vista a coexistência contraditória entre essas duas instâncias. Estes são atributos em que se encaixa perfeitamente o perfil intelectual desse prosador e que fazem dele um escritor de obras destinadas a se revelarem, em diferentes tempos e distintas formas de recepção, sempre novas, inesperadas, inéditas.

Homem de cultura exemplar, pesquisador contumaz desde muito jovem, Guimarães Rosa soube, como raros escritores, conciliar sua reconhecida inventividade com obstinada pesquisa a fontes da mais diversificada procedência, aplicando-se, ademais, à permanente e disciplinada aprendizagem de diversos idiomas. A par de suas pesquisas, ele deteve-se continuamente no esforço de depurar, refinar e potencializar a língua que dá suporte a sua obra literária, conciliando suas fontes regionais com os recursos oriundos da vanguarda européia. O ineditismo de suas construções sintáticas, a mescla vocabular, a revitalização de palavras gastas, o aproveitamento de virtualidades fônicas tanto do português quanto de outros idiomas, entre outros procedimentos, revelam um escritor empenhado em surpreender e empregar, em sua textura poética, formações lingüísticas singulares, emergidas de várias temporalidades e diferentes usos, visando, dessa forma, atingir um ideal de inteligibilidade universal.

O Senac São Paulo e a Ateliê Editorial lançam o estudo de Marli Fantini na certeza de uma nova e importante contribuição ao desvendamento do mundo rosiano.

Prefácio

O VOCABULÁRIO POÉTICO de Guimarães Rosa, responsável pela construção de uma narrativa que se move em torno de deslocamentos e desencontros, de travessias,veredas e sertões, torna-se, a cada dia, texto aberto para o futuro. Um dos notáveis aproveitamentos que os saberes contemporâneos retiram da obra rosiana se pautam pela dimensão espacial, formadora de seu universo fabular. Se as imagens que consagraram o autor como um dos maiores ficcionistas da literatura brasileira se restringissem a um deleite estético, a crítica se privaria do potencial teórico aí contido. Situações fronteiriças e de passagem como o Curralinho, de *Grande Sertão: Veredas*, misto da "fixidez da cultura local e das singularidades dissonantes de culturas estrangeiras", ou "As Margens da Alegria" e "A Menina de Lá", cumprem o papel de encenar o entre-lugar rosiano.

Na valorização da dimensão espacial do texto de Guimarães Rosa, a autora se vale da reflexão teórica de pensadores latino-americanos, como Antonio Candido, Silviano Santiago, Ángel Rama, Ricardo Piglia, Canclini e Cornejo Polar, o que justifica a originalidade de sua leitura. Reforça ainda a importância de ampliar o território analítico, trazendo para a discussão o lugar (ou não-lugar) ocupado pelo escritor no *boom* da literatura latino-americana. Ou do intelectual que, embora discordasse da posição polí-

– 19 –

tica assumida pelos colegas frente à literatura, produziu uma obra que ressoa nos mais variados níveis de recepção. Ao optar pela aproximação entre a figura do escritor e a do diplomata, *Guimarães Rosa: Fronteiras, Margens, Passagens* avança na reflexão sobre as trocas culturais, tão cara aos estudos de literatura comparada e às relações internacionais. Como oficial do Itamaraty, Rosa ocupou, nos últimos anos de vida, o cargo de Chefe do Serviço de Demarcação de Fronteiras, trabalho este realizado em dissonância à poética sem fronteiras por ele assumida na ficção. Por essa razão, a leitura que Marli Fantini faz da paisagem discursiva da obra rosiana, tendo como parâmetro o desenvolvimento das noções de transculturação narrativa, hibridez cultural, poética de fronteira, heterogeneidade conflitiva, mirada estrábica e entre-lugar, lança novas luzes interpretativas ao repertório da recepção crítica de Rosa. Na elaboração das trocas culturais entre os autores latino-americanos, vale registrar a associação realizada por Marli Fantini entre Guimarães Rosa e José María Arguedas, a partir da conjunção entre este, o escritor-suicida da novela *El Zorro de Arriba e el Zorro de Abajo*, e o narrador-personagem do conto "A Terceira Margem do Rio", diálogo que irá denunciar o fim da prática transculturadora na América Latina.

Ao leitor deste livro é oferecida a oportunidade de conviver com um texto que revitaliza a obra de Rosa, respeitando-a naquilo que ela conserva de mais fascinante: a encenação dramática de uma literatura que se impõe, justamente, pelas margens criativas e paradoxais dos trópicos.

Eneida Maria de Souza

Professora titular de Teoria da Literatura da UFMG

Travessia do Grande Sertão

Via sinuosa cujas curvas não são orientadas pela verdade, no horizonte, nem se moldam pelos poderosos relevos de infra-estrutura; o caminho serpenteia ao acaso e, durante a maior parte do tempo, os viajantes não se preocupam com isso; todos acham que a sua estrada é a verdadeira e os desvios que vêem fazer aos outros pouco ou nada os perturbam. Mas acontece, em raros momentos, que uma volta no caminho deixe ver retrospectivamente um longo troço de estrada, com todos os seus ziguezagues, e que o estado de espírito de alguns viajantes seja de modo a que essa errância os comova.

PAUL VEYNE

Vou lhe falar. Lhe falo do sertão. Do que não sei. Um grande sertão! Não sei. Ninguém ainda não sabe. Só umas raríssimas pessoas — e só essas poucas veredas, veredazinhas.

GUIMARÃES ROSA

ESTE LIVRO nasce de uma dupla travessia. A paixão pela literatura de João Guimarães Rosa foi meu ponto de marca para uma excursão ao sertão mineiro. O fascínio pela geografia rosiana lançou-me de volta ao universo ficcional do autor de *Grande Sertão: Veredas*, cuja intrigante escrita e extraordinária capacidade de mesclar história e estória, verdade e ficção, tradição e modernidade, linguagem regional e escrita literária despertaram-me o desejo de não apenas reler, mas também de debruçar-me mais refletidamente sobre a natureza reinventada pela ficção de Rosa.

O despertar ocorre em julho de 1995, quando, tendo iniciado uma tese de doutorado sobre "tradição e modernidade" em Machado de Assis, conheci casualmente um grupo de alunos, professores e pesquisadores ligados ao IEB-USP[1], que vinham já há alguns anos pesquisando diversas fontes relativas à vida e obra de Guimarães Rosa. Desejosos de conhecer e documentar a realidade histórica, cultural e geopolítica da paisagem sertaneja de Minas Gerais – referência nuclear dos cenários rosianos –, eles tomaram um ônibus emprestado da USP, baldearam em Belo Horizonte onde, junto com dois jornalistas, me integrei à caravana que desembocou em Cordisburgo, porto de partida para uma viagem inventada na literatura. Fui, vi e me rendi ao encanto do grande sertão do escritor mineiro.

O roteiro da viagem foi traçado com base no mapa do grande sertão, elaborado por Poty para figurar nas orelhas do romance *Grande Sertão: Veredas*, a partir da sua segunda edição[2]. Três Marias, onde se realizava a festa de aniversário dos 91 anos do "verdadeiro" Manuelzão – matriz do personagem imortalizado por Rosa na novela "Uma Estória de Amor (Festa de Manuelzão)" – foi nosso porto de entrada na paisagem sertaneja. A realidade parecia mimetizar a ficção, e esse clima de inversão disseminou-se por muitos dos cenários que se iluminavam aos olhos dos visitantes, à medida que se iam povoando imaginariamente de personagens e personas de Guimarães Rosa. Assim foi, por exemplo, com Cordisburgo, a cidade natal do escritor, que, além de comportar referenciais importantes como o museu-casa Guimarães Rosa, abriga a Gruta de Maquiné, ela própria um relevante suporte cênico da literatura rosiana. A magia se repete no Morro da Garça, de cujo entorno – saídos de grotas e cavernas – surgiam seres ex-cêntricos, como os personagens de "O Recado do Morro", uma das sete novelas do *Corpo de Baile*[3]. Partindo dali, rumamos para Andrequicé, onde viviam Manuelzão com sua mulher, D. Didi. Os dois nos receberam com uma vaca-atolada acompanhada de couve refogada, um conhecido e saboroso prato da região.

Seguindo pela BR-040, desembarcamos em Paracatu, cidade que ainda guarda os rastros da passagem da Coluna Prestes e a cujas antigas vozes se renderam alguns dos pesquisadores em viagem, que lá se deixaram ficar enquanto outros seguiram até Buritis, uma cidadezinha próxima a Brasília. Trata-se de uma típica região de veredas, onde se encontra muita água e muitas palmeiras, as quais, por sua vez, emprestam o nome ao topônimo, hoje conhecido por inúmeros conflitos entre latifundiários e "sem-terras". "Buriti" é também o título de uma das novelas de *Noites do Sertão* (livro que integra o *Corpo de Baile*). Cortando a cidadezinha, lá estava o Urucuia (rio do coração de Riobaldo, narrador-protagonista de *Grande Sertão: Veredas*).

Não menos surpreendente foi a visão do rio de-Janeiro, porto de passagem para o São Francisco, em cujas margens se principia a viagem ao sem-fim do grande sertão e suas veredas. Ali, naquele encontro de águas, assistimos imaginariamente ao primeiro encontro de Riobaldo e Diadorim, ponto de marca dentre os inúmeros rituais de travessia do herói de *Grande Sertão: Veredas*.

Da excursão, resultaram vários encontros, posteriormente realizados nas mais diversificadas esferas e contextos, desde os mais acadêmicos, como no IEB (onde se encontra a maior parte do acervo de Guimarães Rosa e se realiza um substancial trabalho de pesquisa e divulgação de sua obra), até os mais públicos e coletivamente compartilhados, como a "Semana Roseana"[4] (realizada anualmente em Cordisburgo), contexto de consagração da história e da obra de seu filho mais ilustre, por ocasião de seu aniversário.

AS INTERFACES DE MANUELZÃO

Em razão desses encontros, fosse em Cordisburgo, em Ouro Preto, Andrequicé, Pouso Alegre, Belo Horizonte ou São Paulo, estivemos inúmeras vezes com o "verdadeiro" Manuelzão, Seu Manuel Nardy. Tivemos então o privilégio de ouvir muito do que este (vaqueiro, capataz de fazenda de gado e exímio contador de "causos") revelou-nos acerca do seu curioso relacionamento com Guimarães Rosa na famosa viagem de "condução da boiada", em 1952. Manuelzão relata-nos como o escritor tudo registrava em suas famosas cadernetas de notas, das quais nunca se afastava. Rosa, então, pedia-lhe notícias de tudo, causos, cantigas, estórias, nomes de pássaros, rios, vegetação. Dotado de inteligência aguda, humor refinado, memória excepcional, Manuelzão é indubitavelmente um avatar daqueles raros depositários da "memória coletiva", a quem o historiador Le Goff chama de "homens-memória". Na extraordinária sabedoria do narrador sertanejo, reconhecemos o papel de guardião de tradições orais arcaicas em que a história e o mito normalmente se confundem[5]. Durante nossos encontros, ele ia-nos repetindo suas conversas com seu notável interlocutor recém-chegado da Alemanha, onde estivera de 1938 a 1942 exercendo o cargo de Cônsul-Adjunto e onde estivera preso durante três meses por ordem da Gestapo, polícia política do nazismo.

Indagamos a Manuelzão se sabia da importância que ele desempenhara na obra do escritor-diplomata, no sentido de servir de referencial para a concepção do protagonista da novela intitulada "Uma Estória de Amor (Festa de Manuelzão)"[6]. De certa forma, constatamos que o Manuelzão "real" não apenas sabia da relevância desse "papel", como também fora aos poucos aprendendo a representar sua própria persona ficcional (sobretudo a partir das entrevistas com professores, críticos, jornalistas, entrevistadores e tradutores da obra rosiana). Em suma, havia uma espécie de mescla entre a figura empírica e a personagem da ficção encarnando-se no mesmo ator. Em sua presença, ficávamos muitas vezes na dúvida se ele era o paradigma do qual se apropriou Rosa para recriá-lo na ficção, ou se ele se apropriou do papel representado pelo herói fundador que desfila na ficção rosiana, vindo a encarná-lo na vida real. De tudo e de todos que conheci em minha primeira viagem àquela topografia, o que mais me fascinou foi essa mágica da imagem a duplicar-se, em seu trânsito entre realidade e ficção.

Quando a mídia veiculava a imagem de Manuelzão, víamos surgir um sertanejo trajando vestes vaqueiras e um belo chapéu de couro. Tal imagem tinha o poder de evocar algo nuançado entre o *cowboy* emblematizado por John Wayne e o personagem da novela rosiana subintitulada "A Festa de Manuelzão". A quem o procurava, Manuelzão mostrava fotografias que o registram garbosamente montado num belo cavalo e recoberto por sua famosa capa. Exibia-nos ainda sua coleção de facas e facões, recortes de revistas com figuras de *cowboys* da Souza Cruz e de Hollywood. Muitas vezes, políticos, empresários, comerciantes associaram sua própria imagem à imagem meio arcaica, meio hollywoodiana, meio auto-irônica deste sertanejo cosmopolita que freqüentava, com desenvoltura, meios de comunicação de massa, teatros, colégios, universidades. Com fantasia e humor, suas "estórias" turvavam os limites entre realidade e ficção. Tratava-se, todavia, de um Manuelzão lúcido e crítico, consciente da manipulação exercida pela mídia, cujo espaço explorava para denunciar a crescente degradação do (seu) meio ambiente: as queimas de carvão, as erosões das margens do São Francisco, o desmatamento do cerrado e, em lugar da vegetação característica da região, seu (inadequado) reflorestamento por eucaliptos.

Curiosamente, se a mídia explorava a imagem de Manuelzão, este, com sagacidade e ironia, tirava partido da situação, dando a entender que àquela importava muito menos o "real" vaqueiro e capataz de fazendas do que o Manuelzão "de papel" recriado por Guimarães Rosa. Dessa forma, ele vestia a máscara e, bem-humorado, encarnava o papel da personagem homônima. Inúmeras vezes em que estive com ele, pude confirmar essa hipótese, sobretudo ao ouvi-lo narrar passagens, manifestar idéias, repetir ditados populares, frases de efeito tais quais recitadas por "sua" personagem da novela. Passando a observá-lo com mais freqüência, suspeitei que ele decorava esse "papel" e o representava em público. Um dia, confessei-lhe minha suposição, aproveitando para perguntar-lhe por que ele, tão perspicaz que era, não fizera o mesmo que Rosa. Ou seja: quando o acompanhou na viagem de condução da boiada, Guimarães Rosa ouviu seus causos; riu de suas graças, aprendeu muito de sua sabedoria, registrou tudo que dele ouviu em suas cadernetas de notas e depois escreveu livros com os quais se tornou importante escritor, obtendo prestígio e prêmios. Enfim por que ele, Manuelzão, não anotou o que ouviu o Rosa-diplomata contar sobre a Alemanha no contexto da segunda guerra, as bombas explodindo do lado de fora do consulado brasileiro, enquanto ele escrevia em seu gabinete; sobre a prisão em Baden-Baden, o pânico frente à possibilidade de confinamento e morte em campos de concentração?

Manuelzão não concordou nem discordou de minha hipótese sobre as questões de "atoria" e de "autoria". Astuta e mineiramente, retrucou que o escritor era Rosa; ele, apenas um matuto que sabia contar (oralmente) suas estórias e causos. "Se eu soubesse escrever como o João Rosa [esclarecia-me], a senhora acha que eu estaria aqui repetindo os causos que já contei para tanta gente centenas de vezes?" Devo admitir, contudo, que, no fundo, meu desejo era mensurar até que ponto Manuelzão tinha a consciência crítica de estar de fato encarnando uma persona ficcional. Nunca o saberei com certeza; de certo sei apenas que ele parecia divertir-se com o papel.

Retornando às razões por que decido ocupar-me de Guimarães Rosa, impressiona-me o fato de ter ele empregado, para a constituição do circuito entre vida e arte, o mesmo princípio recursivo que sempre pareceu interferir nas escolhas de atores culturais cuja curiosidade se volta para esse universo. Trata-se de atores que provêm, como vimos, tanto de esferas acadêmicas e setores eruditos, quanto de esferas populares. O convívio desierarquizado entre o extralocal (constituído de professores, pesquisadores, críticos literários, tradutores, antropólogos, estudiosos da literatura rosiana em geral) e o local (representado, em grande parte, por setores populares da comunidade sertaneja – narradores orais, violeiros, repentistas, contadores de "causos", dançadores de "lundus" etc.)

reencena, no contexto que serviu de referência inicial para o escritor, as diversas relações de intersubjetividade híbrida e heterogênea por ele tão valorizadas. Dessa forma, ao visitar *in situ* a paisagem já conhecida em livros, fiquei sem saber ao certo o que nasceu primeiro: foi a realidade sertaneja que deu origem aos livros de Rosa, ou os livros que deram nova moldura à realidade do sertão?

A verdade é que a oportunidade de participar de um périplo desencadeado por livros me remeteu às paisagens inspiradoras do escritor destes livros. Estas, por sua vez, me arremessaram de volta a seu equivalente ficcional, que, segundo me foi dado verificar, conferiu-lhes tanta visibilidade. Desse modo, minha errância pela zona limítrofe entre a realidade e a ficção constituiu-se na ponte através da qual (re)ingressei nos cenários rosianos. Abandonei, então, o projeto sobre "tradição e modernidade em Machado de Assis" e fui-me à aventura de escrever a tese de doutorado que se intitulou *Fronteiras em Falso: A Poética Migrante de Guimarães Rosa*[7]. Esta tese é o principal suporte do livro que ora se apresenta.

AS FRONTEIRAS DE GUIMARÃES ROSA

Guimarães Rosa é um viajante, e sua poética tem uma vocação plurilingüística e transnacional. O conhecimento de vários idiomas, o trânsito por inúmeras culturas, a diversidade de focos assegurada pelo olhar multifacetado do escritor – sertanejo, médico, intelectual, diplomata – são, no meu entendimento, fatores decisivos na constituição de sua poética de "fronteiras". O feixe de produções tanto ficcionais quanto documentais do escritor – entrevistas, correspondências, depoimentos, além de relatórios e ofícios produzidos na esfera diplomática – possui uma abrangência tal que possibilita a seus leitores e críticos, além de interpretar os limites intrínsecos de sua linguagem literária, apreender e traduzir as relações metafóricas que o entorno do seu campo discursivo irá desencadear.

A partir da reconstituição do ambiente literário, da vida intelectual e profissional de Guimarães Rosa, tendo sobretudo em vista o constante exercício de conjugar, em sua escrita, diferentes formas de conhecimento e formações discursivas de prestígio diferenciado (oral e escrito, popular e erudito, saber mitopoético e saber epistemológico, intuição e razão), pretendo investigar a contribuição de sua escrita para ampliar o conceito de literatura. Não seria despropositado concluir que, ao inter-relacionar-se com vários campos de conhecimento, esta escrita dramatiza a relação intersubjetiva entre história e estória, realidade e ficção, literatura e cultura. A par disso, verifico que ela encena processos de conversação entre várias línguas, entre distintos planos temporais e formações culturais produzidos em âmbito regional, nacional e universal.

Pretendo ademais registrar, na literatura de Rosa, a emergência de uma nova forma de habitar o mundo e de novos estatutos de trocas culturais; discutir os procedimentos autorais/atorais do escritor a partir das várias personas sob as quais se faz representar no próprio texto – médico, diplomata, sertanejo, pesquisador, crítico consciente do próprio fazer literário – e a partir das quais ele cria uma abrangência que ultrapassa os limites da mera literariedade.

Neste século pós-colonial, marcado pelo crescente fenômeno de mundialização e suas demandas de flexibilização de fronteiras econômicas, políticas e culturais, o Brasil e a América Latina patenteiam-se como modelo de heterogeneidade cultural, de hibridismo étnico e lingüístico – valores imprescindíveis à ampliação dos circuitos comunitários transnacionais, aptos a desencadear uma nova aliança de singularidades e disponibilizar as bases utópicas para o redimensionamento de novas redes planetárias que cada vez mais requerem uma perspectiva multiidentitária. Essa perspectiva pós-colonial que figura na literatura de Guimarães Rosa, aparece, ainda que liminarmente, em seus projetos utópicos enquanto diplomata de carreira que se mostra preocupado com o destino de seu país e da América Latina.

A abordagem comparatista que norteará este trabalho se ampara em três justificativas básicas. A primeira fundamenta-se na defesa feita (com base em pressupostos de Ángel Rama) por Antonio Candido, segundo o qual, desde 1910, a "América Latina desenvolveu o seu sistema literário próprio, em dimensão continental, formando [...] 'um sistema literário comum', do qual o Brasil é parte integrante e não mais corpo paralelo, como na concepção anterior"[8]. Exemplo disso estaria na apropriação criativa às vanguardas européias e seu desdobramento nas técnicas renovadoras do regionalismo transnacional, cujo aproveitamento na obra de autores continentais — como José María Arguedas, Juan Rulfo, Gabriel García Márquez, Jorge Luis Borges e João Guimarães Rosa — institui um paradigma comum a essas literaturas. Marcando diferença em relação aos modelos importados ou impostos pela metrópole, o regionalismo transnacional viria a inaugurar, na América Latina, um novo espaço discursivo. Para abordá-lo, Candido defende a adoção da perspectiva comparatista que poderá, a partir de agora, "assumir o papel que lhe cabe num país caracterizado pelo cruzamento intenso de culturas, como é o Brasil"[9].

Uma segunda justificativa pauta-se na premissa de que, dada a pluralidade de discursos críticos e de dispositivos teóricos desenvolvidos pelo comparatismo literário inter-americano, seria inconseqüente uma abordagem de quaisquer obras literárias latino-americanas, a qual esteja desvinculada das condições simbólicas em que tais obras foram geradas.

Como acredito que a obra de Guimarães Rosa constitui um importante vetor de transformações literárias e socioculturais no

Brasil e no continente, a terceira justificativa se ancora no fato de que o comparativismo desenvolvido pelos estudos "pós-coloniais" propiciou a alternativa plástica de colocar a voz recalcada do sujeito subalterno latino-americano (silenciado durante vários séculos de colonização) como importante interlocutor de novas trocas simbólicas e culturais com a "metrópole". Sintomas dessa mudança se manifestam na literatura e nos depoimentos do escritor-diplomata bem antes de se efetivar na presente realidade histórica nacional ou continental, em que surgiram condições excepcionais, geradoras, por exemplo, da possibilidade de elegermos, no Brasil, um Presidente da República de origem operária, representante de uma daquelas raríssimas "vidas secas" que logram escapar ao círculo infernal do êxodo rural, descrito exemplarmente na literatura de Graciliano Ramos. A forma como aquele irá administrar a mudança é contudo uma outra história, ou outra etapa da história de mudanças anunciadas.

Essa alternativa comparativista parece apontar a possibilidade de diálogo entre não apenas instâncias discursivas, mas esferas extrínsecas (ao texto) de produção de sentido, incluindo, nesse circuito, todos os agentes de transformação literária, sociocultural e política. Dentre esses agenciadores, poder-se-ia identificar, na literatura rosiana, a imagem de um escritor empenhado em dotar de voz própria os sujeitos subalternos da história. Dessa forma, a conjunção do comparativismo latino-americano com as produções concretas das "literaturas alternativas" será aqui explorada no sentido de definir o *locus* a partir do qual esses novos atores socioculturais podem enunciar e denunciar as condições de submissão e recalcamento que lhe foram impostas pelo legado colonial.

NOVAS FORMAS DE ENUNCIAÇÃO

Uma das metas a alcançar neste ensaio é a apreensão, no universo escrito de Guimarães Rosa, de novas formas enunciativas capazes de mobilizar-se no sentido de aproximar, comparar e entrecruzar formações discursivas produzidas em condição colonial com novos modelos de produção simbólica, a essa altura já assinalados pela marca da heterogeneidade e da hibridez cultural. Ana Pizarro percebeu bem a urgência em se utilizar um instrumental comparatista que desse conta da literatura alternativa a emergir de contextos coloniais e pós-coloniais. Na apresentação do livro *América Latina: Palavra, Literatura, Cultura*, ela alerta para a importância de se empregar uma "hermenêutica heterotópica", visando-se a uma eficaz apreensão da pluralidade de tempos culturais ("heterogeneidade multitemporal", na expressão de Canclini), que conformam a formação do continente latino-americano. Comportando diferentes formas de imaginário e contrastivas concepções estéticas, as formações discursivas produzidos no tensionado espaço da história continental "articularam-se [segundo ela] em um complexo composto de segmentos de modos de produção, sociabilidade e imaginário, inseridos em diferentes graus de desenvolvimento e em diferentes momentos na direção imposta pela metrópole"[10]. Sua hipótese é de que, para abordar a complexidade dessas formações híbridas e heterogêneas, torna-se necessário conjugar a crítica estética a um instrumental metodológico comparativista e multíplice, capaz de abranger a compreensão dos fenômenos gerados pela superposição de distintos planos temporais, culturais, históricos e sociais que conformam as contrastivas formações literárias da América Latina.

Em linhas mais amplas, o propósito deste livro é colocar-se o desafio de ler um dos maiores fenômenos de criação literária já produzidos no Brasil e na América Latina. Ainda que haja alguns visíveis parentescos entre a obra de Guimarães Rosa e a de nossos mais brilhantes regionalistas, como Euclides da Cunha e Graciliano Ramos; ou a dos escritores mais exponenciais do *boom* latino-americano (Juan Rulfo, Gabriel García Márquez, Jorge Luis Borges ou Miguel Ángel Asturias, dentre outros), o escritor mineiro – em vista de seu refinamento técnico; de seu poliglotismo; da criativa conjunção entre as formações discursivas da tradição oral e os recursos poéticos das vanguardas européias; da desmarcação dos limites territoriais e da fixidez da cor local do nosso regionalismo naturalista; da adoção do princípio de "retradução intelectual"; da criação das condições de traduzibilidade universal no próprio modo de intencionar a sua escrita; da utilização de procedimentos recursivos capazes de agenciar novas redes de sentido e de trocas culturais – supera muitos dos paradigmas estéticos, que, utilizados isoladamente, consagraram cada um dos escritores supracitados. Por tudo isso e pela grande rede de sentidos a instituir novas formas de comércio simbólico e cultural, Guimarães Rosa marcou um honroso lugar na galeria da literatura universal.

NOTAS

1. IEB – Instituto de Estudos Brasileiros da Universidade de São Paulo, que abriga a maior parte do acervo de Guimarães Rosa e que realiza inúmeras pesquisas relacionadas a este escritor.
2. Rosa, *Grande Sertão: Veredas*, 1958.
3. Rosa, *Corpo de Baile*, 1960.
4. Ainda que o adjetivo "rosiana" deva ser grafado com "i", o "roseana" de "Semana Roseana", festa anual comemorativa do nascimento de Guimarães Rosa, tem sido registrado com "e".
5. Sobre este assunto ver mais em Le Goff, *História e Memória*, pp. 428-429.
6. Rosa, "Uma Estória de Amor (Festa de Manuelzão)", *Mauelzão e Miguilim*.
7. Marli de O. Fantini Scarpelli, *Fronteiras em Falso: A Poética Migrante de Guimarães Rosa*, Belo Horizonte, FALE-UFMG (tese de doutorado), orientada pela Profª. Eneida Maria de Souza através do Programa de Pós-Graduação em Letras – Estudos Literários da FALE), 5 de maio de 2000.
8. Candido, *Recortes*, 1993, pp. 145-146.
9. *Idem*, p. 215.
10. Pizarro, *América Latina: Palavra, Literatura e Cultura*, pp. 28-29. Tradução minha.

1. Por que ler Guimarães Rosa?

Eu sou donde eu nasci. Sou de outros lugares.

GUIMARÃES ROSA

*O curso de um rio, seu discurso-rio,
chega raramente a se reatar de vez;
um rio precisa de muito fio de água
para refazer o fio antigo que o fez.
Salvo a grandiloqüência de uma cheia
lhe impondo interina outra linguagem,
um rio precisa de muita água em fios
para que todos os poços se enfrasem:
se reatando, de um para outro poço,
em frases curtas, então frase e frase,
até a sentença-rio do discurso único
em que se tem voz a seca ele combate.*

JOÃO CABRAL DE MELO NETO

ROSA, ROSAE, ROSARUM

Italo Calvino considera clássica aquela obra que, mais do que nos ensinar algo que não sabíamos, tem a potência de nos levar a descobrir algo que já sabíamos ou acreditávamos saber. Como discernir um clássico? "Um clássico é uma obra que provoca incessantemente uma nuvem de discursos sobre si"[1]. Homens de cultura exemplar, que põem suas pesquisas e sua sabedoria em circulação, tornam-se admiráveis. Escondidos na modéstia e discrição de quem não precisa alardear conhecimento, acabam levantando em torno de si essa nuvem de discursos críticos de que fala Calvino, além de uma gama de admiradores que, desejando partilhar de sua erudição, tentam descobrir por que eles se tornaram sábios. Um "equivalente do universo", a obra clássica nunca acaba de dizer o que tinha para dizer, deixando sempre em aberto suas virtualidades criativas.

Essas qualidades podem ser reconhecidas nas obras literárias de Guimarães Rosa. A capacidade de tornar manifestas potencialidades ainda não realizadas; de agenciar novas redes de sentido; de conciliar experiência e discurso — sem perder de vista a coexistência contraditória entre essas duas instâncias — são atributos em que se encaixa perfeitamente o perfil intelectual de Rosa e que fazem dele um escritor de obras destinadas a se revelarem, em diferentes tempos e distintas formas de recepção, sempre novas, inesperadas, inéditas.

Desde a publicação de *Sagarana*, em 1946, a obra de Rosa, que já nasce clássica, vem atraindo incessantes nuvens críticas sobre si. Augusto Frederico Schmidt o confirma neste depoimento:

> Encontrei traços de Rosa em muitos lugares por onde andei, principalmente pela Itália. — "Quem passou por esta cidade foi Guimarães Rosa, discreto, secreto, deslizando, e sempre a tomar notas", era o que me informavam inalteravelmente em Bolonha, em Parma, em Luca, em Florença[2].

Homem de cultura exemplar, pesquisador contumaz desde muito jovem, Guimarães Rosa soube, como raros escritores, conciliar sua reconhecida inventividade com uma obstinada pesquisa a fontes da mais diversificada procedência, aplicando-se, ademais, à permanente e disciplinada aprendizagem de diversos idiomas. A par de suas pesquisas, ele deteve-se continuamente no esforço de depurar, refinar e potencializar a língua que dá suporte a sua obra literária. O ineditismo de suas construções sintáticas, a mescla vocabular, a revitalização de palavras gastas, o aproveitamento de virtualidades fônicas tanto do português quanto de outros idiomas, entre outros procedimentos, revelam um escritor empenhado em surpreender e empregar, em sua textura poética, formações lingüísticas singulares, emergidas de várias temporalidades e de diferentes usos, visando, dessa forma, atingir um ideal de inteligibilidade universal.

Emir Rodríguez Monegal, um dos mais respeitados biógrafos de Jorge Luis Borges, teve (e, segundo ele próprio afirma, por razões quase sempre casuais) a oportunidade de encontrar-se com Guimarães Rosa em cidades tão diferentes como Rio de Janeiro, Gênova e Nova York. No segundo desses encontros, obteve, numa entrevista a este escritor a quem considera "o mais maduro narrador da América Latina", a confirmação da hipótese, tão discutida por críticos rosianos, de ter sido ele um leitor acidental de Joyce ou se fez deste um de seus predecessores:

Guimarães Rosa (como Mallarmé, como Borges) sabia que a literatura é, antes de tudo, palavra [...] E não só o que a palavra significa, também o peso do saber de cada uma de suas sílabas, a cor e a ressonância subconsciente de sua forma, a magia encerrada nos signos. Inclusive o lugar de cada palavra na frase, a forma como se articula com as vizinhas, como faz ressaltar ou ensurdecer seus valores, contava sempre para ele. No salão ducal de Gênova, por exemplo, [...] Guimarães Rosa falava sentado em uma poltrona grande e incômoda, para dizer-me que Joyce exerceu uma grande influência sobre suas obras como modelo, como paradigma [...][3].

MIRADA ESTRÁBICA

Em sua experiência pessoal de sucessivas migrações, Rosa optou pelo exílio voluntário quando decidiu trocar a profissão de Medicina (exercida em Itaguara/Belo Horizonte/Barbacena – Minas Gerais, de 1931 a 1933) pelo trânsito permanentemente implicado no exercício da diplomacia. Em carta endereçada a Edoardo Bizzarri, Rosa (atendendo à solicitação deste que seria um importante tradutor de sua obra para o italiano) envia-lhe um minicurrículo a que modestamente intitula "Bobagens Biográficas". A carta data de 25.2.1964, três anos antes da morte do escritor, e lista, além do breve exercício da Medicina, quase todos os cargos por ele ocupados na diplomacia, conforme o trecho abaixo:

De 1931 a 1933, foi "médico de roça", clinicando em outro arraial do interno, Itaguara (hoje, cidade), na zona Oeste de Minas Gerais.

Em 1932, durante a revolução, serviu incorporado às tropas de Minas Gerais.

Em 1933, aprovado em concurso para médico da Brigada estadual, foi incorporado, no posto de Capitão, ao 9º Batalhão de Infantaria, em Barbacena.

Em 1934, prestou concurso para a carreira diplomática. Aprovado em 2º lugar, foi nomeado Cônsul de 3ª classe. (O gosto de estudar línguas, e a ânsia de viajar mundo, levaram-no a deixar a medicina.)

De 1934 (julho) a 1938 (abril), serviu no Ministério das Relações Exteriores, no Rio de Janeiro.

Em 1938, foi removido para o Consulado-Geral de Hamburgo (Alemanha), como Cônsul-Adjunto. Naquele posto, permaneceu até 1942.

Em 1942, foi removido para a Embaixada do Brasil em Bogotá (Colômbia), como Segundo-Secretário.

De 1944 a 1948, no Ministério das Relações Exteriores. (Chefe do Gabinete do Ministro do Exterior, em 1946. Também em 1946, fez parte da Delegação do Brasil à Conferência da Paz, em Paris. Em 1948, foi o Secretário Geral da Delegação do Brasil à IX Conferência Interamericana, em Bogotá.)

Em 1948, removido para a Embaixada do Brasil em Paris, como Primeiro-Secretário, promovido logo em seguida a Conselheiro de Embaixada. Representou o Brasil em Assembléias e Conferências da Unesco.

Voltou em 1951 para o Ministério das Relações Exteriores, para de novo chefiar o Gabinete do Ministro. Promovido a Ministro de 2ª classe, em 1951. Promovido a Ministro de Primeira Classe (Embaixador), em 1958.

Atualmente é, no Itamaraty, o chefe do Serviço de Demarcação de Fronteiras[4].

A interface entre a sua e outras línguas (e culturas), a difícil coexistência entre ásperas alteridades irão exigir que Guimarães Rosa – sobretudo quando ocupa, no Itamaraty, a Chefia do Serviço de Demarcação de Fronteiras – enfrente o desafio de permeabilizar fronteiras reais e metafóricas, tanto nas negociações oriundas da função diplomática, quanto no trabalho de criação de seus espaços literários.

Ainda que enfoque, em sua obra literária, as singularidades lingüísticas, geopolíticas e culturais do sertão mineiro, Guimarães Rosa submete o repertório heterogêneo que constitui essa realidade "local" à pratica simultânea de decomposição e recomposição, imbricamento e superposição, podendo, dessa forma, surpreender os múltiplos legados culturais que colocam essa região em relação interativa com a herança ibérica. O procedimento de trocas lingüísticas, históricas e culturais possibilita a inserção do "local" numa territorialidade bem mais ampla e complexa do que, por exemplo, a dos "romances do Nordeste", cujas impermeáveis secas se tornam o suporte para a abordagem do (quase sempre restrito) drama social e geográfico recorrentemente tematizado por nossos escritores regionalistas.

De fato, as paragens abertas dos "gerais" mineiros constituem o referencial visível dos territórios ficcionais rosianos. Estes, via de regra, são formados de veredas que estão continuamente a minar a amplitude geofísica do sertão. Minúsculos veios d'água, as "veredazinhas", formam, fio por fio, o grande curso d'água que atravessa e permeabiliza a impenetrável dureza do "grande sertão". O agenciamento de porosidade, interstícios, novos cursos de sentido é tão significativo na poética rosiana que o próprio título do romance *Grande Sertão: Veredas* metaforiza, *per se*, a fronteira desse transcurso. Ademais, ao desbastar, em seus cenários discursivos, o excesso de cor local, Rosa não se restringe à secura das paisagens encenadas na literatura regionalista, privilegiando, assim, a heterogeneidade contraditória do sertão focalizado em sua obra. Trata-se de uma região que (segundo o próprio escritor atesta em sua entrevista a Günter Lorenz) traz, desde sua fundação, os índices da conjunção entre o local e o universal e, dessa forma, a marca do hibridismo histórico e cultural.

Naturalmente não se deve supor que quase toda a literatura brasileira esteja orientada para o "regionalismo", ou seja, para o sertão ou para a Bahia [...]. E este pequeno mundo do sertão, este mundo original e cheio de contrastes, é para mim o símbolo, diria mesmo o modelo de meu universo. Assim, o Cordisburgo germânico, fundado por alemães, é o coração do meu império suevo-latino. Creio que essa genealogia haverá de lhe agradar[5].

Em 1934, o poliglota Guimarães Rosa é aprovado em um concurso no Itamaraty e troca a Medicina pela diplomacia. Em 1938, é nomeado cônsul-adjunto em Hamburgo, onde permanece servindo a embaixada brasileira até 1942. Confrontado, então, com a experiência do terror, ou, como no dizer dele, da "lógica bélica", em nome da qual crimes hediondos foram cometidos, ele se arrisca perigosamente, ao quebrar normas diplomáticas para arrebatar judeus das mãos da Gestapo. Quando o Brasil rompe relações diplomáticas com a Alemanha, Rosa é internado por três meses em Baden-Baden – de 28 de janeiro a 23 de maio de 1942. Libertado em troca de diplomatas alemães, ele retorna rapidamente ao Brasil, seguindo logo para Bogotá, onde permanecerá, de 1942 a 1944, como Secretário de Embaixada. Em 1945, viaja pelo interior de Minas, retomando contato com a paisagem rural de sua infância.

Em julho de 1947, movido pela "precisão de aprender mais, sobre a alma dos bois"[6], viaja ao pantanal mato-grossense para entrevistar um profundo conhecedor do assunto: o vaqueiro Mariano. Desse encontro nasce a entrevista poética, "Entremeio com o Vaqueiro Mariano". Em maio de 1952, portanto dez anos depois de regressar da Alemanha, o diplomata-escritor excursiona, pela segunda vez, ao sertão mineiro. Assiste, no dia 18 de maio, à festa de inauguração da "Fazenda da Sirga" e, no dia seguinte pela manhã, inicia uma viagem, cujo percurso irá posteriormente tematizar na novela "Uma Estória de Amor (Festa de Manuelzão)", editada no *Corpo de Baile*, em 1956. Na viagem, que dura dez dias, Rosa acompanha a tropa comandada pelo vaqueiro Manuel Nardy, o Manuelzão.

Este, capataz de Francisco Guimarães Moreira (primo de Guimarães Rosa), conduz uma boiada, partindo da Sirga, próxima a Três Marias, em direção à fazenda São Francisco, em Sete Lagoas. Durante o percurso, o escritor, que não se separava de suas cadernetas de notas, registrou minuciosamente, através dos relatos de Manuelzão, bem como através dos usos, costumes e sabedoria dos vaqueiros, contadores de causos, cantadores de modas e cantigas regionais, a manifestação viva da tradição oral[7]. Em 1958, Rosa é promovido a Ministro de 1ª Classe, equivalente ao cargo de Embaixador. Em 1962, ocupa-se da Chefia do Serviço de Demarcação de Fronteiras, cargo em que permanecerá até seu falecimento em 1967[8].

A produção literária de Guimarães Rosa procede da tradição oral e a realimenta. Viajante contumaz, Rosa desdobra e incorpora suas experiências de viagem pelo estrangeiro às novas viagens ao mítico, às lendas, às narrativas orais ouvidas em sua infância. A itinerância por diversos mundos e culturas revela-se fator decisivo no deslocamento e na diversidade de sua perspectiva. Sua "mirada estrábica"[9] bem provavelmente acentuou-lhe a habilidade de apreender as novidades oriundas das vanguardas européias e adaptá-las às singularidades regionais de sua cultura de origem. Essa capacitação permite-lhe proceder como um transculturador que, distanciado de seus próprios domínios, torna-se capaz de permeabilizar o trânsito entre distintas línguas e culturas. De fato, divisamos, nesse perfil transculturador de que irá dotar-se o Guimarães Rosa escritor, a mirada de um *outsider* se projetando especularmente no romance *Grande Sertão: Veredas*, cujo narrador (a partir da transitividade posicional entre multíplices planos territoriais, ideológicos, lingüísticos e culturais) pode realizar a operação plástica de "trançar o vazio"[10]. Não deixa de ter plausibilidade a hipótese de que essa operação de encurtar fronteiras, concretizada no plano ficcional, encontre correspondência com as negociações realizadas, sobretudo no âmbito das relações internacionais, pelo Guimarães Rosa diplomata, enquanto este ocupa o cargo de Chefe do Serviço de Demarcação de Fronteiras do Itamaraty, em função do qual distingue-se, dentre outras, pela missão de diluir as fronteiras entre o Brasil e outros países, ou, se quisermos ficar na metáfora, de construir pontes para "trançar o vazio".

Para preservar a integridade dos sistemas em que opera e, ao mesmo tempo, encurtar a excessiva distância que os separa, Riobaldo (narrador de GSV) opera como um transculturador que, não diferentemente do escritor-diplomata, lança pontes sobre o vazio que se interpõe entre as várias instâncias que lhe cabe mediar, como ele próprio enuncia nesta passagem: "Só quando se tem rio fundo, ou cava de buraco, é que a gente por riba põe ponte..." (GSV, 432).

RENOVAR A LÍNGUA

Numa entrevista de abril de 1966 a Fernando Camacho, Guimarães Rosa – investido de sua habitual consciência crítica frente ao próprio fazer literário – relaciona o exercício pessoal de depuração da língua ao ideal de inteligibilidade universal, "comum a todos os homens":

> A criação da minha obra corresponde a uma depuração, à procura de um ideal [...] Esse ideal, essa procura, dentro de si próprio, aliás, permite-me às vezes um contato com qualquer coisa de [...] comum a todos os homens. Paradoxalmente, o contato com os outros raramente se consegue quando se é extrovertido[11].

A preocupação de Guimarães Rosa em renovar a língua literária, tornando-a apta para o mundo[12], conjuga-se a seu exercício de superação do regionalismo restritivo, que, no Brasil e em outros países da América Latina, esteve, durante muitas décadas, muito mais voltado para a documentação de problemáticas socioculturais ou para a descrição do exotismo de cor local do que propriamente para as questões mais universais ou para a assimilação confrontante de modelos estéticos oriundos da vanguarda européia. A mescla lingüística e cultural, decorrente do hibridismo que está na base de nossa formação, fornece ao escritor-diplomata o instrumental para o uso singular da língua aglutinante e híbrida que adota em suas obras literárias. Muito já se discutiu a respeito dos princípios de heterogeneidade lingüística e de "retradução intelectual" adotados por Guimarães Rosa.

Graças ao refinamento técnico de sua linguagem, que inclui, dentre outros, o princípio de aglutinação a colocar em confronto dialógico idiomas distintos, Rosa pôde transfigurar as singularidades regionalistas, levando seus traços anteriormente pitorescos a adquirir universalidade. Esse salto vai acontecer em paralelo às conquistas formais de outros escritores da América Latina, a exemplo de Miguel Ángel Asturias, Juan Rulfo, Gabriel García Márquez, Jorge Luis Borges. Pode-se reconhecer nesse refinamento formal um relevante agenciador do "regionalismo transnacional", ou, endossando uma expressão de Antonio Candido, "transregionalismo", cuja melhor conseqüência foi o *boom* internacional da literatura latino-americana. Ao adotar essa nova alternativa estética, a obra rosiana, em que Candido reconhece uma "ficção pluridimensional"[13], irá distinguir-se pela singularidade e diversidade poética.

Nesse sentido, ao ultrapassar as barreiras do seu ponto de partida contingente, o universo ficcional rosiano ganha dimensões interculturais e transnacionais. Dessa forma, Guimarães Rosa contribui para a consolidação de um cânone alternativo que, emergindo de formações literárias híbridas produzidas em condição colonial, vêm lentamente constituindo-se através do duplo gesto de assimilação e resistência frente ao "cânone universal". Em 1946, por ocasião da estréia de *Sagarana*, Antonio Candido já nota que, ao libertar-se do referencial regionalista, Guimarães Rosa transcende o critério meramente regional e ilumina o caminho percorrido por seus antecessores.

Sagarana nasceu universal pelo alcance e pela coesão da fatura. A língua parece ter finalmente atingido o ideal de expressão literária regionalista. Densa, vigorosa, foi talhada no veio da linguagem popular dentro das tradições clássicas. Mário de Andrade, se fosse vivo, leria comovido este resultado esplêndido de libertação lingüística, para que ele contribuiu com a libertinagem heróica da sua[14].

O escritor mineiro, segundo Candido, inclui-se entre os novelistas continentais cujo refinamento técnico – a exploração do monólogo interior, a visão simultânea, o escorço, a elipse, o espaçamento dos caracteres, a materialidade dos signos – contribuiu para a superação do "regionalismo pitoresco", já anacrônico entre as décadas de 40 e 50: "as regiões se transfiguram e seus contornos humanos se subvertem, levando os traços antes pitorescos a se descarnarem e adquirirem universalidade"[15].

A visão plural, híbrida e indagadora do universo rosiano pode ser reconhecida em cada elemento das narrativas do autor, desde as personagens e a linguagem até as dimensões simbólicas dos territórios ficcionais. Eduardo Coutinho postula que, sem se reduzir à reprodução fiel de qualquer dialeto específico, "a dicção rosiana é antes o amálgama de vários dialetos existentes no país, a que se somam contribuições quer provenientes de línguas estrangeiras (inclusive o latim e o grego), quer resultantes da própria capacidade do autor de inventar neologismos e construções totalmente novas"[16]. Coutinho observa que, embora trazendo a marca do regional, as personagens de Guimarães Rosa transcendem-na pela dimensão existencial; regulados pelo mesmo eixo desconstrutor, os territórios discursivos ultrapassam as fronteiras do sertão geográfico. Quanto ao léxico, pode-se mapear o caráter mesclado que reafirma a heterogeneidade básica que rege o conjunto das obras rosianas: "Seu léxico [...] é um compósito de termos oriundos de fontes não só as mais diversas, como inclusive contraditórias, como arcaísmos e neologismos, regionalismos e estrangeirismos, coloquialismos e eruditismos"[17].

As conquistas formais, a utilização de paradigmas estéticos relacionais – procedimentos rosianos que contribuem para a formação do cânone literário brasileiro em particular e do latino-americano como um todo – não resultam apenas da genialidade do escritor ou de sua criativa assimilação das vanguardas européias. Todo o rico manancial de manuscritos, incluindo cartas, depoimentos, entrevistas, cadernetas de notas, diários de viagem, anotações pessoais, além, é claro, de sua fortuna literária, atestam que a competência para aliar intuição e pesquisa, arte e ciência são qualidades não suficientes, mas cruciais à criação de um escritor clássico.

Trata-se, enfim, de um espírito curioso e investigativo, sempre a estudar a vida, a natureza, as paisagens percorridas, várias línguas, os tipos humanos, os costumes, os comportamentos, a culinária, as diferentes sensações e os relatos, os provérbios e as cantigas da tradição oral. Conhecido pela profícua inventividade, sob cujo sopro logrou renovar língua e literatura, Rosa deve também ser lembrado por inventariar e restaurar toda uma tradição prestes ao apagamento. Como os antigos aedos, ou os recentes transculturadores, ele estendeu uma grande ponte entre memórias, culturas e tempos diversos.

Maria Neuma Cavalcante, coordenadora do acervo João Guimarães Rosa no IEB-USP, registra que, mesmo sem visar à realização de determinada obra, o escritor-diplomata esteve sempre mobilizado para documentar-se e armazenar idéias[18]. Pertencente, segundo Cavalcante, à família dos escritores-pesquisadores emblematizados por Flaubert, Rosa, consciente de que arte é mais dicção do que ficção, concebia a criação literária não simplesmente como inspiração, mas como construção, elaboração, fruto de muito trabalho, o que é reafirmado neste depoimento do escritor: "Uma única palavra ou frase podem me manter ocupado durante horas ou dias"[19]. São notórias, nesse sentido, as cadernetas e os diários de viagem que sempre o acompanharam em suas excursões de pesquisa ao interior mineiro, em viagens turísticas, e mesmo em suas atividades enquanto diplomata.

A partir do acervo epistolar de Guimarães Rosa, é possível identificar-lhe um perfil humano, intelectual e profissional marcado pelo constante e disciplinado cuidado de si e do outro, o sentimento de missão, que, em última análise, condiciona-o a uma *práxis* transformadora de situações concretas e de realidades simbólicas. Muitas das características pessoais do escritor – convicção religiosa, espírito profundamente investigativo, amor ao conhecimento, ao ser humano, aos bichos, à natureza, à língua e à literatura, perseverança, planejamento, alegria, zelo, lealdade – são invariantes que insistem em aparecer ao longo da sua correspondência com familiares, amigos, tradutores. Não diferentemente, suas personagens conjugam essas qualidades, e isso lhes confere sabedoria e humanidade, razão e sensibilidade. A profissão de fé literária de Rosa reafirma a tendência em materializar crenças e práticas pessoais na criação literária: "segundo concebo, arte é coisa seriíssima, tão séria quanto a natureza e a religião"[20].

Parte da obra literária de Guimarães Rosa foi produzida no exterior. O fato de estar, muitas vezes, distanciado de seus mais importantes "referenciais" geográficos, lingüísticos e culturais levou-o a driblar o esquecimento, com o recurso à reminiscência e à inventividade. Entretanto, o intuito de reinventariar e realimentar suas fontes levou-o de volta, em não raras oportunidades, ao cenário de sua infância. As pesquisas realizadas nesses deslocamentos são, via de regra, registradas nas famosas cadernetas de campo do escritor mineiro. Como costuma ocorrer nas relações epistolares com o pai, Rosa, na carta de 6 de novembro de 1945, tematiza seu hábito de "pesquisar" e "anotar". Nessa carta, ressalta ainda sua preocupação em colocar-se *pari passu* com as tendências da modernidade crítica, sobretudo no que diz respeito às condições de exatidão documental que regulam o "fazer literário" da literatura moderna:

Além do prazer de passar 5 dias em B. Hte. e revê-los, a todos, preciso aproveitar a oportunidade para penetrar de novo naquele interior nosso conhecido, retomando contacto com a terra e a gente, reavivando lembranças, reabastecendo-me de elementos, enfim, para outros livros, que tenho em preparo. Creio que será uma excursão interessante e proveitosa, que irei fazer de cadernos abertos e lápis em punho, para anotar tudo o que possa valer, como fornecimento da cor local, pitoresco e exatidão documental, que são coisas muito importantes na literatura moderna[21].

Floduardo Rosa, pai do escritor, foi sabidamente uma importante "fonte" a que este sempre recorria no intuito de realimentar informações sobre o imaginário sertanejo. Um memorioso contador de estórias, Floduardo representou, como inúmeros narradores tradicionais, um repositório de tradições sertanejas preservadas em provérbios, cantigas, causos, expressões arcaicas. Ao longo de sua correspondência com o pai, Rosa está invariavelmente a solicitar-lhe o envio de matéria-prima relativa à tradição oral:

Também, sempre que se lembrar de cantigas, ouvidas de caipiras nossos, de Cordisburgo ou Gustavo da Silveira. E tudo o que se refira a vacas e bezerros. Estou escrevendo outros livros. Lembro-me de muita coisa interessante, tenho muitas notas tomadas, e muitas coisas eu crio ou invento, por imaginação. Mas uma expressão, cantiga ou frase, legítima, original, com a força de verdade e autenticidade, que vêm da origem, é como uma pedrinha de ouro, com valor enorme[22].

As pesquisas de que Guimarães Rosa vinha se ocupando desde a infância – seja pela curiosidade natural, seja pela necessidade de reabastecer suas fontes, seja pela exigência de suas funções diplomáticas, ou pelo exercício de aprimorar seus instrumentos estéticos – patenteiam uma obstinada vontade de aprender, renovar a si mesmo e ao mundo, além do empenho quase oracular em inventariar material para uma virtual utilização futura. Em um artigo de 1952, Augusto Frederico Schmidt salienta a preocupação do escritor em se documentar, com vistas à criação de uma estética precisa, consistente e duradoura:

Guimarães Rosa é um anotador, um homem que se documenta, que constrói a sua literatura solidamente, com a consciência de que não basta brilhar, ou escrever belo, mas que é preciso saber exatamente que se quer dizer, e tratar o assunto com todos os elementos da verdade e não apenas com o colorido mutável, provisório e variável[23].

O duplo gesto de restaurar e renovar dá materialidade a uma faceta rosiana que, em similitude ao papel de escritor-pesquisador exercido por Mário de Andrade, o leva a conjugar intuição e ciência, criação e pesquisa, sob a crença de que este é um investimento que confere à literatura a capacidade de modificar a realidade[24]. Guardando, todavia, a consciência de que seu "projeto" só se sedimentará a longo prazo, Rosa não perde nenhuma oportunidade de aplicar-se a ele, preparando, sob sólidas bases, seu arcabouço:

[...] intuitivo, à minha maneira, senti, desde muito cedo, instintivamente, quais as estradas em que meus pés caberiam; e adotei naturalmente o processo de acumular material e afiar as ferramentas, à espera de momentos propícios e decisivos, quando a oportunidade passa perto e a gente tem de segurá-la com mão firme, doidamente, como um louco que se agarrasse ao rabo de um cavalo a galope[25].

Não raras são as situações em que Guimarães Rosa relaciona a renovação da língua à renovação do mundo[26]. Sabe-se, ademais, que uma das principais metas incluídas em seu "projeto de longo alcance" era a criação de uma literatura feita para perdurar, no mínimo, até o próximo milênio. Um dos documentos a atestar tal propósito é o acervo epistolar de Meyer-Clason, de onde se pode recortar esta surpreendente afirmativa de Rosa: "A gente tem de escrever para setecentos anos. Para o Juízo Final. Nenhum esforço suplementar fica perdido"[27].

DIÁLOGO DE ESCRITORES LATINO-AMERICANOS

Em janeiro de 1965, já consagrado no circuito internacional, Guimarães Rosa participa, no território neutro de Gênova, do 1 Congresso de Escritores Latino-Americanos, durante cujos debates reaparece a aporia sobre o engajamento político de intelectuais e escritores da América Latina. Tendo aflorado no ano anterior, durante o Coloquio de Escritores Latinoamericanos y Alemanes (realizado em Berlim Ocidental), tal aporia originou-se da contestação de Jorge Luis Borges à proposta de "engajamento político" sugerida por Miguel Ángel Asturias. Borges havia, então, atacado os escritores "comprometidos", sob a alegação de inexistirem "condições dignas para uma literatura de compromisso na América Latina". Segundo ele, "o compromisso é uma traição à arte, por ser apenas documentação e não literatura"[28].

É importante ressaltar que esses conflitos não se restringiram aos particularismos de Guimarães Rosa. Durante longo tempo, estive buscando fundamentos para a suspeita de que, num cenário como o do continente latino-americano, mal saído do massacrante colonialismo ibérico, as divergências entre os principais atores literários e culturais não diziam respeito apenas a querelas ideológicas. Minha hipótese era a de que havia uma combativa disputa no sentido pioneiro de quem, dentre aqueles grandes nomes a emergir no cenário mundial, iria conquistar um lugar exponencial no panteão dos cânones.

Ao descobrir que havia uma testemunha viva do evento, iniciei contactos com ela para solicitar-lhe informações. Tratava-se do Professor Giuseppe Bellini, por meio do qual descobri a existência das *Actas* do congresso em questão. Depois de várias prospecções, meu interlocutor avisou-me da inexistência daquilo que eu rastreava: o registro da querela Borges-Rosa-Asturias. Segundo ele, nem os jornais nem as *Actas* notificaram esse entorno subterrâneo, o qual sobreviveu graças ao relato oral daqueles que estiveram diretamente envolvidos no I Congresso de Escritores Latino-Americanos, apelidado de Congresso do *Columbianum*. Provavelmente para não comprometer o esforço geminal de criar uma *tour de force* latino-americana, as testemunhas do entrevero evitaram sua difusão, numa espécie de acordo tácito.

Malgrado não ter obtido as informações desejadas, foi-me frutífero o esclarecimento do Prof. Bellini, no sentido de ter ele dado a conhecer o tom, as intenções, as competições, os ditos e os interditos que marcaram esse histórico primeiro encontro dos escritores latino-americanos. É o que se pode ler na última mensagem que ele me enviou, por e-mail, em outubro de 2000:

Estimada colega:

pensará Ud., con razón, que me he olvidado del asunto del que me había escrito, o sea de la polémica Asturias-Borges. Es que tuve una infinidad de compromisos por ciertas laureas honoris causa que me dieron y o lograba encontrar el volumen de las Actas del famoso congreso de Columbianum. Por fin recién lo localicé, pero no hay nada de la polémica de que Ud. me habla, y Asturias se limita a presentar el Coloquio.

Por otra parte sabemos muy bien que entre él y Borges no corría buena sangre, precisamente por las opuestas concepciones políticas y literarias. Y también sabemos que Borges cuando le dieron el Nobel a Asturias dijo que se lo hubieran debido dar a Neruda, no "a ese hombre". Pero, durante los muchos años en que yo frecuenté con gran amistad al novelista guatemalteco nunca le entendí hablar de Borges: parecía que lo ignoraba, mientras sí se lanzaría en la polémica contra Garcia Márquez, de cuya inutilidad logré al fin convencerlo. Nada más puedo decirle, estimada Amiga, y sólo le deseo un buen trabajo, mientras le envío mis saludos más cordiales,

Giuseppe Bellini

É nesse contexto de conflitividade que Guimarães Rosa concede ao crítico alemão, Günter Lorenz, uma entrevista, ao longo da qual retornam questões políticas e crítico-teóricas debatidas no congresso do *Columbianum*. Entremesclada por assuntos como língua, literatura, diplomacia, política, biografia, tradução, ideologia, regionalismo, brasilidade, a entrevista deixa entrever, em seu vasto temário, a preocupação de Rosa com os rumos da identidade literária e cultural da América Latina. Não é difícil perceber que, do espaço discursivo híbrido e contraditório a permear os debates do "Congresso", já começa a se esboçar o mosaico de conceitos que virão a dar suporte, nas últimas décadas do século XX, aos debates e questionamentos crítico-teóricos dos Estudos Comparados, dos Estudos Culturais e Pós-Coloniais.

Muito embora, em meio à confluência de vozes interculturais e transnacionais, Guimarães Rosa externe posições pessoais a respeito de arte, cultura, língua etc., isso não o impede de filtrar e traduzir a pluralidade das novas formações literárias do continente, bem como de vaticinar-lhes, para as décadas seguintes, um lugar privilegiado no cenário da literatura internacional, prenúncio que, aliás, se confirmou, ainda na mesma década do "Congresso", com o *boom* da literatura latino-americana.

Ainda que, no embate entre Borges e Asturias, Rosa comungue com as posições deste último (com quem, aliás, passa a partilhar, mediante eleição, a vice-presidência da primeira "Sociedade de Escritores Latino-Americanos"), ele revela uma certa desconfiança com respeito à utilização do discurso literário para explicitar posições políticas no sentido restrito, o que é endossado por este trecho de entrevista: "embora eu ache que um escritor de maneira geral deveria se abster de política, peço-lhe que interprete isto mais no sentido da não participação nas ninharias do dia-a-dia político. As grandes responsabilidades que um escritor assume são, sem dúvida, outra coisa..."[29]

O desencanto frente às totalitárias utopias políticas, tão evidentes nos projetos de modernização política e econômica da América Latina[30], e o desprezo à inoperância dos políticos, com os quais, enquanto diplomata, ele se vê constantemente obrigado a confrontar-se, levam-no a comentar que ambos, política e políticos, ignoram o homem, dando-lhe o mesmo valor que uma vírgula possui numa conta[31].

Entre os encantos e os desencantos de Rosa há, contudo, uma zona de sombra onde prevalece a indeterminação e a ambivalência e que pode ser explicada pela duplicação de lugares a partir dos quais aquele se posiciona para manifestar tanto as suas formulações estéticas quanto as políticas. Enquanto diplomata, ele se ampara na prerrogativa de sigilo diplomático para negar-se a tomar posições políticas, chegando mesmo a revelar em não raras vezes um perfil conservador. Ao passo que, revestido do papel de "escritor", ele se insurge em defesa da diferença cultural da América Latina, além de pleitear para a literatura produzida no continente um lugar ao sol da tradição canônica. É ainda deste *locus* de enunciação que ele pronuncia sua crença na função utópica da arte e, portanto, no papel transformador do artista. Dessa forma, ele pode, ao mesmo tempo, atacar as utopias políticas e defender as utopias libertárias da arte: "[...] minha língua brasileira é a língua do homem de amanhã, depois da purificação. Por isso devo purificar minha língua. Minha língua [...] é a arma com a qual defendo a dignidade do homem [...]. Somente renovando a língua é que se pode renovar o mundo"[32].

Consideradas as exigências protocolares de sigilo diplomático, é plausível a disjunção entre o escritor e o (então) Chefe do Serviço de Demarcação de Fronteiras do Itamaraty. Há, entretanto, atrás da duplicação, um intelectual latino-americano, um transculturador, que, situado entre duas águas, empenha-se em conciliar sistemas culturais polarizados e, frente a isso, acaba manifestando suas próprias contradições.

A despeito de ser a escrita ficcional o *locus* apropriado à materialização do papel transculturador exercido pelo Guimarães Rosa que muitas vezes se representa ficcionalmente em suas próprias narrativas, torna-se-lhe, contudo, quase impossível estabelecer limites rigorosos entre as posições que pronuncia, ora através de seus narradores, ora por sua própria voz. Isso sobretudo se se leva em conta a vulnerabilidade de seus pronunciamentos políticos, uma vez que não há como, no contexto mesclado de convívio entre suas várias personas, isolar o diplomata do escritor.

É significativo nesse sentido que, no seu diálogo com Günter Lorenz em 1965, o escritor já tenha produzido praticamente toda sua obra, o que irá implicar uma visível contaminação entre seus posicionamentos pessoais e os expressos pelos narradores representados em suas obras. Em outras palavras, o Guimarães Rosa que fala na entrevista o faz enquanto leitor-crítico que, a partir da recepção de sua própria obra ficcional, continua a lhe doar novos sentidos. Mas o procedimento inverso pode também ser verificado.

É curioso observar o afloramento de zonas de intersecção nas fronteiras pessoais do escritor. Quando afirma, por exemplo, que "Provavelmente, eu seja como meu irmão Riobaldo"[33], Rosa não está apenas recorrendo ludicamente à conhecida clave flaubertiana, "Mme Bovary c'est moi", para dramatizar-se enquanto escritor pertencente a uma determinada confraria literária, ou para denotar seus próprios procedimentos estéticos. A par da intenção de matizar, na própria rede discursiva, seus predecessores e seus procedimentos estéticos, revela-se, no escritor, a intenção de demonstrar que, em homologia com seu personagem principal, existe nele a preocupação em afiar suas "armas" para atacar as várias formas de injustiça social e de defasagem cultural materializadas no contexto histórico de que ele provém.

De fato, no contexto extremamente politizado do Congresso de Escritores Latino-Americanos, em cujo circuito se realiza sua entrevista a Günter Lorenz, Guimarães Rosa deixa patente seu compromisso com a missão de transculturar, ou seja, de mediar conflitos, promover trocas culturais para, dessa forma, contribuir no processo de modernização literária e cultural do continente. A assimilação fantasmática da própria criação textual o impele, portanto, a identificar-se com o jagunço-letrado, ele próprio um avatar simbólico dos combativos intelectuais latino-americanos. Essa projeção especular, construída na esfera da identificação pessoal, desliza metonimicamente para uma outra bem mais ampla, a partir da qual se pode inferir um projeto pessoal do escritor que, ao se retratar com a afirmativa de que "Riobaldo é apenas o Brasil"[34], parece ter incorporado o projeto riobaldiano de traçar um alternativo "plano-piloto" em insurgente confronto com o projeto político de modernização brasileira e latino-americana.

No entanto, se ele logra dar materialidade ficcional a esse plano, seja no papel de escritor, seja no papel de narrador representado, não o faz senão com contradições, muitas das quais detectadas por seu entrevistador. Quando este lhe pede, por exemplo, para definir a "brasilidade", isto é, qual seria a principal idiossincrasia do modo de ser brasileiro, a resposta é uma paráfrase da frase "Poesia é a linguagem do indizível", usada por Goethe (um poeta não brasileiro, mas alemão) para definir a especificidade da "poesia". Parafraseando maliciosamente o verso do poeta alemão, Rosa defende que "a 'brasilidade' é a língua de algo indizível"[35]. É importante ressaltar a intenção de ironizar o entrevistador, visto ele, como muitos europeus, repetir em seu discurso o "vício" de reduzir todas as "diferenças" brasileiras ao indiferente e genérico rótulo de "brasilidade".

A partir de um outro posicionamento em que Rosa se mostra acentuadamente ambíguo, Lorenz comenta: "Você está contra a lógica e defende o irracional. Entretanto, seu próprio processo de trabalho é uma coisa totalmente intelectual e lógica. Como você se explica esta contradição e como a explica para mim?" Ainda que afirme não haver contradição, Rosa responde com um paradoxo: "espero uma literatura tão ilógica como a minha, que transforme o cosmo num sertão no qual a única realidade seja o inacreditável"[36].

Quando, já atordoado pelos muitos paradoxos de Rosa, seu entrevistador lhe pede explicações sobre o gesto político que o levou a arriscar-se perigosamente em Hamburgo (para arrebatar judeus das mãos da Gestapo), aquele ressalva, sem abrir mão de seu gosto pelo trocadilho, que o fez enquanto diplomata, e não como político:

O diplomata acredita que pode remediar o que os políticos arruinaram. [...] No sertão, num caso desses imediatamente a gente saca um revólver, e lá isso não era possível. Precisamente por isso idealizei um estratagema diplomático, e não foi assim tão perigoso. E agora me ocupo de problemas de limites de fronteiras e por isso vivo muito mais limitado[37].

Amparado pela prerrogativa do sigilo diplomático, Guimarães Rosa nega-se, conforme já se assinalou, a explicitar suas posições políticas ou ideológicas. Contudo, ao término de sua entrevista, abandona a discrição habitual para vaticinar, num tom acentuadamente utópico, um novo destino a libertar a América Latina da fatalidade que a submete à dependência literária e cultural.

Estou firmemente convencido, e por isso estou aqui falando com você, de que no ano 2000 a literatura mundial estará orientada para a América Latina; o papel que um dia desempenharam Berlim, Paris, Madrid ou Roma, também Petersburgo ou Viena, será desempenhado pelo Rio, Bahia, Buenos Aires e México. O século do colonialismo terminou definitivamente. A América Latina inicia agora o seu futuro. Acredito que será um futuro muito mais interessante, e espero que seja um futuro humano[38].

Quando, no contexto insurgente dos anos 60, o escritor-diplomata reivindica a inserção de formações discursivas latino-americanas no cenário político, econômico e sociocultural já (?) descolonizado do terceiro milênio, ele está confirmando a crença de que sua obra poderá contribuir para o diálogo da diversidade temporal, lingüística e cultural latino-americana com os valores consagrados pelo cânone universal.

ENTRE DUAS ÁGUAS

Ao descentrar as fronteiras hierárquicas que imobilizam, em pólos inconciliáveis, o centro e a periferia, o arcaico e o moderno, a oralidade e a escritura, Guimarães Rosa assume uma posição desconstrutora contra toda forma de demarcação cultural fixa e totalizante. Desse modo, age politicamente, visto estar obrigando os lugares hegemônicos a abrigar, na sua agenda histórico-cultural, as heterogeneidades diferenciais da América Latina. Por meio desse projeto de descentralização e desierarquização, Rosa procede como um transculturador que reduz (ou experimenta reduzir) a distância entre temporalidades e valores responsáveis pela política homogeneizadora que regulou secularmente as relações entre metrópoles e suas colônias.

A consciência da heterogeneidade básica[39] que motiva internamente cada sistema cultural e a pluralidade dos modos de simbolização que rege a relação entre eles permite ao escritor operar com os paradigmas da transculturação, categoria que o inseriria, segundo postulação de Ángel Rama, no panorama de escritores continentais – "herdeiros 'plásticos' do regionalismo – capazes de resistir às mudanças da modernização homogeneizadora calcada em padrões estrangeiros"[40]. Situando-se entre duas águas, o transculturador é, segundo Rama, "o mediador de duas urbes culturais desconectadas: o interior-regional e o externo-universal"[41].

Colocando-se em posicionalidade transitiva, os transculturadores são produtores culturais que "constroem", a partir de seus cenários discursivos, as pontes indispensáveis para resgatar culturas regionais soterradas pelo impacto da modernização. Ao descrever os pressupostos ramianos de transculturação, Mabel Moraña esclarece que a mediação entre sociedades de prestígio sociocultural diferenciado é exercida através da agência que "organiza e racionaliza as forças em conflito mediante fórmulas de hibridização que absorvem a mudança social e a processam através da formalização de uma nova ordem simbólica"[42].

Há um certo consenso com respeito ao fato de que, para assegurar o êxito da transculturação, é fundamental que a cultura "dominada", sob o princípio da plasticidade cultural, seja capaz de inscrever-se na cultura dominante, sem que isso implique perda substantiva de seus próprios componentes culturais. Segundo Antonio Candido, esse princípio assume cabal importância na transformação da cultura latino-americana, sobretudo por promover a "fecunda mediação entre a dimensão nacional e a dimensão universal, em lugar da posição retórica e sentimental do passado"[43].

Afinal, de que lugar Guimarães Rosa fala? Que recado nos dão suas personagens que – a partir de um espaço periférico onde ainda se recitam, mal reciclados, muitos resíduos arcaicos da cultura ibérica transplantada para a América Latina – precisam da mediação de uma outra voz, que lhes traduza e atualize, para o código escritural, os vários anacronismos temporais e dialetais de suas formações discursivas, a exemplo dos incompreensíveis "arranhos" das personagens "grotescas", no conto "O Recado do Morro"?[44]

Se "nós" falamos a partir da periferia e falamos a discursividade latino-americana que é outra forma de periferia, caberia ressaltar que "precisar o lugar de onde se fala não implica exclusivamente uma determinação geográfico-cultural. Precisar o lugar é determinar a posição do sujeito e o modo da enunciação"[45]. O lugar a partir do qual o escritor latino-americano interpreta sua cultura não pode ser um *locus* neutro nem asséptico, mas contaminado e parcial: "Contaminado pela história pessoal, parcializado pela história social e pessoal, mas também pela localização geográfico-cultural desse espaço no planeta"[46].

Marcado pela itinerância entre várias identidades lingüísticas e culturais, o lugar de onde Guimarães Rosa fala é a fronteira heterotópica onde se mesclam línguas estrangeiras entre si e se entrecruzam várias geografias, culturas e alteridades. Ainda que seu referencial básico seja a língua portuguesa e suas variantes brasileiras empregadas nos usos lingüísticos do sertão mineiro, ocorre, na "língua rosiana", uma visível hibridização entre o português e outros idiomas. A hibridização idiomática, realizada sob o concurso dos processos de composição, derivação e aglutinação, constitui microprocessos de "conversação" entre línguas e reproduz recursivamente o procedimento geral de transculturação, no plano lexical e mesmo no sintático. Regida pela lógica sistêmica dos fractais, essa hibridização idiomática permite ainda ao escritor explorar, num grau máximo de fatura poética, uma gama diversificada de recursos visuais e fônicos – um sofisticado desdobramento da "temática de timbres", para usar a expressão de Augusto de Campos[47].

AMILHORAMENTO DA LÍNGUA

O árduo trabalho de carpintaria para o fabrico artesanal da linguagem constitui uma das mais fortes tônicas da escrita rosiana. Nas correspondências de Guimarães Rosa, ressalta a carta de 11.5.1947, cujo teor é a resposta explicativa às impressões "improcedentes" que o escritor Vicente Guimarães (tio de Rosa) havia manifestado sobre o seu artigo (de Rosa) "Histórias de Fadas". Guimarães Rosa demonstra a seu destinatário que lhe escapou o mais importante do artigo, ou seja, a fatura poética: a construção literária, a conjunção entre a língua arcaica e a moderna, o artificialismo deliberado, os efeitos de contraste explorados em trechos "ousadamente hipermodernos". Por trás da explicação está o escritor-crítico a atacar o "imobilismo" provinciano de escritores mineiros que resistem em adotar inovações lingüísticas, a essa altura já amplamente divulgadas pela obra de muitos dos modernistas brasileiros.

Identificando no conservadorismo provinciano um dos maiores entraves à produção e à compreensão de novos paradigmas estéticos, Rosa atribui-lhe a responsabilidade por nosso "atraso cultural". Em visível diálogo com a postura proselitista (e nacionalista) adotada por Mário de Andrade em sua relação epistolar com jovens escritores, Guimarães Rosa chama a atenção de seu interlocutor (Vicente Guimarães) para a importância dos recursos que emergem das vanguardas européias, dentre os quais a consciência do artifício e do fazer literário.

Toda arte, dagora em diante, terá de ser, mais e mais, construção literária. Já entramos em tempos novos, já estamos reabilitando a arte, depois do longo e infeliz período de relaxamento, de avacalhação da língua, de desprestígio do estilo, de primitivismo fácil e de mau-gosto. Se você ler o que têm escrito os nossos melhores críticos (Antonio Candido, Álvaro Lins, Lauro Escorel, Almeida Sales, etc.), nos últimos 5 anos, poderá sentir a "virada", a mudança de direção na literatura de melhor classe. Nisso, aliás, como em tudo o mais, o que se passa aqui é mero reflexo do que vai pelos países cultos. A palavra de ordem é: construção, aprofundamento, elaboração cuidada e dolorosa da "matéria-prima" que a inspiração fornece, artesanato![48]

Desalentado com a "vergonha e a miséria" da língua portuguesa tal qual empregada na literatura brasileira, "empobrecimento de vocabulário, rigidez de fórmulas e formas, estratificação de lugares-comuns, como caroços num angu ralo, vulgaridade, falta de sentido de beleza, deficiência representativa"[49], Rosa postula, "por elementar patriotismo", o dever de restaurar a "língua", no seu entendimento, o único instrumento capaz de dar dignidade à nossa literatura.

Seu programa, "o único programa digno de um verdadeiro artista", é começar pela raiz, para assegurar que a "nossa" literatura recupere a seiva e o viço que ele identifica na linguagem de escritores como Clarice Lispector e João Cabral de Melo Neto. Estes, segundo ele, "estão trazendo para a literatura brasileira esse sentido de forma artística, que irá permitir que apresentemos amanhã ao mundo obras realmente grandes e duradouras"[50]. Em síntese, a carta encerra a lição de que arte é artifício; literatura, portanto, se faz com palavras e não (apenas) com idéias.

Não obstante o espírito inovador, irrompe, desse diálogo familiar, a estranha interferência de uma outra face do escritor: a postura preconceituosa e iluminista. Essa contradição torna-se, contudo, plausível em face de sua férrea determinação em corrigir os eixos de sua língua e de sua cultura. Situado entre "duas águas" (o provincianismo nacional *versus* o cosmopolitismo europeu), Guimarães Rosa reveste-se do papel de transculturador para instituir o princípio de plasticidade cultural entre sua herança cultural (de base arcaica e provinciana) e as modernas vanguardas européias. A passagem do processo de transculturação para seus resultados, isto é, a produção de uma nova *práxis* estranha ao horizonte de expectativa de sua cultura de origem, é certamente um dos fatores que intervêm na sua (de Rosa) conflitiva conjunção entre "patriotismo" e "vanguardismo".

Para discorrer sobre o desgaste sofrido pela língua portuguesa e sugerir meios a serem empregados em sua restauração, Guimarães Rosa se apropria da conhecida clave de Mário de Andrade sobre a necessidade de "amilhoramento" da língua. A operação reabilitadora exige, segundo ele, uma verdadeira ginástica – quase uma operação alquímica – mediante a qual as propriedades fundamentais da língua – a plasticidade, a permeabilidade, a fluidez – possam recuperar seu tônus muscular: "É preciso distendê-la, distorcê-la, obrigá-la a fazer ginástica, desenvolver-lhe os músculos. Dar-lhe precisão, exatidão, agudeza, plasticidade, calado, motores. E é preciso refundi-la no tacho, mexendo muitas horas. Derretê-la, e trabalhá-la, em estado líquido e gasoso"[51].

Faz parte do projeto restaurador de Guimarães Rosa a áspera e irônica condenação aos regionalistas que teriam clicherizado o folclore nacional, uma das poucas vertentes brasileiras com possibilidade de prestígio internacional. O ataque se dirige ainda a quaisquer escritores que "dormiram muito e sonharam que literatura era dançar samba"[52]. A partir de um *locus* cuja enunciação se afina muito mais com a conservadora e elitista dicção do "diplomata" do que com a do "escritor", Guimarães Rosa critica a preguiçosa adoção de fórmulas já feitas, que, no seu ácido entendimento, confere um ar de *déjà vu* à literatura brasileira.

Naturalmente palavrosos, piegas, sem imaginação criadora, imitadores, ocos, incultos, apressados, preguiçosos, vaidosos, impacientes, não cuidamos da exatidão, da observação direta, do domínio dos temas, do estudo prévio, do planejamento, da construção literária. Somos do alongamento, do nariz-de-cera, do aproveitamento, em décima ou vigésima mão, de reminiscências literárias, da literatice, enfim[53].

UM NOVO CLÁSSICO

Intrigado com o fato de Guimarães Rosa, um homem nascido no interior de um país de terceiro mundo, ter, sem prejuízo para a inteligibilidade, concretizado em sua obra a mais perfeita conciliação entre recursos estéticos canônicos e as novidades técnicas das vanguardas; a aglutinação entre sua língua materna e outras línguas, muitas das quais irredutíveis entre si e, portanto, intraduzíveis para o português; a superposição entre a língua erudita e as singularidades regionalistas, Günter Lorenz desafia o escritor mineiro a desenredar a complexidade, a diversidade e a superposição dos elementos constituintes de sua construção poética. Pela justificativa de Rosa, é no seu intercâmbio com várias línguas que ele descobre os recursos capazes de suplementar e compensar a "falha" de sua língua de origem: "Aprendi algumas línguas estrangeiras apenas para enriquecer a minha própria e porque há demasiadas coisas intraduzíveis, pensadas em sonhos, intuitivas, cujo verdadeiro significado só pode ser encontrado no som original. [...] Cada língua guarda em si uma verdade que não pode ser traduzida"[54]. Além desse procedimento, o escritor explicita – demonstrando ademais a variedade de métodos adotados na construção de sua poética – a consciência metapoética de ser este o meio pelo qual a literatura pode aproximar-se do ideal de língua pura a que aspiram escritores e tradutores.

Primeiro, há meu método que implica na utilização de cada palavra como se ela tivesse acabado de nascer, para limpá-la das impurezas da linguagem cotidiana e reduzi-la a seu sentido original. Por isso, e este é o segundo elemento, eu incluo em minha dicção certas particularidades dialéticas de minha região, que são linguagem literária e ainda têm sua marca original, não estão desgastadas e quase sempre são de uma grande sabedoria lingüística. Além disso, como autor do século XX, devo me ocupar do idioma formado sob a influência das ciências modernas e que representa uma espécie de dialeto. E também está à minha disposição esse magnífico idioma quase esquecido: o antigo português dos sábios e poetas daquela época dos escolásticos da Idade Média, tal como se falava, por exemplo, em Coimbra. [...] Seja como for, eu tenho de "compensar", e assim nasce então meu idioma que, quero deixar bem claro, está fundido com elementos que não são de minha propriedade particular, que são acessíveis igualmente para todos os outros[55].

Posto constituída, na expressão do próprio autor, de "elementos acessíveis a todos", a particularíssima dicção rosiana conjuga às suas propriedades um diversificado feixe de recursos: a heterogeneidade de métodos, o mosaico de referências filosóficas e literárias, as altas aspirações lingüísticas e metafísicas, a potencialidade para libertar o homem do peso da temporalidade e devolver-lhe a vida em sua forma original. Toda a rede que preside à estruturação dessa intrigante literatura constitui, para o aturdido entrevistador, um sistema de combinações tão complexas e infinitas, que ele atribui ao entrevistado o rótulo de "revolucionário da língua". Desautorizando o clichê, Rosa tolera um outro, o de "reacionário da língua", mediante a ressalva de que investiga a origem da língua, "lá onde a palavra ainda está nas entranhas da alma, para poder lhe dar luz, segundo a [sua] imagem"[56].

Reconhecendo-se, não romancista, mas contista de contos críticos, nos quais mescla ficção e realidade, o escritor-diplomata retoma o tema que retorna recorrentemente à entrevista: a "tradução". Ainda que defenda a purificação de "sua língua brasileira", é-lhe, no entanto, imperativo livrar-se da tirania gramatical, além de manter conversação entre o seu e outros idiomas para, dessa forma, obter o resultado a que aspira: a criação de seu idioma pessoal. A aguda consciência do próprio fazer poético é mais um dentre os fatores auto-interferentes que regulam a máquina rosiana de produzir emoção estética, conforme atesta esta passagem:

Não, não sou romancista; sou contista de contos críticos. Meus romances e ciclos de romances são na realidade contos nos quais se unem a ficção e a realidade. Sei que daí pode facilmente nascer um filho ilegítimo, mas justamente o autor deve ter um aparelho de controle: sua cabeça. Escrevo, e creio que este é meu aparelho de controle: o idioma português, tal qual o usamos no Brasil; entretanto, no fundo, enquanto vou escrevendo, eu traduzo, extraio de muitos outros idiomas. Disso resultam meus livros, escritos em um idioma próprio, meu, e pode-se deduzir daí que não me submeto à tirania da gramática e dos dicionários dos outros. A gramática e a chamada filologia, ciência lingüística, foram inventadas pelos inimigos da poesia[57].

O convívio com distintos saberes, línguas e culturas bem provavelmente possibilitou ao escritor-diplomata a oportunidade de revisitar sua própria história e reinaugurá-la mediante uma gama de perspectivas, que vai da mais particular à mais universal e da mais universal à mais particular. Do referencial ao incondicionado. Os muitos trânsitos de Rosa entre a rusticidade sertaneja e o cosmopolitismo europeu certamente contribuíram para a ampliação e a mobilidade da escala transnacional que permeia os cenários de sua obra.

Lorenz expõe a Rosa sua suspeita pessoal de que a grande "diferença" estética entre o romance *Grande Sertão: Veredas* e outras obras contemporâneas poderia ser reconhecida através do caráter "remoto", "estranho" e "paradoxal" da geopolítica sertaneja. Contrapondo-se à germânica hermenêutica de seu entrevistador, Rosa lista, lado a lado com esses fatores decisivos mas não suficientes, outros não menos importantes: sua formação erudita, o domínio de várias línguas, a estranha combinação do médico com o sertanejo, o rebelde, o diplomata, o Chefe do Serviço de Demarcação de Fronteiras no Itamaraty, o amor aos cavalos, o desejo filosófico de ser um crocodilo. Obviamente, essas estranhas e irônicas misturas não explicam suficientemente os paradoxos do autor e menos ainda os de sua obra literária, cuja configuração é regida por uma outra lógica. Ou um outro mistério, que desafia os leitores a reler a obra rosiana.

NOTAS

1. Calvino, *Por que Ler os Clássicos*, p. 12.
2. Schmidt, "A Saga de Rosa", em *Diálogo*, n. 8, p. 124.
3. Monegal, "Em Busca de Guimarães Rosa", em Coutinho (org.), *Guimarães Rosa*, p. 55.
4. Bizzarri, J. *Guimarães Rosa: Correspondência com seu Tradutor Italiano Edoardo Bizzarri*, 1980, pp. 96-97.
5. Lorenz, "Diálogo com Guimarães Rosa", em Rosa, *João Guimarães Rosa: Ficção Completa*, p. 31.
6. Rosa, *Estas Estórias*, p. 69.
7. As anotações do escritor foram registradas nos diários de viagem que se encontram no Arquivo João Guimarães Rosa, no IEB-USP. Quando vivo, Manuel Nardy, o Manuelzão, deu inúmeros depoimentos sobre a viagem de condução da boiada, alguns dos quais gravados por mim em fitas de vídeo.
8. Os dados biográficos do escritor foram extraídos de Perez, *Guimarães Rosa*, pp. 16-18; Lima, *Revista do Instituto de Estudos Brasileiros*, pp. 249-254.
9. Sobre a "mirada estrábica", ver Piglia, em Congresso Abralic, *Anais...*, p. 64. Tradução minha.
10. Rosa, *Grande Sertão: Veredas*, p. 377. Doravante, a referência a esse romance será feita sob a sigla GSV, seguida da numeração das páginas.
11. *Apud* Araújo, *Guimarães Rosa: Diplomata*, p. 16.
12. Num trecho de sua entrevista a Günter Lorenz, Rosa fala da esperança depositada em escritores latino-americanos cujo investimento em relação à linguagem literária torna a América Latina, no terreno literário e artístico, "apta para o mundo". Lorenz, "Diálogo com Guimarães Rosa", em Rosa, *João Guimarães Rosa: Ficção Completa*, p. 66.
13. Candido, *A Educação pela Noite e Outros Ensaios*, p. 207.
14. Candido, "Sagarana", em Coutinho (org.), *Guimarães Rosa*, p. 245.
15. Candido, *A Educação pela Noite e Outros Ensaios*, p. 161.
16. Coutinho, "Prefácio", em *João Guimarães Rosa: Ficção Completa*, p. 23.
17. *Idem, ibidem.*
18. Cavalcante, *Revista do Instituto de Estudos Brasileiros*, p. 225.
19. *Idem*, p. 236.
20. V. de P. Guimarães, *Joãozito: Infância de João Guimarães Rosa*, p. 137.
21. Rosa, *Relembramentos: João Guimarães Rosa, Meu Pai*, pp. 159-160.
22. *Idem*, p. 163.
23. Schmidt, *op. cit.*, p. 124.
24. Sobre o investimento de Mário na "atualização da inteligência artística brasileira", ver Andrade, *Aspectos da Literatura Brasileira*, pp. 251-252.
25. V. de P. Guimarães, *Joãozito: Infância de João Guimarães Rosa*, p. 160.
26. Lorenz, *op. cit.*, p. 52.
27. Meyer-Clason, "João Guimarães Rosa e a Língua Alemã" (xerox do texto original fornecido pelo autor, em 1998), p. 111.
28. Lorenz, *op. cit.*, p. 28.
29. *Idem, ibidem.*

30. Entre as utopias políticas totalitárias e as utopias libertárias da arte, Leyla Perrone-Moisés (1998) se pronuncia a favor da última, sem a qual a história seria, segundo ela, aceita como fatalidade: "A função da literatura moderna, em seus melhores momentos, foi a de dizer 'não' a uma realidade inaceitável e de sugerir outras formas de histórias (não de indicar ou prescrever soluções, como nas utopias políticas)". Perrone-Moisés, *Altas Literaturas*, p. 208.

31. Lorenz, *op. cit.*, p. 41.

32. *Idem*, p. 52.

33. *Idem*, p. 37.

34. *Idem*, p. 60.

35. *Idem*, p. 55.

36. *Idem*, p. 57.

37. *Idem*, pp. 41-42.

38. *Idem*, p. 61.

39. Sobre "heterogeneidade básica", ver Bueno, *Asedios a la Heterogeneidad Cultural: Libro de Homenaje a Antonio Cornejo Polar*, pp. 23-29.

40. Rama, *Transculturación Narrativa en América Latina*, p. 48. Tradução minha.

41. *Idem*, p. 46. Tradução minha.

42. Moraña, *Ángel Rama y los Estudios Latinoamericanos*, p. 140.

43. Candido, *Recortes*, p. 144.

44. Rosa, *No Urubùquaquá, no Pinhém*, 1969.

45. Achugar, *La Biblioteca en Ruinas: Reflexiones desde la Periferia*, p. 26.

46. *Idem*, p. 64.

47. Campos, "Um Lance de 'Dês' do Grande Sertão", em Coutinho (org.), *Guimarães Rosa*, p. 334.

48. V. de P. Guimarães, *Joãozito: Infância de Guimarães Rosa*, p. 132.

49. *Idem, ibidem.*

50. *Idem*, p. 136.

51. *Idem*, p. 138.

52. *Idem, ibidem.*

53. *Idem, ibidem.*

54. Lorenz, *op. cit.*, p. 51.

55. *Idem*, p. 46.

56. *Idem*, p. 84.

57. *Idem*, p. 35.

2. Fronteiras discursivas

[Guimarães Rosa] Escreve muito, me contou; depois deixa descansar o escrito e volta mais tarde a revisar, fazendo muitas correções, cortando sem piedade. Essa primeira característica copiosa de sua escrita tem como propósito ocupar o território, marcar os limites entre os quais se vai mover o conto, ou a novela curta, ou a narração mais extensa. Enquanto o escutava falar com precisão e sem pressa, pensei que esta tarefa devia ser também um serviço de demarcação de fronteiras.

EMIR RODRÍGUEZ MONEGAL

Travessia — do sertão — a toda travessia.

GUIMARÃES ROSA

O DISCURSO DO ENTRE-LUGAR

Neste capítulo, privilegiar-se-á o caráter fronteiriço da vida e obra de Guimarães Rosa, bem como o trânsito entre essas duas esferas. Para uma melhor compreensão do que vem a ser a "poética de fronteira" do escritor, serão buscados suportes teóricos em conceitos como "zona fronteiriça", "entre-lugar", "pátria", "nação", "local da cultura". Serão também examinadas formas concretas desse enfoque fronteiriço tanto em textos ficcionais do "escritor", quanto em outras formas de produção de sentido, como cartas pessoais, depoimentos, entrevistas, além de atas e ofícios redigidos pela pena do "diplomata".

Alguns recortes do romance *Grande Sertão: Veredas* e do conto "A Menina de Lá" serão utilizados para exemplificar a recorrente tendência rosiana em explorar – sob os vetores da "traduzadaptação", da "transculturação", da "hibridez cultural", da "heterogeneidade" e da "diglossia" – o confronto, as conversações, a transição e a interatividade entre sistemas que, via de regra, são enfocados de forma dicotômica: natureza e cultura, *mythos* e *logos*, arcaico e moderno, regional e transnacional.

Posto se tratar de posturas e linguagens diferenciadas, há uma zona intersticial onde distintas formas de representação, adotadas respectivamente pelo Guimarães Rosa escritor e pelo Guimarães

Rosa diplomata, são permeadas pelo eixo comum da plasticidade cultural, sob cuja intervenção ele agencia a negociação e a permeabilização entre vários planos anacrônicos e mesmo contraditórios entre si.

Frente à inquestionável evidência da hibridez étnica e cultural, decorrente do confronto entre o colonizador europeu e o elemento autóctone da América Latina, Silviano Santiago sugere que a maior contribuição do escritor desse continente à civilização ocidental deverá vir da destruição sistemática dos conceitos de unidade e de pureza, mediante a assimilação crítica e antropófaga das fontes metropolitanas. Visto, segundo ele, o continente não poder isolar-se da invasão estrangeira nem recuperar sua imaginária condição de paraíso, caberia ao escritor latino-americano – desde um entre-lugar atravessado astutamente pela dupla postura de assimilação e resistência – interferir, impondo uma transgressiva inversão de curso, no percurso empreendido pelos colonos, durante todos os séculos de ocupação do continente. Santiago sugere um conceito-imagem, o "entre-lugar do discurso latino-americano" para se operar com a fluidez histórica, cultural e literária da América Latina, que, atravessada por várias etnias, vozes e línguas, é o espaço ambíguo onde se mesclam histórias e temporalidades em confronto[1].

É desse conflitivo e turvado *locus* de enunciação que o escritor latino-americano deve, segundo ele, aprender a manejar a língua da metrópole para, em seguida, combatê-la. Em lugar da cópia servil ao "modelo" ou do silêncio que só reforçariam a dependência e a submissão desejadas pelo colonialismo cultural, o crítico sugere que o escritor em questão marque sua diferença, guardando um lugar – ainda que na segunda fila – no cenário internacional. Esse lugar, instituído no entre-lugar, deverá ser demarcado por uma geografia "de assimilação e de agressividade, de aprendizagem e de reação, de falsa obediência"[2].

O campo narrativo onde Guimarães Rosa encena o tensionamento entre colonialismo residual e a modernidade é um entre-lugar liminar e disjuntivo onde emergem várias temporalidades, culturas e territórios em confronto. O cenário privilegiado por sua poética é a territorialidade periférica do sertão mineiro. Entretanto, ao colocar essa região em interatividade com esferas espácio-culturais mais amplas, Rosa fá-la sofrer substantiva perda de seus referenciais geopolíticos. Assim, quando coloca sua região em contato com a esfera transnacional, o escritor amplia os limites de noções estereotipadas como "regionalismo" ou "brasilidade" com que se costumou, durante algumas décadas, classificar sua literatura aqui e lá fora.

Na vasta territorialidade do grande sertão mineiro remanejado pela pena de Rosa, mesclam-se várias vozes disjuntivas, distintos planos temporais, formações culturais dissonantes. O convívio tensionado entre vários e diferenciados pólos se materializa sobretudo na "terceira margem", emblemática imagem rosiana dos entre-lugares fronteiriços onde surge a oportunidade de intercâmbio entre categorias distintas e mesmo polarizadas. Bem e mal, centro e periferia, razão e intuição, arcaico e moderno, um sem-número de leituras de mundo, com o imbricamento e a superposição de línguas contrabandeadas de formações culturais de variadas procedências desfilam nas móveis fronteiras ficcionalmente concebidas por Rosa para representar o modo de formação híbrida e heterogênea do continente latino-americano. É a partir de suportes dessa natureza que, em resposta ao modelo impositivo da metrópole, Rosa contribui para a valorização do hibridismo lingüístico e da heterogeneidade cultural que permeiam o regionalismo transnacional praticado em sua literatura em particular e na de outros escritores latino-americanos afinados com a mesma tendência.

TRANSCULTURAÇÃO NARRATIVA

Nas sociedades sem escrita, arquivos ou monumentos, cabe aos especialistas em memória – os "homens-memória" – a função de depositários da "memória coletiva". Eles são a "memória dessas sociedades", guardiães da tradição em que a história e o mito normalmente se confundem[3]. Quando retorna da Europa para visitar sua região de origem, Guimarães Rosa, percebendo o gradativo escasseamento desses "guardiães", em decorrência sobretudo do impacto modernizador, põe-se a tarefa de inventariar e restaurar os vestígios das formações culturais arcaicas de sua região. Sob a perspectiva de um estrangeiro-tradutor e mediante o concurso de novos paradigmas estéticos e culturais, ele procede como um transculturador, que, situado "entre duas águas", dota-se das mediações necessárias à operação de minimizar os contrastes entre instâncias culturais acentuadamente divergentes.

No espaço de sua escrita, Rosa logra revigorar a tradição oral do sertão mineiro em modelos concretos de comunidades fundacionais, cuja base se assenta nos princípios das comunidades arcaicas. Ato simbólico, por excelência, a fundação é uma construção social e, portanto, um ato de cultura. Recuperar a oralidade através da escritura é, no entendimento de Ana Pizarro, um ato fundacional que cumpre, na mirada de hoje, uma função simbólica de caráter restaurador, que se aproxima à da fundação das cidades[4].

O tensionamento entre o oral e o escrito, o *mythos* e o *logos*, o arcaico e o moderno revela, nas obras de Rosa, visível analogia com os macroprocessos de formação cultural e lingüística da América Latina. Via de regra, quando opera no sentido de buscar correspondências com o complexo assimilação-resistência implicado no confronto entre culturas de prestígio diferenciado, o escritor mineiro encena o "contato" de um personagem culto, vindo de fora, com outro, autóctone, cuja leitura de mundo, geralmente iletrada, guarda parentesco com a perspectiva mitopoética remanescente da tradição oral. Entre outras obras de Rosa, o romance *Grande Sertão: Veredas*, a novela "O Recado do Morro" e o conto "A Menina de Lá" exemplificam essa ocorrência transculturadora.

Ángel Rama discute o papel de escritores "transculturadores" que viveram um período decisivo de sua infância e adolescência em regiões – a exemplo da Minas Gerais, de Guimarães Rosa; da costa colombiana, de García Márquez; ou da Jalisco, de Juan Rulfo. Tendo essas regiões desenvolvido práticas autônomas e endogâmicas, isolaram-se do processo de modernização ocidental[5]. Ao se integrarem a centros urbanos, os escritores delas oriundos puderam absorver novas influências, sem, contudo, perder as marcas profundas de sua cultura regional. Servir de mediadores entre sua região de origem e a ordem supra-regional é um dos mais importantes papéis que eles, enquanto escritores, viriam posteriormente a desempenhar. Em outras palavras, eles puderam, via literatura, estender uma ponte entre setores localistas com padrões culturais próprios (freqüentemente muito arcaicos) e um projeto modernizador de maior amplitude.

O transculturador é aquele que, segundo Rama, desafia a cultura estática – porque presa à tradição local – a desenvolver suas potencialidades e produzir novos significados sem, contudo, perder sua textura íntima. Ele demonstra que as obras de escritores transculturadores, a exemplo de Guimarães Rosa, são construídas entre os pólos da resistência tradicionalista e do impulso modernizador. Essa polaridade se concretiza em dois grupos básicos de personagens. No pólo de resistência, encontram-se personagens representativas da região, enraizadas ao local e defensoras de suas tradições. No pólo de mediação, situa-se o narrador (também ele uma personagem) ou um elemento externo à obra, geralmente identificado ao destinatário a quem é dirigida a narração. Um e outro são os depositários de um legado cultural, e sua tarefa é instituir a inter-relação da tradição regional (arcaica) com a cultura nacional ou transnacional (modernizada)[6].

Tendo como base teórica a premissa de Fernando Ortiz, Ángel Rama propõe permutar o conceito de "aculturação" pelo de "transculturação"[7]. O primeiro é entendido como o processo de perda cultural e lingüística, decorrente do confronto entre culturas de prestígio diferenciado, a exemplo dos modelos hierarquizantes transplantados pela Península Ibérica para a América Latina durante o período colonial. Ao passo que a transculturação sugere o duplo movimento de assimilação e resistência que, além de agenciar o princípio de "plasticidade cultural" (produtivo intercâmbio entre as partes envolvidas), constitui uma criativa resposta do continente latino-americano à modernidade européia.

Dessa forma, a transculturação é um processo dotado de capacidade de desencadear a relação de transitividade entre culturas em confronto, trazendo como conseqüência (contrariamente à posição submissa do "colonizado") uma relação desierarquizada entre ambas, tratando-se, portanto, de uma operação capaz de efetivar-se com um mínimo de perdas culturais. A concepção ortiziana de transculturação significou para Rama uma compreensão do perspectivismo latino-americano, o qual, segundo ele,

Revela resistencia a considerar a la cultura propia, tradicional, que recibe el impacto externo que habrá de modificarla, como una entidad meramente pasiva o incluso inferior, destinada a las mayores pérdidas, sin ninguna clase de respuesta creadora. Al contrario, el concepto se elabora sobre una doble comprovación: por una parte, registra que la cultura presente de la comunidad latinoamericana (que es en producto largamente transculturado y en permanente evolución) está compuesta de valores idiosincráticos, los que se pueden reconocerse actuando desde fechas remotas; por outra parte, corrobora la energía creadora que la mueve, hiciendola muy distinta de un simples agregado de normas, comportamientos, creencias y objetos culturales, pues se trata de una fuerza que actúa com desenvoltura tanto sobre su herencia particular, según las situaciones propias de su desarrollo, como sobre las aportaciones provenientes de fuera[8].

Para Rama, o narrador-protagonista de *Grande Sertão: Veredas* cumpre exemplarmente o papel de transculturador. De fato, pode-se observar que, além de habitar as fronteiras de distintas culturas e fazer um pacto ficcional com um interlocutor que, diferentemente dele, detém um saber formal e se identifica com normas urbanas, o ex-jagunço se coloca entre bandos antagônicos, entre três amores, entre as águas de dois rios, entre Deus e o demo, e seu relato, ao se dividir em duas partes, duplica a narrativa do romance, reproduzindo e reafirmando, na própria estrutura, o processo de transitividade operado no campo lingüístico e cultural.

À medida que "atravessa" vários estatutos diferenciados, Riobaldo vai tomando ciência de seu papel transculturador, ou seja, de que é a ele que cabe instituir as trocas simbólicas e culturais entre diferentes territorialidades, tradições e sistemas ideológicos. Também a forma assumida por seu relato – "diálogo pela metade"[9] – institui uma nova forma de mediação, a partir da qual ele pode ouvir de volta sua própria voz e, dessa forma, não só conferir, mas também reformular seus próprios paradigmas.

Ancorado no princípio de "plasticidade cultural", Riobaldo assegura o próprio trânsito entre os distintos planos que lhe cabe mediar. Para tanto, é-lhe, contudo, fundamental manter-se numa posição independente ou, no mínimo, distanciada em relação a bandos e a sistemas aos quais se associa e dos quais se dissocia tensionalmente, conforme ele próprio reconhece, num de seus momentos de *insight*: "Eu, quem é que eu era? De que lado eu era? Zé Bebelo ou Joca Ramiro? Titão Passos... o Reinaldo... De ninguém eu era. Eu era de mim. Eu, Riobaldo" (GSV, 141).

FRONTEIRA TRANSNACIONAL

Néstor García Canclini examina as contradições que presidem à realização do projeto emancipador, expansivo, renovador e democratizador da América Latina, cujos países tornaram-se hoje o resultado da sedimentação, justaposição e entrecruzamento de tradições culturais e lingüísticas de grupos autóctones com setores políticos, educacionais e religiosos de origem ibérica. A mestiçagem interclassista decorrente desses inter-relacionamentos gerou, segundo ele, formações híbridas em todos os extratos sociais latino-americanos[10]. O convívio intercultural, agenciador do confronto entre temporalidades distintas, justificaria, em grande parte, a ambigüidade do processo de modernização da América Latina como um todo, e do Brasil, em particular. Uma decorrência positiva dessa ambigüidade poderia ser reconhecida na plasticidade cartográfica e cultural da América Latina, a qual, por sua vez, estaria apta a incorporar, sem perdas significativas, novas formas de "hibridez" e "diglossia". Canclini percebe, na complexidade do repertório que emerge dessas formações e contatos, uma forma de "heterogeneidade multitemporal"[11].

Do espaço do romance *Grande Sertão: Veredas* emerge um espaço híbrido e disjuntivo onde se superpõem distintos planos temporais e várias alteridades. Trata-se do "Curralinho" – *topos* fronteiriço entre a arcaica tradição rural e a modernidade urbana – onde vai morar o protagonista, quando jovem, para iniciar-se nas "primeiras letras". "Curralinho" sugere uma linha limítrofe entre regiões e, ao mesmo tempo, um concentrado campo de tensões. Imagem de uma fronteira transnacional, plurilingüística e intercultural, esse território é continuamente cortado pelas balas dos bandos inimigos, governança e jagunçagem, sendo ainda atravessado pelo entrecruzamento de vozes dissonantes e dialógicas.

Espaço poroso, o Curralinho mostra-se permeável tanto a conflitos quanto a interações e abriga, em seu território fronteiriço, dois grupos básicos – quase sempre em tensão. O primeiro, remanescente da tradição local, constitui-se de segmentos da hierarquia rural e seus aparatos ideológicos – capatazes e forças de trabalho semi-escrava. Em sua luta para preservar a própria hegemonia territorial e político-econômica, esse grupo transforma esta zona fronteiriça em um grande campo de batalha, onde se armam em defesa de tradição, família e propriedade, sob a proteção de sanguinolentos bandos jagunços.

Os jagunços, por seu turno, a pretexto de proteger e mapear os grandes feudos, travam, entre si, intestinas e encarniçadas lutas, numa constante e estreita divisão de fronteiras, sem que eles próprios, malgrado seu poder de fogo, usufruam das posses e da integridade de latifundiários como seo Ornelas, seo Habão, seo Selorico Mendes ou o grande chefe Joca Ramiro. O processo de reificação a que os jagunços são submetidos é percebido e explicitado pelo "chefe" Zé Bebelo: "Só eu... ou você mesmo, Tatarana. Mas a gente somos garrotes remarcados" (*GSV*, 398); e também por Riobaldo, que não passa, como os demais jagunços, de "ser homem muito provisório" (*GSV*, 386); e de "fulão e sicrão e beltrão e romão – pessoal ordinário" (*GSV*, 58).

"Padrinho" de Riobaldo (narrador-protagonista de *Grande Sertão: Veredas*), Selorico Mendes assevera ao "afilhado" que "cada lugar é só de um grande senhor, com sua família geral, seus jagunços mil, ordeiros" (*GSV*, 104). Essa fala é significativa no sentido de confirmar que os próprios donos das terras com seus "filhos" (dentre os quais se inclui Riobaldo) sabem mensurar a eficácia de seu próprio poder de fogo, capaz entre outras coisas de bloquear o curso de mudanças socioeconômicas e históricas. A visita do poderoso chefe Joca Ramiro com toda sua *entourage* à fazenda São Gregório, de Selorico Mendes, salienta o prestígio e o estreito comprometimento deste com a alta hierarquia jagunça. Introduzir o "afilhado" Riobaldo no manejo de armas é a forma como o latifundiário institui laços com o filho "ilegítimo" e o prepara para ocupar seu lugar no latifúndio. É, portanto, sob o signo da beligerância que Riobaldo se insere nessa arcaica tradição rural, cuja "malignidade", numa reviravolta performática, ele próprio tratará, mais tarde, de combater.

> Queria que eu aprendesse a atirar bem, e manejar porrete e faca. Me deu logo um punhal, me deu uma garrucha e uma granadeira. Mais tarde, me deu até um facão enterçado, que tinha mandado forjar para próprio, quase do tamanho de espada e em formato de folha de gravatá (GSV, 105).

À falta de outras habilidades do "afilhado", Selorico Mendes decide também que ele estude, designando o Mestre Lucas, do Curralinho, para ensinar-lhe as primeiras letras: "Baldo, você carecia mesmo de estudar e tirar carta-de-doutor, porque para cuidar do trivial você jeito não tem" (GSV, 106). É, portanto, em nome do pai que Riobaldo será o "Cerzidor", certeiro nos tiros e nas palavras. Inseguro no uso de outras armas, ele tem, contudo, a segurança de manejar estas duas, por meio das quais se prepara para ocupar e desocupar o lugar do pai.

Por seu turno, o segundo escalão do Curralinho, sendo desenraizado e, portanto, desvinculado das tradições locais, pode ser associado à itinerância, ao nomadismo, à fluidez identitária. Trata-se

– 82 –

de mascates, comerciantes, imigrantes, *frontiers, borders*, que, em face de sua própria permeabilidade territorial e plasticidade sociocultural, ajusta-se ao espírito de renovação da modernidade, polarizando-se, nesse sentido, às tradicionais formas de resistência assumidas pelo primeiro grupo. Assim, enquanto a oligarquia rural se recusa à mobilidade, fixando-se beligerantemente nos valores locais, o outro grupo se contorciona para manejar – com um mínimo de perdas – o comércio simbólico que lhe possibilite realizar novas formas de interatividade do extralocal com o local.

Por não estar enraizado em nenhuma tradição nem se identificar a nenhuma facção jagunça, Riobaldo pode colocar-se em posição transitiva e realizar, posto que precariamente, a mediação entre os dois sistemas culturais. É, portanto, a partir desse espaço de interação e conflitividade que ele aprende a permeabilizar o convívio entre várias temporalidades superpostas – "o tempo no tempo" (GSV, 321), conforme expressão dele –, entre distintas culturas e diferentes sistemas lingüísticos, fazendo do sertão o espaço metafórico de transição entre o arcaico e o moderno, o regional e o urbano.

O Curralinho é, por conseguinte, uma espécie de porto flutuante a partir do qual se desencadeiam os deslocamentos e as "travessias" do Riobaldo "Cerzidor". Mas trata-se, sobretudo, do espaço de mediação entre a fixidez da cultura local e as singularidades dissonantes de culturas estrangeiras, a exemplo do convívio do narrador-transculturador com seo Assis Wababa (comerciante turco, cuja "linguagem garganteada" exerce forte atração sobre Riobaldo) e com o alemão Vupes, seo Emílio Wusp, um mascate ocupado com trocas comerciais, lingüísticas e culturais nas suas idas e vindas entre o meio rural e o urbano. Ao descrever as mudanças sofridas pelo alemão Vupes no Curralinho, o narrador chama a atenção de seu interlocutor para o gradativo assentamento daquele em território alheio. No relato dos sucessivos momentos de adaptação do mascate, é possível vislumbrar, nas formas concretas em que se efetivam as trocas culturais entre o meio rural e o urbano, o prenúncio do ingresso do sertão na modernidade.

Para traduzir a pluralidade de formações discursivas que emergem da coexistência de diferentes tradições, línguas, culturas e temporalidades, o narrador de *Grande Sertão: Veredas* opera com um procedimento que Walter Mignolo classifica como "hermenêutica heterotópica", paradigma mediante o qual se pode compreender o modo como os membros de cada cultura pensam as práticas culturais e discursivas do outro[12]. No trecho abaixo, ilustrativo desse procedimento, o narrador acompanha e traduz o processo de transitividade cultural e de hibridismo lingüístico do imigrante alemão:

> Pois ia me esquecendo: o Vupes! [...] Esse um era estranja, alemão, o senhor sabe: clareado, constituído forte, com os olhos azuis, esporte de alto, leandrado, rosalgar – indivíduo mesmo. Pessoa boa. Homem sistemático, salutar na alegria séria. Hê, hê, com toda a confusão de política e brigas, por aí, e ele não somava com nenhuma coisa: viajava sensato, e ia desempenhando seu negócio dele no sertão – que era de trazer e vender de tudo para os fazendeiros: arados, enxadas, debulhadora, facão de aço, ferramentas rógers e roscofes [...]. Diz-se que vive até hoje, mas abastado na capital – e que é dono de venda grande, loja, conforme prosperou (GSV, 66).

Entre a estabilidade do comerciante turco e o gradativo ajustamento do mascate alemão ao local da cultura, pode-se perceber o trânsito que antecipa a adaptação e a hibridização cultural e idiomática de imigrantes em geral e, por analogia, o processo de transculturação tematizado ao longo do romance. O afã de criar um máximo divisor comum para línguas estrangeiras entre si leva o narrador de *Grande Sertão: Veredas* – a partir da própria perspectiva cultural e lingüística já heterotópica – a operar como tradutor e transculturador de sistemas excludentes. Além de ressaltar a coexistência entre alteridades, que ganham lúdica visibilidade no paradoxo "alegria séria", o trecho supracitado sobreleva a mescla idiomática impressa nas palavras *rógers* e *roscofe*, signos das trocas comerciais e simbólicas realizadas pelo "mascate" estrangeiro.

Na carta de 28 de outubro de 1963 a Edoardo Bizzarri, tradutor de obras de Rosa para o italiano, este efetua a "traduzadaptação"[13] (neologismo com que o autor designa a tradução) do glossário das palavras "intraduzíveis", previamente listadas por seu destinatário. Dentre inúmeros exotismos lingüísticos, destaca-se o verbete *roscofe*. O sentido etimológico desse vocábulo aponta para uma base semântica de valor cultural e comercial que sugere uma qualidade degradada. Empregada, no trecho referente ao comércio do mascate alemão, *roscofe* é uma das palavras-mercadoria sob cujo uso o narrador tradutor/transculturador do romance pode realizar o comércio simbólico entre instâncias diferenciadas.

ROSCOFE – Da pior qualidade. (De uma marca de relógios, suíços, antigamente muito difundida, no interior do país, por serem os mais baratos, mas que não prestavam: "Roscoff"). (Curioso: esses ordinaríssimos relógios penetraram também na Rússia, naquela época, e por lá deixaram também o adjetivo: *roscoff* – no sentido de péssima qualidade; li isto, num conto russo, moderno!)[14]

TROCAS CULTURAIS

A distinção entre "transculturação", "heterogeneidade" e "mestiçagem" (conceitos operacionais para este trabalho) pode ser verificada, de acordo com Raúl Bueno, com base na premissa de que a transculturação é um *processo* que translada conteúdos e valores de uma cultura a outra, e tanto a "heterogeneidade" quanto a "mestiçagem" são o *resultado* desse processo. Nas palavras de Bueno: "Fernando Ortiz, que acunhou o conceito, explicava que a transculturação tem a ver com a perda e o ganho parciais de conteúdos e práticas culturais"[15].

Bueno acredita, todavia, que a passagem de uma cultura à outra pode resultar em ganhos sem implicar necessariamente a perda prévia de componentes ou usos culturais, mas apenas a diminuição de sua freqüência. Ao passo que a "mestiçagem" (de caráter biológico e cultural) tende à criação de um novo espécime proveniente da aglutinação homogênea e sem fissuras dos espécimes em contato, a heterogeneidade, como o próprio nome patenteia, mantém-se na linha alterizante, calcada na afirmação das diferenças[16].

A agência transculturadora caracteriza-se pela mediação entre diferentes instâncias culturais e discursivas. O responsável por esse agenciamento nos romances ou novelas é, segundo Ángel Rama, o narrador e/ou o destinatário do relato: "nele se deposita um legado cultural e sobre ele se apóia para poder transmitir uma nova instância do desenvolvimento, agora modernizado"[17]. Em *Grande Sertão: Veredas*, o processo de transculturação efetuado pelo narrador chega aos leitores sob a intervenção mediadora de um interlocutor culto e cosmopolita que ouve daquele (um fazendeiro, quase barranqueiro, no presente; e ex-chefe de jagunçagem, no passado) notícias das transformações sofridas pelo sertão.

A transculturação narrativa ocorre, no romance, no âmbito da transitividade histórico-cultural que engloba, desde a arcaica ordem regional, emblematizada por truculentas guerras jagunças, chegando até ao presente da enunciação, que é contemporâneo ao ingresso do sertão na modernidade urbana. Surpreendido pela consciência "etnológica" do narrador, esse contraditório processo de modernização – posto que ainda incipiente – já traz, em seu bojo, o lado perverso do progresso:

Mas, o senhor sério tenciona devassar a raso este mar de territórios, para sortimento de conferir o que existe? Tem seus motivos. Agora – digo por mim – o senhor vem, veio tarde. Tempos foram, os costumes demudaram. Quase que, de legítimo leal, pouco sobra, nem não sobra mais nada. Os bandos bons de valentões repartiram seu fim; muito que foi jagunço por aí pena, pede esmola. Mesmo os vaqueiros duvidam de vir no comércio vestidos de roupa inteira de couro, acham que o traje de gibão é feio e capiau. E até o gado no grameal vai minguando menos bravo, mais educado [...]. Sempre nos gerais, é à pobreza, à tristeza. Uma tristeza que até alegra (GSV, 24).

Privilegiado *locus* de enunciação e de trocas simbólicas, a fronteira intercultural onde Riobaldo se localiza (seja inicialmente para transitar, seja posteriormente para enunciar) possibilita surpreender, de forma concentrada, as formações discursivas denotadoras de distintas temporalidades e culturas. Dessa forma, é possível examinar o processo de mesclagem entre urbes culturais desconectadas – o interior-regional e o exterior-universal – e, como conseqüência, surpreender as transformações lingüísticas manifestas nos fenômenos de hibridização sintática e de acomodação gráfico-fonética entre o alemão e o português e, por analogia, entre este e outros idiomas.

Na passagem a seguir, Riobaldo, a exemplo de uma prática recorrente no romance, agencia a transculturação idiomática cujo resultado, como se poderá verificar, é a heterogeneidade cultural e o hibridismo lingüístico:

E como é mesmo que o senhor fraseia? *Wusp*? É. Seo Emílio Wuspes... *Wúpsis*... Vupes. Pois esse Vupes apareceu lá, logo me reconheceu, como me conhecia, do Curralinho. Me reconheceu devagar, exatão. Sujeito escovado! Me olhou, me disse: – "Folgo. Senhor estar bom? Folgo..." E eu gostei daquela saudação [...]. – "Seo Vupes, eu também folgo. Senhor também estar bom? Folgo..." – que eu respondi, civilizadamente (GSV, 66).

É curioso observar que, ao colocar-se na zona fronteiriça situada entre sistemas lingüísticos de origem e prestígio distintos, o narrador desse romance exercita-se na prática do bilingüismo para, dessa forma, ajustar-se à heterogeneidade básica que fundamenta esses sistemas. É evidente que, ao promover a "traduzadaptação" idiomática, ele está reafirmando seu procedimento transculturador de inter-relacionar distintas línguas e práticas culturais diferenciadas.

"Quais são as regras que se depreendem da observação da combinatória de práticas culturais adotadas pelos diferentes setores socioculturais e seus membros?", indaga o crítico Martim Lienhard. Para definir essas regras, ele sugere a adoção da "diglossia", um paradigma criado pela sociolingüística, segundo a qual somente se deve levar em conta o funcionamento real e social da língua nas práticas comunicativas entre indivíduos ou grupos colocados em situação concreta de interação social[18]. Pressupondo uma prática específica e assimétrica do bilingüismo, a diglossia "remete à coexistência, no seio de uma formação social, de duas normas lingüísticas de prestígio social desigual", uma situação típica de contextos coloniais[19].

É num contexto fecundo para a prática da diglossia – o território híbrido e multifacetado do "Curralinho", onde se confrontam e se inter-relacionam várias alteridades, línguas, temporalidades e distintas formações culturais – que Riobaldo irá aprender as "primeiras letras": "Soletrei, anos e meio, meante cartilha, memória e palmatória. Tive Mestre Lucas, no Curralinho, decorei gramática, as operações, regra-de-três, até geografia e estudo pátrio. Em folhas grandes de papel, com capricho desenhei bonitos mapas" (GSV, 14).

A opção em conviver com diferentes sistemas culturais e lingüísticos é endossada por esta afirmativa do narrador de *Grande Sertão: Veredas*: "Toda a vida gostei demais de estrangeiros" (GSV, 107). É sintomático, nesse sentido, que o "Curralinho" – zona fronteiriça entre o nacional e o estrangeiro, a vida familiar do narrador e sua vida coletiva em meio a forasteiros e bandos jagunços – represente o espaço de transição a partir do qual ele se exila da casa paterna para, a partir de então, iniciar sua saga guerreira.

A fuga e o desterro de Riobaldo não o diferem das muitas personagens bíblicas que abandonam a casa paterna para, no sem-lugar da diáspora, conquistar a identidade pessoal e reafirmar os valores de sua sociedade. A dupla missão do herói sertanejo – encontrar a si mesmo e livrar o sertão do mal da jagunçagem – o leva a realizar pactos e traições com "jagunços em situação", como ele, com chefes da alta hierarquia jagunça e até com o diabo. Tão certeiro no manejo das armas quanto no das palavras, o jagunço-letrado usa as primeiras para mirar, com seus implacáveis tiros, o "escuro" da malignidade jagunça. As segundas serão usadas tanto para cerzir os rombos que ele próprio abriu, quanto para retramar a teia da história, instituindo, dessa forma, uma nova rede de sentidos. Assim, o jagunço-letrado emprega as "letras" e as "armas" que lhe foram legadas pelo pai para combater o sistema que este representa, numa evidente metáfora à dependência colonial que deve ser combatida a partir da apropriação ladina e insurgente de seus próprios aparatos bélicos e ideológicos.

O caráter ritualístico das "travessias" de Riobaldo se reafirma nos epítetos guerreiros – Cerzidor, Tatarana, Urutu-Branco – que lhe vão sendo atribuídos na medida em que ele, durante o seu processo de ascensão à alta hierarquia jagunça, sofre uma série de metamorfoses. No trecho abaixo, os nomes guerreiros do protagonista se relacionam às suas habilidades bélicas e as confirmam: "Um comanda é com o hoje, não é com o ontem. Aí eu era Urutu-Branco; mas tinha de ser o cerzidor. Tatarana, o que em melhor ponto alvejava. Medo não me conheceu, vaca! Carabina. Quem mirou em mim e eu nele, e escapou: milagre; e eu não ter morrido: mila-gremente" (GSV, 543).

Encarnação da cólera e das virtudes guerreiras, Riobaldo é al-çado ao mais alto patamar da hierarquia jagunça quando, depois de pactuar com o demo, se torna o beligerante chefe "Urutu-Bran-co"[20]. É sob a proteção desse "escudo" que ele cumpre sua tarefa heróica: modernizar o sertão, mediante o combate ao mal da ja-gunçagem. O projeto de civilizar o sertão (assimilado dos funda-mentos políticos do "mestre" Zé Bebelo) inclui salvar as crianças sertanejas da fome, das doenças e do analfabetismo.

Em homologia com outros transculturadores, este herói da mo-dernidade periférica – frente ao desafio de questionar, desconstruir e refazer os fundamentos da identidade histórica e cultural de sua região – não poupa meios nem armas para flexibilizar as frontei-ras que isolavam o seu arcaico mundo sertanejo da modernidade urbana. O princípio da "plasticidade cultural", por ele adotado, abre as porteiras do "Curralinho" para o contrabando de línguas e culturas franqueadas na nova fronteira onde caberá à contempo-raneidade sancionar, de forma mais efetiva, o comércio simbólico implicado nas crescentes trocas lingüísticas e culturais.

Quando foge da casa do poderoso latifundiário Selorico Men-des, a quem deve chamar de "padrinho" (eufemismo que não lo-gra minimizar o mal-estar gerado pela renegação da paternidade), Riobaldo, um filho bastardo, está tentando apagar a ambígua rela-ção com o pai. Contudo, ao fugir de sua história, vê-se ao mesmo tempo confrontado e identificado com a mais radical alteridade. Da fusão entre o familiar e o estranho, aflora o sentimento de "in-quietante estranheza", que leva Riobaldo a reconhecer-se como "outro" e identificar-se, portanto, com os "estrangeiros" do Cur-ralinho[21]: "aquela hora eu queria só gente estranha, muito estran-geira, estrangeira inteira!" (GSV, 115).

Nesse relampejo de radical alteridade, o sujeito da narrativa se põe o paradoxo de optar pelo auto-exílio, buscando a cumplicidade de estrangeiros. A consciência de ser estranho a seu país, sua região, sua cultura é o que impede Riobaldo de afundar-se "no lodaçal do senso comum", na expressão de Julia Kristeva[22]. Confundindo-se com os estrangeiros do "Curralinho", Riobaldo reconhece que sua história se realiza às margens da cultura, na fronteira liminar e disjuntiva entre o local e o universal, a tradição e a modernidade, o mesmo e o outro. Inesperadamente, ele próprio enuncia sua estraneidade: "Eu sou donde eu nasci. Sou de outros lugares" (GSV, 271).

DESTERRITORIALIZAR A PÁTRIA

Guimarães Rosa defende a afinidade entre a escrita e a vida, levando sobretudo em conta que, como esta, também aquela deve evoluir constantemente:

> Isto significa que, como escritor, devo me prestar contas de cada palavra e considerar cada palavra o tempo necessário até ela se tornar novamente vida. O idioma é a única porta para o infinito, mas infelizmente está oculto sob montão de cinzas. Daí resulta que tenha de limpá-lo, e como é a expressão da vida, sou eu o responsável por ele, pelo que devo constantemente *umsorgen* ("cuidar dele")[23].

Ao lado desse lema, o escritor acredita que as línguas naturais são, *per se*, insuficientes para expressar realidades, sentimentos, sonhos, desejos que não pertençam ao acervo simbólico de determinadas culturas, a exemplo do signo "saudade". Idiossincrásico da alma portuguesa, esse signo não encontra um correspondente exato em nenhuma outra língua, sendo assim intraduzível. Uma importante questão aí se levanta: como expressar aquilo que não possui um nome dentro do acervo lexical da língua em que se está escrevendo? A resposta de Rosa aponta para a adoção do paradoxo, o que obviamente não chega a resolver de todo esta que é uma das maiores aporias enfrentadas por quem se ocupa em dizer o indizível: "Os paradoxos existem para que ainda se possa exprimir algo para o qual não existem palavras"[24].

Posto ter como matriz a língua portuguesa tal qual usada no Brasil, Rosa opera com a tradução simultânea: "enquanto vou escrevendo, eu traduzo, extraio de muitos outros idiomas"[25]. A propósito dessa prática, Günter Lorenz, na sua referida entrevista, comenta a crença quase generalizada de que Guimarães Rosa encerra tantas línguas em seu idioma pessoal, que este se torna inigualavelmente singular em relação a qualquer língua viva ou morta. De acordo com este entrevistador, tal consenso provocou anedotas como esta: "um tradutor, para se recomendar a um editor, declara dominar certa quantidade de línguas vivas e mortas, inclusive a de Guimarães Rosa"[26].

Se tal diversidade lingüística é objeto de admiração de críticos e tradutores que acompanham a obra de Rosa desde suas primeiras publicações, essa mesma razão transforma-se, paradoxalmente, num dos maiores empecilhos à recepção de sua obra por parte de leitores não-iniciados. Em homologia ao estranhamento a que ele submete léxico e sintaxe, há, nas suas paisagens discursivas, um apagamento das referências geográficas. Conforme revelações do próprio autor, a ambigüidade territorial em suas obras levou diversos críticos estrangeiros a questionar a existência de uma paisagem sertaneja como a representada em *Grande Sertão: Veredas*. Um crítico alemão chega a felicitar Rosa por este haver "eine literarische Landschaft erfunden" (inventado uma nova paisagem literária)[27].

A demarcação homogênea imposta às paisagens sertanejas ou nordestinas, nos romances regionalistas brasileiros entre as décadas de 30 a 40, contribuiu para a estigmatização de nossa literatura regionalista. Não é, portanto, de estranhar que, aos leitores habituados à leitura do "regionalismo naturalista", faltasse um suporte referencial para ler os novos paradigmas "regionais" representados na literatura de Guimarães Rosa. O que provavelmente escapou ao referido "crítico alemão" e naturalmente a muitos outros leitores da obra rosiana foi o feito de ter ele operado a desconstrução da topologia "regionalista" convencional, normalmente demarcada com base na categorização ontológica que força território, país, pátria, nação a se encaixar em espaços e definições universalizantes.

Distante do tensionamento que a espacialidade rosiana permite entrever, a síntese pedagógica que se segue abaixo oferece uma dimensão imobilizante das categorias descritas: "o território como o âmbito geográfico de exercício do poder de dominação; o país como o âmbito geográfico delimitado e identificado; a pátria como o âmbito apropriado por uma dada identidade comunitária; e, finalmente, a nação como o referente étnico"[28].

Diferentemente, a escrita dos territórios ficcionais de Guimarães Rosa suporta uma cartografia porosa e entrecruzante, cujas demarcações e legendas deslizam em contínua migração e amplificação de sentido. As fronteiras que permeiam as comunidades literárias rosianas são, assim, uma zona de sombra cujos pontos, sempre ou quase sempre em fuga, tornam indiscerníveis os limites entre o fim de uma categoria e o início de outra. Trata-se, como no mapa rizomático concebido por Deleuze/Guattari, de

[...] sistemas a-centrados, redes de autômatos finitos, nos quais a comunicação se faz de um vizinho a um vizinho qualquer, onde as hastes ou canais não preexistem, nos quais os indivíduos são todos intercambiáveis, se definem somente por um *estado* a tal momento, de tal maneira que as operações locais se coordenam e o resultado final global [*sic*] se sincroniza independente de uma instância central[29].

Exemplo emblemático dessa permeabilização territorial está na amplitude e nos limites difusos do "grande sertão": "Lugar sertão se divulga: é onde os pastos carecem de fechos" (GSV, 7). Sem divergir da imagem descentrada de sertão, a pátria do escritor e as que emergem de sua escrita, a contrapelo da noção ontológica que costuma alicerçar essas formações, também não se conformam a limites cerrados, podendo, portanto, surgir de onde, de quando e do que menos se espera.

A desierarquização do conceito de pátria é examinada por Eneida Maria de Souza, em *O Século de Borges*. Nesse livro, a autora descreve uma passagem de Jorge Luis Borges pelo Brasil. Na ocasião, o escritor argentino era jovem e estava de mudança com a família para Genebra, onde iria morar por alguns anos. No porto brasileiro, Borges ouve, numa versão cantada por um marinheiro, a "Canção do Exílio", de Gonçalves Dias:

> Ao reproduzir, sob a forma de música, o poema de Gonçalves Dias – símbolo da nacionalidade romântica e da poetização do tema do exílio – Borges condensa o momento de partida para a Europa no destino do poeta brasileiro, autor dos versos cantados por algum marinheiro no porto carioca[30].

Diferentemente do nostálgico *eu lírico* da "Canção do Exílio", que deixa patente seu temor de morrer longe de seu país de origem, Borges, já no fim da vida, elege Genebra como o lugar onde quer morrer e ser enterrado. Segundo Souza, ao efetivar seu desejo, o escritor argentino inverte o conceito estereotipado de pátria enquanto lugar onde se nasce ou onde se deve morrer, "inventando", dessa forma, novas fronteiras identitárias: "Para o escritor argentino, a pátria, se existe como identidade, ocupa um espaço imaginário, cujas fronteiras não coincidem com as da nação"[31]. Equivalente dessa ousada inversão, surpreendida no conceito borgiano de pátria, vem sendo cada vez mais explorado por escritores que fazem do próprio exílio, voluntário ou não, o tema privilegiado de suas produções literárias.

Ao tratar essa questão, Ricardo Piglia identifica, na "ex-tradição", a pátria do escritor latino-americano. Este deve, segundo ele, aprender a "manejar uma memória impessoal, recordar com uma memória alheia"[32], conforme a metáfora borgiana da cultura moderna. Sempre obrigado a recordar uma tradição perdida, tendo de manter uma relação forçada com um país estrangeiro, o extraditado aprende a deslocar sua perspectiva a partir do que Piglia chama de "mirada estrábica": "há que se ter um olho posto na inteligência européia e outro posto nas entranhas da pátria"[33].

A pátria itinerante a emergir de espaços de migração e "extradição" fornece a imagem de novas formas de relações identitárias − transitórias, fluidas, errantes − que se deixam interpenetrar pela pluralidade e pela hibridez de diversos cruzamentos culturais e territoriais. Stuart Hall propõe o conceito de "tradução" enquanto instrumento de descrição das formações identitárias móveis que "atravessam e intersectam as fronteiras naturais, compostas de povos que foram dispersados para sempre de sua terra natal"[34].

Ainda que possam manter fortes vínculos com seus lugares de origem e suas tradições, as pessoas que se exilaram perderam, segundo Hall, a ilusão de um retorno ao passado, vendo-se, assim, obrigadas a negociar com as novas culturas em que vivem. Ao preservar alguns traços fundamentais de suas identidades, como as tradições, as linguagens, as histórias particulares pelas quais foram marcadas, elas se protegem da assimilação unificadora e homogeneizante da nova cultura em que irão inserir-se. Produto de sucessivas diásporas geradas pela Segunda Guerra Mundial, e intensificadas a partir da modernidade tardia, essas identidades em curso resultam da interface de várias histórias e culturas. Assinaladas por descontinuidade e fragmentação, tais "identidades" favorecem a desconstrução do conceito tradicional de pátria e de sujeito nacional[35].

Em situação de diáspora, novos escritores emergidos de países em guerra étnica ou guerra política tendem a transformar a fronteira na imagem do *locus* a partir do qual constroem sua enunciação. É a partir desse novo espaço, fundador de culturas alternativas, em meio ao contrabando de línguas e de relações interculturais, que floresce um novo conceito de sujeito nacional, a obliterar a noção hegemônica de pátria como o lugar com o qual o escritor deve estabelecer relações identitárias, sejam elas obrigatórias ou escolhidas.

A globalização e os inúmeros deslocamentos que ela proporciona começam a apontar para o declínio de identidades nacionais homogêneas. Ao gerar novas formas de trânsito e intercâmbio cultural, as culturas em errância favorecem a formação de identidades interativas e híbridas, o que desarticula parcialmente o conceito de exílio enquanto trauma ou perda substantiva de identidade. Até mesmo as representações simbólicas que tentaram impor uma hegemonia cultural unificada, a exemplo da política uniformizante imposta por nações ocidentais às culturas colonizadas, vêem cada vez mais desaparecer seus pressupostos acerca de pertencimento, identidade cultural e unidade nacional.

No atual contexto de pós-"guerra do Golfo", pós-"muro de Berlim", pós-"fim da história" anunciado por Fukuyama e pós-"anos

90" amena e alegremente orquestrados pela batuta de Bill Clinton, retorna mais aterradora que nunca a ameaça de novos crimes contra a humanidade. A pretexto de combater o terrorismo internacional emblematizado pelo ataque às torres gêmeas do World Trade Center (centro nevrálgico do mercado americano e regulador das tendências financeiras mundiais) em 11.8.2001, os EUA empreendem uma mistificadora, desequilibrada e antiética "guerra ao terror" escolhendo como primeiro alvo o Iraque. O império bélico e econômico dos EUA com seu principal aliado, a Inglaterra, quer fazer crer ao resto do mundo que, a partir da derrota do "inimigo", poderá ditar as novas regras que regularão o futuro da comunidade internacional.

Ainda que, em face dessa nova forma de extremismo praticada pelos EUA, haja um tácito e atemorizado assentimento da ONU, União Européia, dentre alguns insatisfeitos vizinhos de Saddam Hussein, impõe-se, em contrapartida, a consciência mundial acerca da mistificação que forças "aliadas" querem impor, em nome da defesa da "democracia" e do combate ao "mal"; todavia, criam horizontes sombrios e ameaçadores para o futuro da comunidade internacional.

O fenômeno de fugas, diásporas, travessias de fronteiras, crescente desde a Segunda Guerra Mundial e catastroficamente intensificado a partir das recentes "guerras ao terror", vem gerando, em contrapartida, a necessidade de novas regras capazes de regular a ordem mundial, com formas alternativas de combate aos extremismos geradores de crimes contra a humanidade, praticados sobretudo em nome de escusos e truculentos interesses político-econômicos.

Nesse atual contexto, conjugar diferenças se impõe como uma cabal necessidade, e as fronteiras emergem enquanto o espaço de sombra onde circulam diversas manifestações de violação e pânico, mescladas pela intervenção de políticas pacifistas, do plurilingüismo e da transnacionalidade. Viver a experiência do confronto com outras culturas, ocupar espaços desabitados, adotar práticas nômades, ser *frontier* ou *border* na hibridez babélica da zona fronteiriça, longe de se restringir à noção traumática de exílio enquanto fuga ao desterro, às traumáticas práticas de terrorismo ou à perda de relação identitária, pode contribuir para a permeabilização do trânsito entre o "eu" e o "outro" e para a preservação das diferenças. Edward Said registra esta tendência:

O exílio, longe de constituir o destino de infelizes quase esquecidos, despossuídos e expatriados, torna-se algo mais próximo a uma norma, uma experiência de atravessar fronteiras e mapear novos territórios em desafio aos limites canônicos clássicos, por mais que se devam reconhecer e registrar seus elementos de perda e tristeza[36].

Outra tendência observável no mapa político contemporâneo é, no entendimento de Said, o nomadismo, que, apropriado transgressivamente pela literatura à prática do deslocamento massivo, permite representar simbolicamente um mapa do mundo sem "nenhum espaço, essência ou privilégio divinamente ou dogmaticamente sancionado"[37]. Propiciando a ampliação de horizontes literários e culturais, esse modelo, instituído na interseção entre novas práticas políticas e formações discursivas, encontra homologia com a concepção de Eric Auerbach, segundo o qual "nosso lar filológico é o mundo, e não a nação nem o escritor individual"[38]. Tendo em vista essas tendências, é possível estabelecer um diálogo da imagem borgiana de pátria e da sugestão auerbachiana de mundo enquanto lar filológico com o *habitat* migrante, cartografado nas fronteiras discursivas de Guimarães Rosa.

Diferentemente de demarcações identitárias e de cartografias referenciais, o espaço dos cenários rosianos cria zonas de confluência, onde se institui um intenso contrabando entre línguas e culturas de diferentes procedências e temporalidades. Essa demarcação discursiva dá visibilidade a identidades em curso, a pátrias itinerantes em permanente confronto e negociação, desconstruindo, dessa forma, territorialidades fixas e construindo uma nova forma de habitar o mundo.

A ZONA FRONTEIRIÇA

Em face do crescente fenômeno da migração neste contexto pós-colonial, a travessia de fronteira se transforma na imagem cultural que será apropriada pela literatura, conforme observa Edward Said: "Atravessar a fronteira, e passar pelas típicas privações e entusiasmos da migração, tornaram-se um tema importante na arte da era pós-colonial"[39].

Homi Bhabha ressalta a importância da intersticialidade da fronteira enquanto espaço alternativo de encontro à margem das nações. *Topos* diatópico onde, na meia-luz das línguas estrangeiras, ou na estranha fluência da língua do outro, reúnem-se povos diaspóricos – "exilados, *émigrés*, refugiados" –, a zona fronteiriça obriga a repensar paradigmas como os limites territoriais definidos *a priori*, segundo critérios "naturais" de nascimento, língua, pátria e nação. Nessas novas formas de convívio entre diferentes povos e etnias, Bhabha nota a emergência de "um fato histórico singular", para cujo registro ele julga inadequada a metodologia concebida pela historiografia tradicional.

Nas narrativas produzidas em situação pós-colonial por ele enfocadas, recebe seu registro uma "outra dimensão do habitar no mundo social"[40]. A maciça dispersão política e econômica do mundo moderno exigiria, no seu entendimento, a redefinição dos conceitos de "culturas nacionais homogêneas, a transmissão consensual ou contígua de tradições históricas ou comunidades étnicas 'orgânicas' – *enquanto base do comparativismo cultural*"[41]. Bhabha propõe examinar esse novo fato histórico sob a perspectiva de historiadores como Eric Hobsbawn, em cujas formulações reconhece uma forma de enunciação capaz de traduzir a performaticidade dessa história móvel, escrita às margens das nações hegemônicas: "De forma mais refletida do que qualquer outro historiador geral, Eric Hobsbawn escreve a história da nação ocidental moderna sob a perspectiva da margem da nação e do exílio dos migrantes"[42].

Sendo, por excelência, o *locus* das relações interculturais e plurilingüísticas, a fronteira poderia ser vislumbrada como o *topos* privilegiado para sancionar o intercâmbio entre valores culturais divergentes e a negociação entre práticas simbólicas produzidas por sistemas diferenciados tais como escritura e oralidade, valores hegemônicos e contra-hegemônicos. Em outras palavras, modelo canônico e formas alternativas de assimilação e, ao mesmo tempo, de resistência a esse modelo. Da espacialidade intersticial da fronteira, emerge "uma gama de outras vozes e histórias dissonantes, até dissidentes – mulheres, colonizados, grupos minoritários, os portadores de sexualidades policiadas". Para Bhabha, poder-se-ia reconhecer na "ponte" a imagem da "articulação ambulante, ambivalente", que possibilitaria o alcance de outras margens a toda uma comunidade de extraditados em trânsito: "A ponte *reúne* enquanto margem que atravessa"[43].

Também sensível à fluidez e à pluralidade das identidades culturais, Boaventura Santos percebe a zona fronteiriça como o lugar babélico onde "os contatos se pulverizam e se ordenam segundo micro-hierarquias pouco suscetíveis de globalização", o que, segundo ele, oferece a oportunidade de identificação e de criação cultural, sendo ambas as alternativas maleáveis e, portanto, reversíveis:

Mesmo as identidades aparentemente mais sólidas, como as de mulher, homem, país africano, país latino-americano ou país europeu, escondem negociações de sentido, jogos de polissemia, choques de temporalidades em constante processo de transformação, responsáveis em última instância, pela sucessão de configurações hermenêuticas que de época para época dão corpo e vida a tais identidades. Identidades são, pois, identificações em curso[44].

Por estar simbolicamente muito mais próximo de suas colônias do que da Europa, Portugal viveu, segundo Santos, a contradição de não ser plenamente uma cultura européia; nesse sentido, este país assumiu, em relação à Europa, uma posição periférica e, como tal, nunca pôde realizar-se enquanto um colonizador conseqüente. Dessa ambigüidade decorrerá o acentrismo característico da cultura portuguesa que, se, de um lado, gera um déficit significativo de diferenciação e identificação responsável por um vazio substantivo, por outro, produz uma forma cultural fronteiriça, cuja assimilação pelas colônias portuguesas deu-lhes a oportunidade de alimentar-se dessa organização cultural fluida como meio de acesso às culturas centrais. Assim, a forma cultural da fronteira, que caracteriza ex-colônias de Portugal, como o Brasil ou alguns países africanos, confere também a estes o mesmo acentrismo, o cosmopolitismo, a dramatização e a carnavalização das formas e o barroco atribuídos à cultura portuguesa.

Na disponibilidade multicultural da zona fronteiriça, é possível divisar uma metáfora que traduz as relações entre culturas periféricas e hegemônicas: "O contexto global do regresso das identidades, do multiculturalismo, da transnacionalização e da localização parece oferecer oportunidades únicas a uma forma cultural de fronteira precisamente porque esta se alimenta dos fluxos constantes que a atravessam"[45].

As trocas simbólicas, os entrecruzamentos múltiplos, as totalidades contraditórias, o transculturalismo, a transnacionalidade, a heterogeneidade cultural são alguns conceitos que emergem das fronteiras disciplinárias hoje abrangidas pelos estudos comparatistas e pós-coloniais. Com vistas a suplementar a perspectiva histórico-literária tradicional, esses conceitos negociam, em suas fronteiras disciplinares, com um leque cada vez mais diversificado de opções crítico-teóricas. Essas novas práticas metodológicas se prestam a evidenciar dinâmicas interculturais e literárias, que, segundo Cornejo Polar, agenciam a convivência histórico-espacial entre sistemas distintos, cujo resultado, não obstante a preservação de uma certa autonomia de cada um dos sistemas de origem, aponta para uma "totalidade contraditória". Uma das sugestões do crítico peruano é a adoção do conceito "literatura alternativa", sob a premissa de que ele poderá enriquecer a discussão acerca das produções discursivas da América Latina e enfatizar "a significação dos níveis de multilingüismo, de diglossia e – o que talvez seja mais decisivo – o rechaço/assimilação de oralidade e escritura"[46].

Além dessa alternativa, Polar dialoga com outras categorias como a "mestiçagem" (alternativa étnica e cultural adotada desde as primeiras manifestações literárias do continente), a "hibridez cultural" (Canclini) e a "transculturação narrativa" (Rama). Sua expectativa é a de que a utilização dessas categorias produza "aparatos teórico-metodológicos suficientemente finos e firmes para melhor compreender uma literatura (ou mais amplamente uma vasta gama de discursos) cuja evidente multiplicidade gera uma copiosa, profunda e perturbadora conflitividade"[47]. Contrário à homogeneização das diferenças, Polar lança o desafio de se assumir a heterogeneidade, propondo fazer da contradição o "objeto de nossa disciplina [o que] pode ser a tarefa mais urgente do pensamento crítico latino-americano"[48].

Sem mudar o enfoque, é importante registrar a preocupação que Ana Pizarro expressa com respeito à perspectiva do crítico e/ou tradutor de literaturas orais produzidas no continente latino-americano. Segundo ela, este deve estar consciente de que a tendência do pesquisador é tomar posições a partir de suas próprias práticas culturais de origem, ou seja, desde seu próprio *locus* de enunciação. Temerosa, no entanto, de se vigorar a tendência homogeneizante, que encerra o risco do equívoco ou da discriminação, ela sugere o deslocamento de perspectiva, ou seja, a adoção de uma metodologia comparatista atenta ao lugar de enunciação das formações discursivas pesquisadas. As fronteiras a partir das quais deve colocar-se o pesquisador criam a possibilidade de uma melhor apreensão dos diversos tempos que conformam o tempo do continente[49]. A diglossia, a ubiqüidade temporal, a multiplicidade cultural, fenômenos verificáveis nas formações discursivas em questão exigem, segundo Pizarro, o desenvolvimento futuro de uma metodologia comparativa de discursos em situação colonial ou periférica:

> Aprehender la pluralidad de los tiempos culturales y de los discursos, apuntando al proceso histórico, abre espacio al espesor de éste. Es en este sentido y en esta línea de reflexión donde se da una propuesta comparativa, para la cual Walter Mignolo anota [...] la necesidad de una "hermenéutica diatópica"[50].

Enfrentar o desafio crítico de apreender o movimento determinante das formações históricas que "nos" constituem implica surpreender, em sua pluralidade, as formas de simbolização realizadas pela literatura latino-americana: "literatura de estratos plurales en relaciones de proximidad, de tensión, de transformación a través de fronteras y demarcaciones culturales, literatura de tiempos diferentes que se articula, en los espacios de outra coherencia"[51].

Atento às fervilhantes discussões entabuladas, no decorrer do século XX, em torno da palavra "nacionalismo", Antonio Candido registra, a partir da pluralidade de concepções defendidas por escritores, sociólogos, historiadores, educadores, críticos literários etc., flutuações de posicionamentos e sentidos que vão do ufanismo patriótico ao arianismo aristocrático, da reivindicação de mestiçagem à xenofobia, da submissão ao cânone europeu à busca de originalidade.

Não obstante deixar claro que "ser nacionalista" significa lutar radicalmente contra os perigos que ameaçam a autonomia econômica da nação, Candido alerta que, no terreno das fronteiras culturais, as posições devem ser permeabilizadas, a menos que se queira incorrer na repetição de velhos impasses como provincianismo *versus* cosmopolismo, fonte *versus* influência, dominação *versus* submissão, que não fazem senão reafirmar relações de dependência cultural. Se, de acordo com ele, impasses como esses não forem repensados a partir das fronteiras que nos constituem, além de não contribuírem para a constituição de uma efetiva nacionalidade, também não atenderão à urgente necessidade de assumirmos nossa multiplicidade cultural, étnica, literária.

Se entendermos por nacionalismo a exclusão de fontes estrangeiras, caímos no provincianismo; mas se o entendermos como cautela contra a fascinação provinciana por estas fontes, estaremos certos [...]. Se entendermos por nacionalismo o desconhecimento de raízes européias, corremos o risco de atrapalhar o nosso desenvolvimento harmonioso; mas se o entendermos como consciência da nossa diferença e critério para definir a nossa identidade, isto é, o que nos caracteriza a partir das matrizes, estamos garantindo o nosso ser –, que é não apenas "crivado de raças" (como diz um poema de Mário de Andrade), mas também de culturas[12].

Em face de novos paradigmas que, desde as últimas décadas do século xx, vêm possibilitando a inúmeros historiadores repensar os conceitos pedagógicos de nação, soberania, identidade e nacionalismo, o enfoque culturalista sob o qual Antonio Candido aborda, no trecho acima, questões como "identidade", "nacionalismo", "matriz", "raízes" pode parecer um anacronismo. Como, no entanto, as posições de nosso maior crítico estão contextualizadas na década de 80, quando paradigmas como os discutidos por ele começam a perder sua centralidade conceitual, em vista sobretudo das primeiras manifestações concretas de globalização e multiculturalismo, tal enfoque não diverge, a não ser em escala, dos que virão a ter prestígio teórico na década seguinte.

A despeito dessa consciência, não se pode perder de vista que o caldo de paradigmas que emergem juntamente com a globalização — acentuada a partir da Segunda Guerra Mundial — vem, desde então, misturando-se no caldeirão teórico-crítico, onde fervilham conceitos sob as mais distintas abordagens. A própria Segunda Guerra, cujas atrozes conseqüências provocaram o apagamento da memória e a conseqüente impossibilidade de relatar as vivências não somente por parte de suas vítimas, mas também de seus agentes[13], é um exemplo de que, num curto espaço de tempo, surgiu a necessidade de remanejar o sentido "documental" da história. Justamente por isso, é preciso um cuidado especial no tratamento dessas questões.

Um dos lados perversos da globalização é a opacização da alteridade, que faz, muitas vezes, confundir o "outro" com um simulacro do "mesmo". A despeito dos riscos, a zona de crescentes tensões multiculturais, decorrente dos processos de globalização, traz a vantagem de desmarcar limites entre conceitos, espaços, nacionalidades, línguas. Não resta dúvida de que essa ocorrência revela também sua face contraditória e aberta a formas desconhecidas de conflitividade. É, portanto, previsível que lugares, conceitos, valores, designações sofram a interferência da conflitividade e do hibridismo, pondo em crise quaisquer noções paradigmatizadas.

Essa interface tão visível da contemporaneidade faz da linha de fuga o lugar onde se desencadeiam, sob os princípios da hibridez e da heterogeneidade, múltiplas combinações, metamorfoses, convergências. Deve-se pensar no produtor dessas conexões não enquanto "sujeito" ou "identidade", mas enquanto processo de subjetivação, proveniente de um agenciamento que, segundo Deleuze/Guattari, é precisamente "esse crescimento das dimensões numa multiplicidade que muda necessariamente de natureza à medida que ela aumenta suas conexões"[54].

A despeito de, por um lado, desembocarem na crise das referências fixas – como verdade, pureza, identidade, território, etnia, nacionalidade, regionalismo –, as transformações geradas pela globalização possibilitaram, por outro lado, a complexa mas produtiva relação entre o local e o global. É importante ressaltar que, durante a Segunda Guerra Mundial, Guimarães Rosa se encontra na Alemanha como diplomata e, nessa condição, é feito prisioneiro de guerra pela Gestapo. É possível, nesse sentido, deduzir que o fato de ter ele vivenciado concretamente os impasses, as negociações e as transições da Segunda Guerra obrigou-o, por uma questão de sobrevivência, a deslocar continuamente sua perspectiva. Isso irá dotá-lo de um instrumental que lhe possibilita operar, com excelência, o vetor fronteiriço que permeia as múltiplas trocas culturais de seu universo em mutação.

Essa habilidade de permear sistemas culturais em confronto é materializada em várias obras rosianas, especialmente no romance *Grande Sertão: Veredas*, cujo tempo romanesco (mais ou menos de 1880 a 1930) ressalta um período de significativas mudanças políticas e culturais na história do Brasil. Ao enfocar o moroso processo de inserção do país na modernidade, o romance tematiza a relação entre o local e o global e, no plano cosmopolítico, sugere a possibilidade de novas formas de convívio intercultural.

De fato, para abordar a complexa interface entre discurso literário e realidade colonial da América Latina, o próprio Guimarães Rosa expressa algumas ambigüidades, quando, a exemplo da sua mencionada defesa utópica da inserção da literatura latino-americana no cenário canônico da literatura européia, ele se pronuncia a partir de um lugar de enunciação ocupado por suas múltiplas personas – o escritor, o diplomata, o intelectual – a exigir de escritores latino-americanos o comprometimento com a mudança de paradigmas estéticos da literatura produzida no Brasil e no continente. Entretanto, como já se assinalou, as palavras de ordem de Rosa muitas vezes resvalam para um tom "patriótico-iluminista" – em depoimentos, relatórios diplomáticos, cartas pessoais – cujo timbre diverge frontalmente das posições (contra)ideológicas do Guimarães Rosa artisticamente representado nas suas próprias obras ficcionais.

O enfoque fronteiriço de comunidades e territórios fundados pela escrita rosiana destina à modernidade e ao processo de modernização o mesmo tratamento desconstrutor que, frente ao impacto de novos paradigmas introduzidos pela Nova História, pelos Estudos Culturais e pelos Estudos Pós-Coloniais, vêm recentemente sofrendo os conceitos relativos a identidade cultural, soberania nacional, nação, nacionalismo, nacionalidade. As mudanças realizadas sob a intervenção do narrador-protagonista de *Grande Sertão: Veredas* se desenrolam na conflitiva superposição de planos culturais e temporais que presidem ao tempo estruturador da narrativa. As metamorfoses sofridas por Riobaldo – jagunço e letrado – agenciam a duplicação de seus nomes, de sua identidade sociocultural, possibilitando-lhe ainda deslocar-se por vários bandos, por distintas formas de amor, territórios, rios, culturas, ideologias. A travessia "real" e "metafórica" por várias fronteiras faz de Riobaldo não apenas matriz experimental de um novo perfil de subjetivação, mas o modelo da passagem do universo colonial latino-americano para a modernidade pós-colonial, sob o vetor dos novos paradigmas migrantes que ele próprio está produzindo.

COMUNIDADES IMAGINADAS

Ancorada no ideal de funcionalidade do *"habitat* padrão", Brasília teve sua concepção arquitetônica norteada pelos princípios universalistas de modernidade, cujo modelo, ditado pelas dogmas da "Carta de Atenas", de 1933, reconheceu em Le Corbusier seu maior divulgador. Segundo Guattari, esse modelo paradigmático de modernidade arquitetônica e urbana, credo teórico de várias gerações de urbanistas, "definitivamente terminou". Contra o modelo encarnado no *"habitat* padrão", a contemporaneidade reclamaria, segundo o filósofo, por uma "cidade subjetiva" que engajasse tanto os níveis singulares da pessoa quanto os níveis mais coletivos. Dessa forma, "os urbanistas não poderão mais se contentar em definir a cidade em termos de espacialidade"[55].

Diferentemente de Brasília – o modelo mais emblemático de modernidade brasileira –, nas comunidades literárias de Guimarães Rosa, o processo de modernização ocorre sob o vetor intersubjetivo que conjuga tradição e modernidade, restauração e renovação, coletividade e subjetividade. Nesses espaços discursivos, o novo, implicado nos processos de mudança, convive, via de regra, fronteiriço ao arcaico e à rusticidade. As demandas pessoais de subjetividade e desejo intervêm nas normas coletivas gerando novas formas de interação sociocultural baseadas no "plebiscito diário", expressão mediante a qual Renan postula os fundamentos das nações modernas[56].

Em *Grande Sertão: Veredas*, os dois sistemas reguladores de normas e valores do sertão (dos proprietários de terras e dos jagunços) serão alterados por intermédio de Riobaldo em campos de batalha onde, a cada instante, seja sob seu vetor bélico, seja sob seu vetor estético, as heterogeneidades conflitivas vão sendo negociadas. O fato importante dessas negociações é que, de cada novo "plebiscito", abrem-se novas fronteiras discursivas de onde surgem marcos territoriais móveis, em contínua migração de lugar e sentido.

Anderson define a nação como "uma comunidade imaginada – e imaginada como implicitamente limitada e soberana". Ele explica que essa designação se deve ao fato de que "mesmo os membros das menores nações jamais conhecerão a maioria de seus compatriotas, nem os encontrarão, nem sequer ouvirão falar deles, embora na mente de cada um esteja viva a imagem de sua comunhão"[57]. Para reforçar sua definição, Anderson recorre àquilo que, segundo Renan, estabelece os limites de uma nação: "Or l'essence d'une nation est que tous les individus aient beaucoup de choses en commun, et aussi que tous aient oublié bien des choses"[58].

Ao levantar razões para o surgimento dos modernos Estados europeus, Anderson atribui papel significativo ao "capitalismo editorial", que, para assegurar um mercado mais expressivo, foi gradativamente substituindo as línguas da cristandade pelas línguas vernáculas. Essa mudança possibilitou, segundo ele, a unificação das línguas vulgares no interior de cada reino dinástico[59]. De certa forma, aos falantes de uma enorme diversidade de línguas e dialetos faltava um instrumento comum por meio do qual pudessem intercambiar-se ou estabelecer relações identitárias. Contudo, através da imprensa e do papel, eles foram-se tornando capazes de compreender que milhares ou milhões de outros, não obstante serem desconhecidos entre si, constituíam uma rede invisível de co-leitores, junto aos quais formavam uma mesma comunidade lingüística. Essa consciência teria sido, segundo Anderson, o "embrião da comunidade nacionalmente imaginada", a qual, por sua vez, "em sua morfologia básica, prepara o cenário da nação moderna"[60].

Não deixa de ser relevante o fato de, segundo o historiador, esse estado de coisas ter contribuído tanto para a existência, quanto para a soberania do Estado moderno, e, em decorrência desta, a consciência de pertencimento e identificação. Anderson insiste, no entanto, em apontar as condições diferenciadoras entre a formação dos Estados americanos e a dos Estados europeus. Ele estabelece que estes construíram sua soberania e identidade a partir da identificação lingüística; aqueles, por seu turno, traçaram a própria cartografia imaginária com base, sobretudo, em imagens utópicas do Novo Mundo entabuladas sob a perspectiva européia. *Nation-ness* é o termo com que ele identifica o fenômeno resultante da reiteração do modelo de nações emergentes (com gênese basicamente entre 1820 e 1920) com a produção de obras literárias fundacionais.

Endossando o conceito andersoniano, Stuart Hall chama a atenção para o fato de, ao produzirem sentidos sobre a nação, as culturas nacionais construírem identidades. Esses sentidos estão contidos nas estórias que são contadas sobre a nação: "memórias que conectam seu presente com seu passado e imagens que dela são construídas"[61]. Tendo em vista que tais identidades não estão literalmente impressas em nossos genes, Hall sugere abordá-las de forma metafórica[62]. Ele argumenta que, longe de fazer parte de nossa natureza essencial, as identidades nacionais são formadas e transformadas no interior de uma *representação*.

Nós só sabemos o que significa ser "inglês" devido ao modo como a "inglesidade" (*Englishness*) veio a ser representada – como um conjunto de significados – pela cultura nacional inglesa. Segue-se que a nação não é apenas uma entidade política mas algo que produz sentidos – *um sistema de representação cultural*. As pessoas não são apenas cidadãos/ãs legais de uma nação; elas participam da idéia de nação, tal como representada em sua cultura nacional. Uma nação é uma comunidade simbólica e é isso que explica seu "poder para gerar um sentimento de identidade e lealdade"[63].

Prefigurando a fronteira da hibridez cultural e temporal onde se articulam os pólos opostos e complementares da "ambivalência arcaica que embasa o tempo da modernidade", Homi Bhabha invoca um conceito de Jameson: o de "consciência situacional" ou alegoria nacional, "em que o contar da história individual e a experiência individual não podem deixar de, por fim, envolver todo o árduo contar da própria coletividade"[64]. O contar é árduo, porque é o efeito da luta narrativa que faz emergir a presença visual da nação.

A perspectiva tradicional e pedagógica que define a nação dentro dos parâmetros de gênero, classe ou raça é contraposta por Bhabha, sob o argumento de que ela força o reconhecimento de fronteiras culturais e políticas, lugares híbridos do valor cultural, ignorados por aqueles teóricos cuja pedagogia nacionalista "estabelece a relação do Terceiro Mundo com o Primeiro Mundo em uma estrutura binária de oposição"[65].

Equacionando o binarismo em que se ancora a definição de "nação pedagógica", Bhabha propõe a intermitente intervenção de suplementos, para performatizar a nação escrita ou a escrita da nação, que pede, segundo ele, uma cartografia traçada sob os signos da hibridez cultural e temporal: "Escrever a história da nação exige que articulemos aquela ambivalência arcaica que embasa o tempo da modernidade"[66]. Bhabha sugere a troca da metáfora da coesão social – "muitos-como-um" – pela soma iterativa de alteridades

– o "menos-que-um", ou o "menos da origem" – como estratégia suplementar, não de pluralidade, mas de duplicação:

A estratégia suplementar interrompe a serialidade sucessiva da narrativa de plurais e de pluralismo ao mudar radicalmente seu modo de articulação. Na metáfora da comunidade nacional como "muitos-como-um", o *um* é agora não apenas a tendência de totalizar o social em um tempo homogêneo e vazio, mas também a repetição daquele sinal de subtração na origem, o menos-que-um que intervém com uma temporalidade iterativa[67].

Outra estratégia adotada na escrita da nação, seria, de acordo com Bhabha, decorrente da "vontade de nacionalidade" daqueles que foram obrigados a exilar-se e esquecer a própria história: "Ser obrigado a esquecer se torna a base para recordar a nação, povoando-a de novo, imaginando a possibilidade de outras formas contendentes e liberadoras de identificação cultural"[68].

A performaticidade dessa natureza de escrita é um importante paradigma de narrativas produzidas no contexto de modernização latino-americana. Em visível confronto com o autoritário processo de modernização do Brasil, cujo mais forte emblema é a construção de Brasília, Guimarães Rosa encena, na novela "Uma Estória de Amor (Festa de Manuelzão)", o nascimento de uma comunidade que, no próprio ato fundacional, põe em circulação narrativas acumuladas durante quinhentos anos de tradição oral, cuja manutenção efetivou-se à margem da prevalência do modelo colonial de nação. A desierarquização dos monumentos históricos "oficiais" e a revalorização da tradição constituída às margens da "nação" serão examinadas, com base na novela em questão, no capítulo 5 deste trabalho.

VIAGEM À PRÓPRIA GEOGRAFIA

A questão da fronteira, como já foi assinalado, é recorrente na vida profissional e na obra literária de João Guimarães Rosa. A viagem por muitas geografias, o convívio com diversas culturas, o conhecimento de várias línguas são indubitáveis fatores a intervir no enfoque fronteiriço privilegiado na obra ficcional desse escritor, sobretudo no que diz respeito ao desdobramento da perspectiva frente às diferenças culturais. Se a produção literária de Guimarães Rosa encontra seu mais forte substrato na tradição oral do sertão mineiro, ele também a realimenta utilizando-se de recursos provenientes das vanguardas literárias, como o discurso indireto livre, a exploração da materialidade dos signos, a "carnavalização", o "dialogismo", a "polifonia dostoievskiana", o espaçamento da sintaxe e das letras. Na passagem abaixo, ele discorre sobre a influência que o imaginário das narrativas "lendárias" exerceu sobre sua literatura.

[...] nós, os homens do sertão, somos fabulistas por natureza. Está no nosso sangue narrar estórias; já no berço recebemos esse dom para toda a vida. Desde pequenos, estamos constantemente escutando as narrativas multicoloridas dos velhos, os contos e lendas, e também nos criamos em um mundo que às vezes pode se assemelhar a uma lenda cruel. Deste modo, a gente se habitua, e narra estórias que correm por nossas veias e penetram em nosso corpo, em nossa alma, porque o sertão é a alma dos homens. [...] Eu trazia sempre os ouvidos atentos, escutava tudo o que podia e comecei a transformar em lenda o ambiente que me rodeava, porque este, em sua essência, era e continua sendo uma lenda[69].

Viajante contumaz, Rosa desdobra sua vivência para reincorporá-la criticamente ao sertão mítico, às narrativas orais ouvidas em sua infância. Da itinerância entre culturas e mundos diversos decorre o deslocamento de perspectiva, mediado pela mirada "estrábica" desse intelectual que, depois da travessia por várias línguas e culturas, reassume o próprio domínio lingüístico. Ao fazê-lo, ele opera como um tradutor da língua materna. Tradução, transcriação, transculturação são procedimentos por meio dos quais Guimarães Rosa estende uma ponte entre o regional e o transnacional, cujos resultados mais evidentes não são os pólos extremos de sincretização ou excludência, de submissão ou rejeição, mas a relativização capaz de permear afinidades e diferenças, convergências e divergências entre o mesmo e o outro, entre o particular e o universal.

Exemplos dessa relativização podem ser reconhecidos em várias passagens de *Grande Sertão: Veredas*, romance em que a dureza geofísica do "sertão" perde o peso da referencialidade, para expressar uma realidade ambígua e heterogênea, ao mesmo tempo local e universal: "sertão" é onde "tudo é e não é" (GSV, 11); "Sertão é quando menos se espera" (GSV, 267); "Sertão é dentro da gente" (GSV, 289); "o sertão é uma espera enorme" (GSV, 538). Se a multiplicidade do cosmos pode caber no sertão, a singularidade do sertão também pode difundir-se no cosmos: "Esses gerais são sem tamanho. Enfim, cada um o que quer aprova, o senhor sabe: pão ou pães, é questão de opiniães... O sertão está em toda parte" (GSV, 8).

Ainda que do ponto de vista lingüístico ou do cultural se possam verificar muitas afinidades entre a vida e a arte do escritor-diplomata, o mesmo não ocorrerá com respeito a suas posições políticas. Inumeráveis são as contradições pessoais de Guimarães Rosa, e isso talvez até possa explicar as posições ambíguas e ubíquas que proliferam nas vozes dialógicas de suas personagens. Assim, se a obra rosiana situa-se nos limites de fronteiras lingüísticas, culturais e temporais, existem também fronteiras pelas quais transitam as várias personas do escritor.

Situado entre duas águas, Guimarães Rosa se desdobra entre público e privado, entre sertão e mundo, tendo certamente usado uma pluralidade de máscaras, muitas das quais calcadas, *a posteriori*, em suas próprias personagens. O constante assédio de críticos literários e jornalistas (em decorrência principalmente da charmosa conjunção entre o diplomata e o escritor de prestígio internacional), em contraste à obrigação de sigilo (exigência protocolar da diplomacia), são em si razão externa suficiente para se compreender a imagem multifacetada e contraditória desse *Janus* sertanejo e cosmopolita, que muitas vezes irrompe lúdica e fantasmaticamente no campo discursivo do escritor.

O RECADO DO DIPLOMATA

Em 1963, o crítico uruguaio Emir Rodríguez Monegal (que, anos depois, viria a tornar-se um importante biógrafo de Jorge Luis Borges) visita Guimarães Rosa, no Rio de Janeiro, quando este já é Ministro de 1ª Classe, ocupando o cargo de Chefe do Serviço de Demarcação de Fronteiras no Itamaraty. Durante a entrevista, o escritor explica minuciosamente como constrói sua poética, o modo de intencionar sua forma, a inserção de vários idiomas no português, a exploração deliberada de contradições etc., o que leva Monegal a perceber a conjunção entre o escritor e o diplomata: "Enquanto o escutava falar com precisão sem pressa, pensei que esta tarefa devia ser também um serviço de demarcação de fronteiras"[70].

Uma conclusão certamente parcial, uma vez que, como bem o percebeu a escritora-diplomata Heloísa Vilhena, essa "afinação" nem sempre foi muito regular nem muito pacífica, na passagem de uma para outra representação. Afinal, ambos — escritor e diplomata — sempre precisaram, de alguma forma, proteger-se atrás de máscaras. Por ocasião do 20º aniversário da morte de Guimarães

Rosa, Vilhena recebeu do Presidente da Fundação Alexandre de Gusmão o encargo de documentar o material diplomático escrito por aquele no decorrer de sua carreira no Itamaraty.

A monografia resultante dessa pesquisa irá sobrelevar a afinidade entre a linguagem diplomática de Rosa e *Sagarana*, sua primeira obra publicada. A comparação entre um minucioso projeto de emigração – "o relatório de Alesmes", ofício nº 86, de 10 de maio de 1949 – e a pintura "impressionista" prevalente nas descrições do livro de 1946 comprova o parentesco entre as duas linguagens. Entretanto, Vilhena observa que, dezessete anos depois, a linguagem profissional e a literária começam a se distanciar radicalmente[71].

O documento cotejado com a literatura de então é a "Nota nº 92", de 25 de março de 1966. A questão tratada nesse documento é a "soberania nacional". A discussão gira em torno da disputa de limites territoriais entre Brasil e Paraguai. Diferentemente da dicção excessivamente hermética, subjetiva e ambivalente de *Tutaméia*, obra escrita nessa mesma ocasião, o tom do texto diplomático é duro, firme, objetivo e revela posições extremamente claras e definidas. O que está em jogo é a revisão do "Tratado de Limites de 9 de janeiro de 1872", que dispunha a questão nada ficcional de demarcação das fronteiras entre o Brasil e o Paraguai, pendente desde a guerra entre os dois países.

No momento das negociações, discute-se a utilização conjunta do rio Paraná, com vista à construção da hidrelétrica de Itaipu. Distante das fluidas demarcações simbólicas de suas fronteiras discursivas, a mão forte do autor carrega agora em traços rigorosamente realistas. Se as fronteiras do *Grande Sertão: Veredas* estão em toda parte, as do Brasil "real" buscam, na precisão dicionária, seus limites exatos, como o demonstra a "Nota nº 92", composta de vinte e seis laudas de impositiva negociação. Dirigida à embaixada paraguaia, em resposta a suas falaciosas tentativas de desautorizar as deliberações do "Tratado de Limites" de 1872, esta nota desarma, um a um, os argumentos do país vizinho[72].

No recorte a seguir, destaca-se o irônico proselitismo com que Guimarães Rosa ensina ao país vizinho o que é soberania nacional, ou seja, com quantos paus se faz um marco, demonstrando, assim, sua habilidade para demarcar, com precisão, tanto o terreno político quanto o retórico. Não obstante o ludismo verbal do trecho a ser examinado, é indiscutível a irrefutabilidade da sua argumentação diplomática. A estética do provisório que motiva a poética do escritor cede lugar – na escrita diplomática do "Ministro de Primeira Classe do Ministério das Relações Exteriores" – à defesa da permanência de implacáveis, indubitáveis e inegociáveis "marcos" territoriais. Entre a permeabilidade do atlas ficcional e a irredutibilidade das atas diplomáticas, a espacialidade rosiana se desloca.

Nos dicionários as palavras "demarcação" e "demarcar" cobrem faixa mais ou menos larga de significados. Mas, quando se assina um ajuste de limites – e foi o caso do Tratado de 1872 – cria-se uma Comissão Mista, para o fim específico de transportar para o terreno a linha estipulada. Fixa-se a divisória, a demarcação *executa* o tratado. É uma operação definitiva, de valor jurídico e alcance político, com efeitos permanentes. Uma tal demarcação, uma vez aprovada pelos dois países, não poderá mais ser cancelada unilateralmente. Plantam-se os *marcos principais*, ou de 1ª ordem, assinalando-se os *pontos notáveis*, e que não deixam dúvida quanto à raia que extrema os dois países. Tais pontos são descritos nas Atas, nas quais se consignam e registram suas coordenadas geográficas, e exarados nas Plantas e Cartas. Isto se chama *demarcar*[73].

A despeito dessa veemente defesa da soberania nacional, que faz parte dos ossos do ofício do embaixador, o que, de fato, irá prevalecer na totalidade (contraditória) de vida e obra do escritor-

diplomata é um constante investimento na compreensão, negociação e coexistência de sistemas polarizados. Onde quer que se pro-
nuncie, na esfera privada, na pública ou na discursiva, Guimarães
Rosa, não obstante a diferença de métodos, transita com os pés na
cabeça (e, em não raras vezes, com o coração na cabeça), podendo,
dessa forma, desmarcar o demarcado.

Graças à conjunção entre experiência e sabedoria, entre razão e
sensibilidade, entre pesquisa e genialidade, Guimarães Rosa pôde,
enquanto escritor, realizar uma obra ficcional capaz de questionar categorias hierarquizantes, sobretudo as que dizem respeito a
modelos hegemônicos já canonizados. Uma profunda consciência
de que modelos canônicos tenderão a reproduzir indefinidamente
uma mesma matriz cultural, a menos que sofram intervenções negociadas, perpassa o conjunto das obras rosianas, nas quais há uma
evidente abertura a várias formas de interlocução e negociação de
diferenças entre culturas heterogêneas.

Há, em *Grande Sertão: Veredas*, um exemplo emblemático dessa
negociação de diferenças, que aparece no confronto entre interlocutores cujas formações lingüísticas e culturais são quase irredutíveis
umas às outras. Isso ocorre, por exemplo, quando Riobaldo (narrador-protagonista do romance) inicia seu depoimento, com um
relato de possessão demoníaca. O relato, mas sobretudo a perspectiva mitopoética que o embasa, provoca de imediato a descrença do
"culto e racional" entrevistador de Riobaldo. No entanto, o "choque" de ambas as perspectivas vai sendo amenizado à medida que
o próprio narrador "aprende" a utilizar uma série de mediações.

Outro exemplo pode ser reconhecido no contato dos jagunços
com o mundo perdido dos "catrumanos" que ainda vivem no século XVIII, malgrado habitarem o século XX. Se, de um lado, pude-
mos constatar a "diferença" de perspectivas entre o entrevistador
"cosmopolita" e o "sertanejo" Riobaldo, de outro lado, para este a

história dos catrumanos constitui um anacronismo "risível", conforme atesta este diálogo entre eles e Zé Bebelo, ou seja, entre o Brasil colonial e um Brasil prestes a se modernizar:

— "O que mal não pergunto: mas donde será que ossenhor está servido de estando vindo, chefe cidadão, com tantos agregados e pertences?"
— "Ei, do Brasil, amigo!" — Zé Bebelo cantou resposta, alta graça. — "Vim departir alçada e foro: outra lei — em cada esconso, nas toesas deste sertão..." (*GSV*, 361).

A ubiqüidade temporal representada nessa cena se amplia para prenunciar os riscos implicados no autoritário projeto brasileiro de modernização socioeconômica. Realizada sob a maliciosa interferência do autor implícito, a cena abaixo prenuncia a prestação de contas da União com grupos populacionais periféricos, excluídos desse projeto. É curioso que, em Buritis, município localizado nas imediações de Brasília e cenário de uma novela rosiana, como já destacamos, os "sem-terra" — uma versão atual dos catrumanos — tomaram recentemente de assalto a agência local do Banco do Brasil e a fazenda pertencente a ninguém menos que os filhos de Fernando Henrique Cardoso, o então Presidente da República. É interessante observar como a cena abaixo (dos "catrumanos", enquanto personagens de *Grande Sertão: Veredas*) nada fica a dever à realidade nacional:

E de repente aqueles homens podiam ser montão, montoeira, aos milhares mis e centos milhentos, vinham se desentocando e formando, do brenhal, enchiam os caminhos todos, tomavam conta das cidades. [...] Haviam de querer usufruir depressa de todas as coisas boas que vissem, haviam de uivar e desatinar. Ah, e bebiam, seguro que bebiam as cachaças inteirinhas da Januária (*GSV*, 364).

No outro extremo, coloca-se, como observamos, a perspectiva do pesquisador culto que entrevista o sertanejo Riobaldo. O fato "natural" para este é estranho à cultura daquele, que anota, em suas cadernetas de campo, as crendices e os exotismos "anacrônicos" do ex-jagunço. Que ri "certas risadas" quando ouve dele a "estória" do "bezerro erroso". A despeito de ser o bezerro, do ponto de vista mitopoético do narrador, a encarnação do diabo — prova portanto irrefutável da existência sensível deste —, sob a ótica epistemológica do narratário, o pobre mamífero não encarna outra coisa senão a sua própria deformidade genética.

Existe, portanto, no romance como um todo, uma cadeia a estabelecer graus diametralmente opostos de leitura de mundo, que vão da mirada mais grotesca à mais hermenêutica. No pólo do "grotesco" se situam os proto-homens, habitantes de grotas e brenhais, como os catrumanos que, segundo o ex-jagunço Riobaldo, "estavam menos arredados dos bichos do que nós mesmos estamos" (GSV, 362). Ou ainda os jagunços que, sob a perplexidade do narrador, devoram carne humana, repetindo o gesto totêmico do banquete antropofágico realizado pela horda primeva descrita por Darwin[74].

Na verdade, o estágio proto-humano e totêmico da horda de jagunços é, em si mesmo, razão suficiente para justificar a cena antropofágica. Sem acesso aos interditos da cultura, tais seres — inscientes da evolução da própria espécie — acham-se desequipados para distinguir *homo sapiens* de *pré-homídeos*. Ao tomar por símio um rapazinho feio e "escurado", os habitantes do sombrio universo da jagunçagem matam-no, cozinham-no e comem-no. Naturalmente. A par do visível primitivismo, não podemos deixar de notar, nessa cena, um aceno ao gesto antropofágico de nosso modernismo e, para além dele, o sentido autodevorador da cultura que agoniza no *Grande Sertão: Veredas*.

O contraste excessivo entre essas culturas colocadas em pólos inicialmente dicotomizados vai, contudo, sendo flexibilizado pelo vetor transculturante do narrador. De fato, Riobaldo coloca-se numa terceira margem que medeia dois extremos eqüidistantes em grau e valor. Encarnação da condição ambígua de jagunço e letrado, ele se posiciona na linha de fuga que bordeja os extremos, lugar privilegiado que lhe possibilita deslizar de uma para outra margem, sem, contudo, se fixar em nenhuma. Assim, quando entremescla as "verdades" das bandas opostas, o Riobaldo "cerzidor" pode relativizar as certezas culturais de cada extremo, e as margens por ele bordejadas são as terceiras margens onde, com a desierarquização dos absolutos, passam a vigorar a heterogeneidade e a hibridez lingüística, temporal e cultural.

O LUGAR DO ESTRANGEIRO

Para Homi Bhabha, é através da perspectiva estrangeira que se torna possível inscrever no global a localidade dos sistemas culturais; e, pela apreensão de suas incomensuráveis diferenças, performar o ato de tradução cultural. Sua proposta é deslocar a teoria da tradução de Benjamin para uma teoria da diferença cultural: "No ato de tradução, o conteúdo 'dado' se torna estranho e estranhado, e isso, por sua vez, deixa a linguagem da tradução, *Aufgabe*, sempre em confronto com seu duplo, o intraduzível – estranho e estrangeiro"[75].

No confronto entre línguas e culturas irredutivelmente estrangeiras umas às outras, como distinguir o próprio, como tomar posse dele? Conforme anota Pierre Fédida, a resposta heideggeriana a essa questão tem como base a reflexão sobre a travessia do poeta por terras estrangeiras: "Tal é a lei segundo a qual o poeta só chega a estar em casa, naquilo que lhe é próprio, ao final de uma travessia poética que o conduz primeiramente ao estrangeiro, no exílio"[76]. Para tornar-se estrangeiro à própria língua o poeta deveria, segundo Heidegger, passar de uma margem a outra para retomar a sua língua e, só assim, apropriar-se do que lhe é próprio[77].

No terreno da espacialidade, a zona fronteiriça é, por excelência, o *locus* onde se realiza o comércio simbólico entre línguas e culturas estrangeiras entre si. A especificidade da poética de fronteiras emerge da experiência estética obtida na travessia pelo estrangeiro, conforme a compreensão de Fédida:

> O que a língua torna visível, assim o é por esse sítio do estrangeiro onde as coisas tomam sentido através do que é escutado de sua palavra. A atividade poético-metafórica de uma fala consiste na transformação das coisas "em uma visibilidade que apenas a estética pode apreender e descrever"[78].

Em correspondência com o poeta que fez sua travessia por terras alheias, Guimarães Rosa realiza, a partir de seu percurso pelo estrangeiro, o ato cultural de reapropriação e fundação de sua língua e sua cultura. Este procedimento deriva da experiência do escritor mineiro e será recorrentemente representado em sua produção literária. O recurso à estrangeiridade, ao fronteiriço, às mesclagens de várias ordens, ao viajante e sua errância define, nas relações de intercâmbio que se estabelecem na obra rosiana, uma poética de tradução estética e cultural.

A ESTRANHEZA DAS LÍNGUAS

O romance *Grande Sertão: Veredas* é estruturado como um depoimento, na forma de entrevista concedida por um fazendeiro, "quase barranqueiro", a um senhor culto vindo da "cidade" para conhecer de perto o universo sertanejo, suas tradições orais, sua cultura, seus mitos e mais diretamente a história do apogeu e decadência da jagunçagem. O escolhido para traduzir-lhe esse universo em extinção é Riobaldo que, a despeito de ser, ao tempo da entrevista, um respeitado fazendeiro, havia-se tornado, antes que a República chegasse ao arcaico mundo do sertão mineiro, um dos mais beligerantes e legendários chefes da jagunçagem. Durante três dias, o entrevistado, conhecido pelo epíteto guerreiro de "Chefe Urutu Branco", hospeda seu entrevistador, tratando-o com honrarias somente concedidas a convidados ilustres.

Meio jornalista, meio escritor, meio etnólogo, o entrevistador anota em suas cadernetas de campo o depoimento do ex-jagunço que, iniciado nas armas e nas primeiras letras, impusera-se a tarefa heróica de livrar o sertão do mal da jagunçagem. A despeito de já ter cumprido sua missão e de ser, como inúmeros heróis míticos e bíblicos, um representante dos valores de sua comunidade e, enquanto tal, responsável por transformações de ordem ética, política e sociocultural, Riobaldo possui, diferentemente de heróis canônicos, uma estatura menor – bastarda, periférica, reificada – decorrente das condições de subdesenvolvimento, subumanidade e subalternidade características do extrato sociocultural de que é oriundo.

Não possuindo a autoridade da narrativa épica ou a do cronista oficial, o testemunho do ex-jagunço só se tornará exemplar e só terá assegurada sua aura, caso entre em interlocução com alguém cuja escuta e cujo (suposto) saber sejam capazes de conferir-lhe legitimidade e assegurar-lhe a difusão. É sobretudo nesse sentido que o romance se constrói como um grande diálogo entre o narrador-protagonista e seu entrevistador culto. Este encarna um saber epistemológico em tensão com o saber mitopoético daquele. Trata-se, no entanto, de um monodiálogo ou "diálogo pela metade"[79]: ainda que ocorra uma entrevista, realizada pelo homem que vem

– 123 –

de fora, as únicas palavras que se ouvem e que causam crescente encantamento no leitor (através da recepção deslumbrada do hóspede do ex-jagunço) são as do sujeito da enunciação, ou seja, do entrevistado/narrador do romance.

Desde seu início, o romance *Grande Sertão: Veredas* assume uma estrutura inusitada, visto termos – de chofre – uma fala indicadora de que o entrevistado já começa se impondo ao entrevistador quando responde negativamente a uma pergunta cuja formulação nós, leitores, desconhecemos, mas que teremos, entretanto, de refazer a partir do instante em que nos deixamos envolver por um pacto ficcional quase diabólico, enunciado desde o subtítulo do romance: "O diabo na rua, no meio do redemoinho". Ao mesmo tempo, somos confrontados por protocolos discursivos insuspeitados, que nos desafiam à reformulação de nossos paradigmas estéticos, como se pode perceber na forma como se inicia o romance.

– Nonada. Tiros que o senhor ouviu foram de homem não, Deus esteja. Alvejei mira em árvores no quintal, no baixo do córrego. Por meu acerto. Todo dia isso faço, gosto; desde mal em minha mocidade. Daí, vieram me chamar. Causa dum bezerro: um bezerro branco, erroso, os olhos de nem ser – se viu –; e com máscara de cachorro. Me disseram; eu não quis avistar. Mesmo que, por defeito como nasceu, arrebitado de beiços, esse figurava rindo feito pessoa. Cara de gente, cara de cão: determinaram – era o demo. Povo prascóvio. Mataram. Dono dele nem sei quem for. Vieram emprestar minhas armas, cedi. Não tenho abusões. O senhor ri certas risadas... Olhe: quando é tiro de verdade, primeiro a cachorrada pega a latir, instantaneamente – depois, então, se vai ver se deu mortos. O senhor tolere, isto é o sertão[80].

O choque de perspectivas entre dois interlocutores de estratos culturais diferenciados é evidenciado pela reação do entrevistador de Riobaldo. Assustado com os tiros e provavelmente temeroso de um ataque de jagunços, aquele é tranqüilizado pelo narrador com a explicação que aparece no trecho acima e que demarca o início de *Grande Sertão: Veredas*. Trata-se, como se pode verificar, de uma cena em que sertanejos matam um "bezerro erroso" por tomá-lo como uma encarnação do diabo. Diferentemente destes, o homem que vem de fora interpreta o "erroso", não como manifestação demoníaca, mas como deformação genética. O contraste entre visões de mundo a princípio excludentes se evidencia quando Riobaldo critica seu interlocutor que "ri certas risadas", ou seja, não acredita no que lhe acaba de ser mostrado. O alerta vem para lembrar àquele que, a menos que relativize sua certeza epistemológica, não irá perceber a "diferença" constitutiva da cultura sertaneja; e a não ser que interaja com o mundo que pretende pesquisar, não poderá compreender o olhar mitopoético mediante o qual o sertanejo constitui esse mundo e a si mesmo. Dessa forma, caso pretenda, de fato, inteirar-se do universo visitado, deverá aceitar-lhe a alteridade. Riobaldo matreiramente sugere a seu interlocutor "culto" adaptar-se ao universo que ele deseja conhecer: "O senhor tolere, isto é o sertão".

A PERSPECTIVA DE LÁ

Também no conto "A Menina de Lá", de *Primeiras Estórias*[81], é encenado o confronto entre instâncias discursivas e culturais de prestígio diferenciado. Chamado para diagnosticar a "estranheza de uma menina" (habitante de um universo arcaico, de base oral), o narrador do conto, aparentemente um "médico de roça" – porque preso a um ponto cego, um "círculo de-giz-de-prender-peru"[82], para usar uma expressão do próprio Guimarães Rosa – não consegue "decifrar" o modo de ser e de falar da menina. Na verdade, ao colocar-se inicialmente num *locus* monotópico de observação, o narrador somente consegue enxergar o "outro" enquanto "outro".

O parágrafo que inicia o conto mescla a descrição feérica do universo enfocado com uma série de marcas discursivas a denotar a distância radical entre a "própria" perspectiva epistemológica do "observador" e o primitivismo quase selvagem do "outro".

> Sua casa ficava para trás da Serra do Min, quase no meio de um brejo de água limpa, lugar chamado o Temor-de-Deus. O Pai, pequeno sitiante, lidava com vacas e arroz; a Mãe, urucuiana, nunca tirava o terço da mão, mesmo matando galinhas ou passando descompostura em alguém. E ela, menininha, por nome Maria, Nhinhinha dita, nascera já muito para miúda, cabeçudota e com os olhos enormes (AML, 20).

Ao efetivar, no *a-posteriori* da "enunciação", o fluxo entre as duas perspectivas, o conto promove a "conversação" entre instâncias anteriormente polarizadas. Entretanto, essa mudança só se torna possível em vista de o sujeito do conhecimento ter adotado, a partir do campo enunciativo, uma abertura de visão em relação ao outro, à "estranheza da menina de lá". Somente com a adoção de uma perspectiva heterotópica é que se lhe torna possível compreender a leitura de mundo da protagonista e terminar confrontado com a emergência do pensamento mítico.

Voz confrontante e atonal no coro uníssono de vozes domesticadas de uma comunidade sertaneja, Nhinhinha é uma criança de quatro anos incompletos, exilada não apenas do mundo familiar, mas do mundo de cultura em geral. Oscilando entre a afasia e a estranheza, entre o não-saber e a sabedoria, sua fala rara e excêntrica é a expressão da mais irredutível estranheza das línguas. Beirando a pureza dos signos a que aspiram poesia e poetas, sua expressão brota de "imprevistos" e "silêncios", para manifestarse no frescor nascente próximo da iconicidade ou da linguagem dos anjos.

"Ninguém entende muita coisa que ela fala..." – dizia o Pai, com certo espanto. Menos pela estranhez das palavras, pois só em raro ela perguntava, por exemplo: – *"Ele xurugou?"* – e, vai ver, quem e o quê, jamais se saberia. Mas, por esquisito do juízo ou enfeitado do sentido. Com riso imprevisto: – *"Tatu não vê a lua..."* – ela falasse. Ou referia estórias, absurdas, vagas, tudo muito curto: da abelha que voou para uma nuvem [...] ou da precisão de fazer listas das coisas todas que no dia por dia a gente vem perdendo [...]. Outra hora, falava-se de parentes já mortos, ela riu: – *"Vou visitar eles..."* Ralhei, dei conselhos, disse que ela estava com a lua. Olhou-me, zombaz, seus olhos muito perspectivos: – *"Ele te xurugou?"* (AML, 20).

Surpreendendo o mistério, Nhinhinha dirige os olhos a lugares para os quais ninguém olha: *"Eu quero ir para lá"*. – Aonde? – *"Não sei"* (AML, 21). Ela vaticina a própria morte e descreve, "com despropositado desatino", o caixãozinho de anjo – "cor-de-rosa com verdes funebrilhos" – onde deverá ser enterrada (AML, 24). Revelação, sortilégio, criação fazem de Nhinhinha uma habitante do espaço mitopoético, matriz de palavras indizíveis e do silêncio, que, não obstante, ganham materialidade em seus arranhos poéticos.

Ancorado que estava em sua hermenêutica monotópica, não foi possível ao narrador, malgrado tê-la testemunhado, registrar a experiência originadora de mito, poesia, quiçá o nascimento de um milagre ou de uma santa. Depois que a menina morre, é que ele, acometido de desespero metafísico, se dá conta de que poderia ter tido nas mãos a chave perdida do sem-tempo da criação mitopoética ou dos milagres, mas que, por um triz, deixou escapar: "Nunca mais vi Nhinhinha. Sei, porém, que foi por aí que ela começou a fazer milagres" (AML, 24).

Caillois identifica, no tempo mítico, a origem do "outro" e de tudo que nele se manifesta de desconcertante, inexplicável ou sobrenatural. No princípio do mundo, era possível apelar para a virtude criadora dos deuses e recorrer às forças que transformaram, então, o *caos* em *cosmos*. Essa potência cosmogônica do sagrado se localiza na idade primordial, identificada pelo mitólogo como o espaço-tempo ideal para a brotação de metamorfoses e milagres:

Nada estava ainda estabilizado, nenhuma regra fora ainda promulgada, nenhuma forma fixada. Aquilo que, desde então, se tornou impossível era ainda factível. Os objetos deslocavam-se por si mesmos, as canoas voavam pelos ares, os homens transformavam-se em animais e inversamente. Eles mudavam de pele em vez de envelhecer e morrer. Todo o universo era plástico e fluido e inesgotável[83].

O título "A Menina de Lá" se refere à inacessibilidade desse "outro" cuja perspectiva mágica ou mística se acha confinada no "lado de lá" a que nós, se não abrirmos o coração ou não mudarmos a forma de olhar, não teremos acesso. Tendo em vista sua necessidade de resgatar a potência criadora dos mitos, condensada (e congelada) em uma menina que morre menina, o narrador do conto se lança à tarefa de ressuscitá-la no seu (dele) espaço enunciativo. Para tanto, ele estende uma "ponte" por meio da qual possa realizar a passagem entre saber epistemológico e saber mágico/mitopoético, entre cultura e natureza, entre ciência e arte.

O narrador do conto descobre, no confronto com o mundo "de lá", que sua alternativa está em descondicionar os próprios paradigmas excludentes, e que, sob a mediação de outros parâmetros, poderá reaprender a ler o mundo e seus valores cifrados. Ao investigar o modelo gerador dos gestos paradigmáticos dos ancestrais míticos, ele procede como um tradutor/transculturador, que, utilizando-se dos procedimentos da "diglossia", pode desencadear um diálogo entre sua própria língua e a língua que fala a potência criadora dos mitos e dos santos.

A morte precoce da menina protagonizada no conto é uma evidente alegoria ao progressivo desaparecimento de culturas subordinadas ao processo de modernização, cuja história foi recalcada pela história oficial. A empresa de preservação ou recuperação cultural realizada pelo narrador é ambígua e parcialmente falha, funcionando muito mais como denúncia do que como recuperação de perdas culturais, visto que, quando ele está apto para entender a "fala" do "outro", este já não existe a não ser como representação, via relato oral, prestes, por sua vez, ao apagamento. Escrevê-la é, portanto, uma forma de recuperá-la simbolicamente, mas também de salvar a si próprio; além disso, uma forma de registrar o milagre da criação que a menina encarna. Trata-se sobretudo de, precisamente por ser o grande paradoxo desencadeador da escrita, representar a falta do outro, a falta do real que, por seu turno, engendra a necessidade de representá-lo pela linguagem.

NOTAS

1. Santiago, *Uma Literatura nos Trópicos*, pp. 17-19.
2. *Idem*, p. 18.
3. Le Goff, *História e Memória*, pp. 428-429.
4. Pizarro, *América Latina: Palavra, Literatura e Cultura*, p. 26.
5. Rama, *Transculturación Narrativa en América Latina*, pp. 95-96.
6. *Idem*, pp. 99-100.
7. "Entendemos que o vocábulo *transculturação* expressa melhor as diferentes fases do processo transitivo de uma cultura a outra, porque este não consiste somente em adquirir uma cultura, que em rigor indica a voz anglo-americana *aculturação*, mas sim que o processo também implica necessariamente a perda ou desenraizamento de uma cultura precedente, o que poderia dizer-se uma parcial *desculturação*, e, ademais, significa a conseqüente criação de novos fenômenos culturais que poderiam chamar-se *neoculturação*." Ortiz, *Contrapunteo Cubano del Tabaco y el Azúcar*, p. 86. *Apud* Rama, *Transculturación Narrativa en América Latina*, pp. 32-33. Tradução minha.

8. Rama, *Transculturación Narrativa en América Latina*, pp. 33-34.
9. Sobre a forma discursiva de "diálogo pela metade" usada por Riobaldo na conversação com o seu interlocutor, ver Schwarz, *A Sereia e o Desconfiado*, p. 38.
10. Canclini, *Culturas Híbridas: Estrategias para Entrar y Salir de la Modernidad*, pp. 70-71.
11. *Idem*, p. 72.
12. Mignolo, "Palabras Pronunciadas con el Corazón Caliente", em Pizarro (org.), *América Latina: Palavra, Literatura e Cultura*, p. 531.
13. Sobre "traduzadaptação", enquanto "transcriação" (uso de meios diferentes para a obtenção de efeitos análogos, segundo Valéry; ou exploração do modo de intencionar a forma do original em detrimento do seu conteúdo, segundo Walter Benjamin), ver Bizzarri, *J. Guimarães Rosa: Correspondência com seu Tradutor Italiano Edoardo Bizzarri*, p. 21.
14. *Idem*, p. 33.
15. Bueno, "Sobre la Heterogeneidad Literaria y Cultural de América Latina", em Mazzotti *et al.* (coords.), *Asedios a la Heterogeneidad Cultural: Libro de Homenaje a Antonio Cornejo Polar*, p. 27. Tradução minha.
16. *Idem*, pp. 27-29.
17. Rama, *Transculturación Narrativa en América Latina*, pp. 99-100. Tradução minha.
18. Lienhard, "De Mestizajes, Heterogeneidades, Hibridismos y otras Quimeras", em Mazzotti *et al.* (coords.), *op. cit.*, p. 71. Tradução minha.
19. *Idem*, pp. 72-73. Tradução minha.
20. Sobre a abordagem de Riobaldo enquanto um "avatar sertanejo da Cavalaria", e enquanto o "Don Riobaldo, cavaleiro dos campos gerais", ver, respectivamente, Candido, *Tese e Antítese: Ensaios*, p. 129; e Proença, *Trilhas do Grande Sertão*, p. 33.
21. O conceito freudiano de "inquietante estranheza" (*Unheimlich*) relaciona-se ao "estranho", uma categoria que comporta simultaneamente o familiar e o estranho. Freud, *Uma Neurose Infantil e Outros Trabalhos,* vol. XVII, pp. 277-281.
22. Kristeva *apud* Bhabha, *O Local da Cultura*, p. 200.
23. Lorenz, *op. cit.*, p. 47.
24. *Idem*, p. 32.
25. *Idem*, p. 35.
26. *Idem*, p. 44.
27. *Idem*, p. 59.
28. Escolar, "Territórios de Dominação Estatal e Fronteiras Nacionais", em Santos *et al.* (orgs.), *Fim de Século e Globalização*, p. 91.
29. Deleuze e Guattari, *Mil Platôs: Capitalismo e Esquizofrenia*, p. 27.
30. Souza, *O Século de Borges*, p. 9.
31. *Idem*, p. 11.
32. Piglia, "Memoria y Tradición", em Congresso Abralic, *Anais...*, p. 64.
33. *Idem*, p. 61. Tradução minha.
34. Hall, *A Identidade Cultural na Pós-modernidade*, p. 88.
35. *Idem*, p. 89.
36. Said, *Cultura e Imperialismo*, p. 389.

37. *Idem*, p. 383.

38. *Idem*, p. 390.

39. *Idem*, p. 379.

40. Bhabha, *O Local da Cultura*, p. 36.

41. *Idem*, p. 24.

42. *Idem*, pp. 198-199.

43. *Idem*, p. 24.

44. Santos, *Pela Mão de Alice: O Social e o Político na Pós-Modernidade*, p. 135.

45. *Idem*, p. 155.

46. Polar, "Mestizaje, Transculturación, Heterogeneidad", em Mazzotti *et al.* (orgs.), *op. cit.*, p. 56. Tradução minha.

47. *Idem, ibidem*.

48. *Idem, ibidem*.

49. Pizarro, *América Latina: Palavra, Literatura e Cultura*, p. 33.

50. *Idem*, p. 29.

51. *Idem*, p. 37.

52. Candido, *Recortes*, pp. 304-305.

53. Sobre o apagamento da memória e a conseqüente impossibilidade de algozes e vítimas relatarem suas respectivas vivências de terror em campos de concentração como o de Auschwitz, ver Adorno, "Educação após Auschwitz", em Gabriel Cohn (org.), *Theodor W. Adorno*, São Paulo, Ática, 1986, pp. 33-45.

54. Deleuze e Guattari, *Mil Platôs: Capitalismo e Esquizofrenia*, p. 17.

55. Guattari, *Caosmose: Um Novo Paradigma Estético*, pp. 173-177.

56. Renan, *Modern political doctrines*, p. 192. *Apud* Hobsbawn, *Nações e Nacionalismo desde 1780: Programa, Mito e Realidade*, p. 16.

57. Anderson, *Nação e Consciência Nacional*, p. 14.

58. Renan, *Oeuvres complètes*, p. 892 *apud* Anderson, *Nação e Consciência Nacional*, p.14. Tradução no rodapé da mesma página: "a essência de uma nação é que os indivíduos tenham muitas coisas em comum e, também, que todos tenham esquecido muitas coisas".

59. Anderson, *Nação e Consciência Nacional*, p. 88.

60. *Idem*, pp. 54-56.

61. Hall, *op. cit.*, p. 51.

62. *Idem*, p. 51.

63. *Idem*, p. 49.

64. Bhabha, *O Local da Cultura*, p. 200.

65. *Idem*, p. 241.

66. *Idem*, p. 202.

67. *Idem*, p. 219.

68. *Idem*, pp. 226-227.

69. Lorenz, *op. cit.*, pp. 33-34.

70. Monegal, *op. cit.*, p. 51.

71. Araújo, *Guimarães Rosa: Diplomata*, pp. 13-16.

72. *Idem*, pp. 79-111 (Nota nº 92).

73. *Idem*, p. 96.

74. Sobre o banquete totêmico como passagem entre natureza e cultura, ver Freud, *Totem e Tabu e Outros Trabalhos*.

75. Bhabha, *O Local da Cultura*, pp. 230-231.

76. Fédida, *Nome, Figura e Memória: A Linguagem na Situação Psicanalítica*, pp. 52-53.

77. *Idem*, p. 53.

78. *Idem*, p. 57.

79. Sobre a forma discursiva de "diálogo pela metade" assumida por Riobaldo, na conversação com o seu interlocutor, ver Schwarz, em *A Sereia e o Desconfiado*, p. 38.

80. Rosa, *Grande Sertão: Veredas*, 1994, p. 7.

81. Rosa, *Primeiras Estórias*, p. 20 ("A Menina de Lá"). Doravante, este conto será mencionado sob a sigla AML, seguida da numeração das páginas.

82. Rosa, *Tutaméia: Terceiras Estórias*, p. 4.

83. Caillois, *O Homem e o Sagrado*, pp. 101-102.

3. Poéticas do desdobramento

A multiplicação contemporânea dos espaços faz de nós nômades de um novo estilo: em vez de seguirmos linhas de errância e migração dentro de uma extensão dada, saltamos de uma rede a outra, de um sistema de proximidade ao seguinte. Os espaços se metamorfoseiam e se bifurcam a nossos pés, forçando-nos à heterogênese.

PIERRE LÉVY

Eu quero a viagem dessa viagem.

GUIMARÃES ROSA

Yo no soy un aculturado; yo soy un peruano que orgullosamente, como un demonio feliz habla en cristiano y en indio, en español y en quechua.

JOSÉ MARÍA ARGUEDAS

TRANSPORTAR A TRADIÇÃO

A proposta deste capítulo é verificar, em dois textos de Guimarães Rosa, respectivamente a novela "Cara-de-Bronze" e o conto "A Terceira Margem do Rio", as formações discursivas e as trocas simbólicas que emergem do conflitivo processo de inserção da cultura brasileira e da latino-americana na modernidade. Em "Cara-de-Bronze", verifica-se o percurso labiríntico do protagonista que, ao realizar a tarefa de buscar o "quem das coisas", se vê incessantemente obrigado a operar como um tradutor, sempre a suplementar o escorregadio objeto de sua demanda, basicamente constituído do legado da tradição oral. Realizada por um coro de vozes entrecruzantes, anônimas e coletivas, a recepção do "legado" metaforiza a própria rede constitutiva da tradição oral[1].

Ao problematizar algumas formas de transmissão da memória, Eneida Maria de Souza endossa o pensamento de Paul Zumthor, segundo o qual uma das propriedades do texto oral é a perda dos traços autorais. Isso se dá em vista de a transmissão passar por uma cadeia de intermediários, e o conhecimento da mensagem advir da versão de seu último transmissor: "Esse intérprete, contudo, ao reclamar para si a autoridade enquanto intérprete, consegue atenuar a idéia de serem essas composições marcadas pelo anonimato"[2].

Em "Cara-de-Bronze", contudo, ao constituir-se a partir da intervenção de várias vozes anônimas, o acervo das narrativas coletivas dilui a noção de propriedade autoral. O entretecimento de várias vozes na rede da tradição oral transforma a mensagem em um bem coletivo sujeito a um proliferante comércio simbólico.

Por sua vez, a tradução/transculturação do sistema de circulação de bens culturais, prestes a desaparecer sob o impacto da modernidade, será examinada no conto "A Terceira Margem do Rio"[3], sob a perspectiva de um narrador que se põe a tarefa de traduzir o silêncio de seu pai. Este, por seu turno, metaforiza a voz de uma tradição que, ensandecida, perdeu a capacidade de significar. A negação da palavra paterna faz desaparecer toda a possibilidade de laços históricos e simbólicos, e essa privação permite supor que a tênue ligação entre filho e pai só perdurará até a morte deste. O fracasso da operação transculturadora no conto sugere a traição como saída metafórica contra a miséria simbólica "herdada" de águas mortas de uma tradição estéril. A possibilidade de mediação entre as duas margens surge do esforço do sujeito do discurso cuja tarefa transculturadora só terá êxito caso se efetive uma positiva avaliação da alteridade do outro[4]. Embora haja fracasso na relação concreta entre pai e filho, essa negatividade, ao gerar a escritura, transforma-se em positividade, por meio da qual Guimarães Rosa afirma sua incomensurável confiança na capacidade restauradora da palavra literária.

Antes da abordagem desses textos, serão enfocados alguns conceitos relativos à tradução. Nos seus sentidos de "transportar de uma língua para outra" e, por analogia, de "transportar entre fronteiras"[5], ou enquanto mecanismo a favorecer a inter-relação de sistemas diferenciados, a tradução funcionará como suporte para a compreensão dos processos de transitividade e mediação entre diferenciadas formações temporais, lingüísticas e culturais.

POR OUTRA VOZ

Criador do conceito "tradição da ruptura" – um dos temas mais caros à estética da modernidade –, o poeta-crítico Octavio Paz rastreia, num de seus últimos livros, uma "outra voz", através de cuja entonação experimenta reconhecer no poema o "antídoto" contra a técnica e o mercado, os quais, segundo ele, seriam os principais responsáveis pela crescente reificação do mundo pós-industrial[6]. Por condensar "semelhanças ocultas entre objetos diferentes", o poema teria, no entendimento de Paz, a propriedade de integrar "faculdades contrárias ou dessemelhantes".

Nesse sentido, ele seria, ainda que paradoxalmente, um instrumento "técnico" eficaz para o reconhecimento de diferenças e o desocultamento de semelhanças: "Espelho da fraternidade cósmica, o poema é um modelo do que poderia ser o da sociedade humana"[7]. Essa propriedade metafórica inerente às formas poéticas mostra-se, segundo Paz, apta a promover, em casos mais extremos, a união dos opostos, preservando, contudo, a "diferença" ou, para manter sua própria terminologia, a "outridade". A espacialidade do poema, uma zona de tensões que abriga o convívio de alteridades, fornece-lhe o modelo de "um pequeno cosmo animado"[8]. É assim que, para o poeta mexicano, o poema "reflete a solidariedade das 'dez mil coisas que compõem o universo'"[9].

Embora o modelo de Paz esteja a serviço de críticas ao mundo do mercado, a relação entre poema e sociedade expressa ainda a recorrente analogia que este poeta-crítico estabelece entre poesia e cosmologia, formações metafóricas e fraternidade. Trata-se de recursos mediante os quais ele parece pôr-se à procura daquela fronteira móvel para a qual contradições, heterogeneidades, dissensos – sejam eles políticos, culturais ou poéticos – possam convergir, conviver e conversar, ainda que sob acordes dissonantes.

É, entretanto, no conceito de "tradução" que as analogias cosmológicas de Paz encontrarão o *punctum* privilegiado para a interlocução entre particular e universal, semelhanças e dessemelhanças, o mesmo e o outro. O ensaio que enfoca essa questão destaca, inicialmente, a importância da experiência de choque em que, confrontados pelos "sons da língua que ignoramos", passamos a duvidar do sentido do que falamos em nossa própria língua. Confronto que sugere algumas importantes constatações, dentre as quais a de que cada indivíduo é "um emparedado vivo em seu próprio eu"[10].

A despeito de evidências desencorajadoras, "por um movimento contraditório e complementar"[11], ocorre uma desafiante inversão, cujo resultado será o investimento cada vez maior no ato de traduzir. Amparados na consciência da relatividade não somente do caráter sagrado do "texto primeiro", bem como da ilusão de que este poderia ser integralmente transplantado para outros domínios, os tradutores tenderiam a buscar não o sentido congelado no original e nem a inteligibilidade universal, idealmente apta a revelar a identidade última dos homens. Seu impulso estaria, antes, voltado para a valorização da singularidade, da estranheza e das diferenças desocultadas a partir do confronto entre línguas distintas. Acima e além da variedade e heterogeneidade das línguas e civilizações, Paz acredita no toque mágico da operação tradutória, que, ao conjugar diferenças, faria interagir, numa mesma zona de tensão, afinidades e semelhanças.

A par da analogia com o mundo, o poema – bem como as suas "traduções" – se presta à formulação dos inúmeros conceitos-metáforas recorrentemente utilizados por Octavio Paz. Um deles pode ser identificado no poema enquanto imagem do indizível das línguas. A traduzibilidade do poema estaria desenhada na forma como este é intencionado; e, nos limites da forma, já estaria cifrada a impossibilidade de traduzir, na íntegra, a língua original.

– 138 –

Confrontados no mesmo espaço, original e tradução tensionar-se-iam interminavelmente para abrigar zonas de contato de onde outras vozes pudessem exprimir o indizível cósmico. Aliás, em voz e outra voz, como bem exemplifica este conceito poético-metafísico de Octavio Paz: "o poema é um caracol onde ressoa a música do mundo, e métricas e rimas são apenas correspondências, ecos, da harmonia universal"[12]. Posto que breve e fugaz, essa ressonância teria a potência de atravessar e potencializar a palavra poética para, num instante de fulgor, iluminar e configurar o *cosmos*, dando-lhe visibilidade, mas devolvendo-o, em seguida, à opacidade.

Para Walter Benjamin, um dos mais importantes teóricos da tradução, a relevância desta operação reside em sua capacidade de desvelar o modo de intencionar a forma do original. Com isso, a operação tradutória potencializaria e faria aparecer certos significados ocultados na língua original. Condenada ao desaparecimento depois de algum tempo, a obra primeira ganharia, com a tradução, uma segunda vida ou uma sobrevida, já que — realizando-se sua transplantação para novos domínios lingüísticos, culturais e históricos — ela encontraria meios para renovar-se, dotando-se, portanto, de outras possibilidades de expressão e recepção[13].

Contudo, a grande tarefa do tradutor seria a de provocar o confronto entre línguas que se desentendem, criando-se entre elas o suplemento necessário à sua complementação e reconciliação, visto serem, por si mesmas, incompletas e, portanto, incapazes de fazer significar plenamente. Partindo da premissa de que, na boa tradução, o conteúdo é inessencial, Benjamin considera, como já se assinalou, que a primeira tarefa do tradutor é a recuperação do modo como a forma é intencionada na obra original. Ao provocar o confronto entre sua própria forma e a do original, a linguagem da tradução introduz um suplemento, por cuja interferência poderá ocorrer a "integração das muitas línguas na língua verdadeira"[14].

O efeito esperado por Benjamin é a irrupção da "língua pura", em cuja forma haveria uma "harmonia de todos estes modos de significar"[15]. Benjamin estabelece homologia entre o processo tradutório e os cacos de uma ânfora, cuja colagem, contudo, não basta para encobrir os pontos de sutura do original fraturado.

Como os cacos de uma ânfora, para que, nos mínimos detalhes se possam recompor, mas nem por isso se assemelhar, assim também a tradução, ao invés de se fazer semelhante ao sentido do original, deve, em movimento amoroso que chega ao nível do detalhe, fazer passar em sua própria língua o modo de significar do original. Do mesmo modo que os cacos tornam-se reconhecíveis como fragmentos de uma mesma ânfora, assim também original e traduções tornam-se reconhecíveis como fragmentos de uma linguagem maior[16].

A operação tradutória sugerida por Benjamin, em lugar de fechar, põe em circulação espaços de contato onde estranhezas, dessemelhanças, alteridades, diferenças lingüísticas e culturais tenham a oportunidade de, ainda que provisoriamente, reconhecer-se, suplementar-se e conviver, por mais estranhas e irredutíveis que se apresentem umas em relação às outras. O confronto com a língua estrangeira suplementa a língua familiar, ampliando-lhe as virtualidades e salvando-a do desgaste. Esta é, para ele, uma outra tarefa do tradutor, a quem caberia, através do ato tradutório, tornar estrangeira a própria língua em lugar de familiarizar a língua estrangeira. Para elucidar sua proposta, Benjamin cita Pannwitz, autor de *Crise da Cultura Européia*, obra, segundo sua avaliação, emblemática para a teoria da tradução:

Nossas traduções (*Übertragungen*), mesmo as melhores, partem de um falso princípio. Elas querem germanizar o sânscrito, o grego, o inglês, em vez de sanscritizar, helenizar, anglicanizar o alemão. [...] O erro fundamental do tradutor (*Übertragengen*) é conservar o estado contingente de sua própria língua em vez de deixá-la mover-se violentamente através da língua estrangeira. Sobretudo quando se traduz de uma língua muito distanciada, é preciso remontar até os últimos elementos da própria linguagem, até esse fundo onde palavra, imagem e som se interpenetrem. É preciso ampliar e aprofundar sua própria língua graças à língua estrangeira[17].

Sujeitar o vernáculo a estranhamento, agressão, dissonância, para romper com "as molduras carcomidas de sua própria língua"[18], liberando-lhe a potência de fluir, de expressar o inominado e o indizível. Desobrigá-la do uso contratual, libertando-a, assim, do lugar-comum. Nesse mapa benjaminiano da tradução, impõe-se ao tradutor a tarefa de "resgatar em sua própria língua essa língua pura, ligada à língua estrangeira (para) liberar pela transcrição essa língua pura cativa na obra"[19]. Posto que diferente da operação realizada pelo escritor, a tarefa do tradutor possui, na perspectiva benjaminiana, a capacidade de transplantar o original a um terreno mais definitivo da língua.

A condição de traduzibilidade de uma obra estaria em sua alta qualidade estética, muito embora o contato com o sentido do original possa ser fugidio, e, por isso, incompleta a tradução. Esta hipótese benjaminiana é exemplificada pela "transposição" de duas tragédias de Sófocles efetuadas por Hölderlin: "Aí a harmonia entre as línguas é tão profunda que o sentido da linguagem é tocado à maneira de uma harpa eólia tocada pelo vento"[20]. Não diferentemente desse caso – em que as condições de traduzibilidade ideal possuiriam a virtualidade de conduzir à verdadeira linguagem, à verdade e à doutrina –, "todos os grandes escritos, em qualquer grau, e a Sagrada Escritura em grau mais elevado, contêm sua tradução virtual. A versão interlinear do texto sagrado é o arquétipo ou o ideal de toda tradução"[21].

Malgrado o desmesurado peso metafísico carreado pela tarefa dos tradutores pazianos e benjaminianos, é indubitável a leveza da resposta estética que advém de sua operação. Ainda assim, resta uma pergunta: – Qual a responsabilidade implicada nessa tarefa? Se a potência da tradução concede às línguas naturais a capacidade de ascender à esfera sagrada da "língua arquetípica", esse toque de Midas faz, paradoxalmente, aparecer a impotência de cada uma das línguas concretas. A aspiração de cada língua particular em transplantar-se à abstrata esfera da língua sagrada é vã, uma vez que só lhe é dado, quando muito, resvalá-la num único, ínfimo e fugaz confronto, em homologia à metáfora benjaminiana da harpa tocada pelo vento.

É certo, no entanto, como nos demonstra toda uma tradição filosófica e literária, que a contrapartida não se resolve na conformidade ou na inversão do caminho. Deleuze percebeu bem que impasses como esses devem ser agenciados, não pela universalidade – centrada, paradigmática, manancial de "origem" e "verdade" – mas por um conjunto de singularidades a se conectar e se prolongar até a vizinhança de outras singularidades. Como isso seria possível? Aceitando-se a fratura do lugar-comum, a desterritorialização, as multiplicidades em curso, a rede de processos e devires; operando com estruturas móveis e deslinearizadas, por cuja intervenção "nada começa ou acaba, tudo vai no sentido do futuro e do passado ao mesmo tempo"[22]. Pela saída deleuziana, o beco da verdade pode, de dentro de sua estreiteza, agenciar portas de entrada e de saída, ambigüizando e relativizando referências prefixadas. O "meio", para Deleuze, deve ser simplesmente o lugar onde as coisas se conectam e adquirem velocidade, pois

entre as coisas não quer designar uma correlação localizável que vai de uma para outra e reciprocamente, mas uma direção perpendicular, um movimento transversal que as carrega uma e outra, um riacho sem início nem fim, que rói suas duas margens e adquire velocidade no meio[23].

A TRADUÇÃO EM GUIMARÃES ROSA

Nas relações epistolares mantidas, entre 1957 e 1967, com Edoardo Bizzarri, Guimarães Rosa desenvolve toda uma teoria sobre tradução. Esse é um hábito recorrente nas interlocuções do escritor e seus tradutores e se relaciona ao excesso de zelo que o leva a sugerir procedimentos para a eficaz tradução ou, usando o termo cunhado por ele, "traduzadaptação" da própria obra para outro idioma. Dentre os cuidados com que ele protege sua obra de más traduções ressalta a preocupação em preservar não apenas o conteúdo, mas sobretudo a fatura poética implicada no modo de intencionar a forma de seus originais.

Há, nas sugestões do escritor, um exaustivo exercício de transcodificação, para outros idiomas, de palavras, expressões, significantes, imagens, toponímicos, antroponímicos, construções sintáticas, idiossincrasias da língua portuguesa, singularidades regionais. O fato de Guimarães Rosa dominar numerosos idiomas, dentre os quais o italiano, lhe possibilita sugerir ao tradutor "transcriações" capazes de preservar o modo de intencionar de sua linguagem, a qual ele próprio acredita ser intransponível para outro idioma. Em resposta a Rosa, Bizzarri tenta minimizar-lhe a angústia, alertando-o da existência de um "*discorso universale*, interior, fundamento de todo possível idioma [que] torna possível o ato de traduzir"[24].

Noutra carta, de 28 de outubro de 1963, Guimarães Rosa retorna ao assunto, amparado na crença de que existe uma parceria entre autor e tradutor: "Você não é apenas um tradutor. Somos 'sócios', isto sim, e a invenção e criação devem ser constantes. Com Você, não tenho medo de nada!"[25] Depois de argumentar que sua língua é tão traduzível quanto qualquer outra que também tenha sido escrita sob o influxo de signos em mutação, ele passa a inventariar as singularidades e exotismos de palavras e expressões cujo sentido lhe fora solicitado por Bizzarri noutra feita.

As palavras ou expressões glossadas nesse "documento" são, na verdade, praticamente "intraduzíveis" e atestam a natureza exuberante e heterogênea do universo intersemiótico do escritor, que abrange a recolha de resíduos arcaicos da própria língua; a formação de neologismo e de *portmanteau*; a derivação por afixação, sufixação e aglutinação entre radicais e morfemas estrangeiros uns aos outros; o emprego da "*alotropia* estilística"[26].

A preferência por palavras que guardem, em vários idiomas, parentesco semântico e sonoro mostra a luta do escritor com as palavras, frente a seu desafio de criar uma linguagem que se aproxime do ideal de inteligibilidade universal. O verbete abaixo, extraído do glossário endereçado a Bizzarri, é um exemplo não raro de como Rosa, ao dar nome às coisas, não deixa escapar nem mesmo a materialidade do signo, fazendo reverberar no sentido da palavra todas suas potencialidades etimológicas, plásticas e sonoras.

"GRIMO": de uma feiúra sério-cômica, parecendo com as figuras dos velhos livros de estórias; feio careteante; de rosto engelhado, rugoso. (Cf. em italiano: = *Vecchio grinzoso*.) Em inglês: *grim* = carrancudo, severo, feio, horrendo, sombrio, etc. Em alemão: *grimm* = furioso, sanhoso. Em dinamarquês: *grimme* = feio. Em português: grima = raiva, ódio; grimaça = careta. Eu quis captar o *quid*, universal, desse radical[27].

Manifestando um refinado domínio teórico do assunto, um Rosa proselitista dirige-se a Bizzarri, noutra carta, datada em 4 de dezembro de 1963, onde discute o conceito de tradução, melhor dizendo, de tradução enquanto "tradução de outra tradução". Não diferentemente do pressuposto benjaminiano acerca da tarefa do tradutor, Rosa demonstra a crença (metafísica) de que a criação literária resulta do esforço messiânico em que se empenha o escritor para aproximar sua língua do "original sagrado". A menos que se desconte a diplomacia do então Chefe do Serviço de Demarcação de Fronteiras, a impressão que ele deixa entrever é de que entre escritor e tradutor não haveria distinção hierárquica. Em ambos, ocorreria, segundo ele, o mesmo empenho de restituir à língua o ideal de traduzibilidade universal. O mérito de um e outro é o mesmo. E mesma a angústia de influência:

Eu, quando escrevo um livro, vou fazendo como se o estivesse "traduzindo" de algum alto *original*, existente alhures, no mundo astral ou no "plano das idéias", dos arquétipos, por exemplo. Nunca sei se estou acertando ou falhando nessa "tradução". Assim, quando me "re"-traduzem para outro idioma, nunca sei, também, em casos de divergência, se não foi o Tradutor quem, de fato, acertou, restabelecendo a verdade do "original ideal", que eu desvirtuara...[28]

O testemunho de Curt Meyer-Clason – tradutor de Rosa para o alemão – é outra importante contribuição para o conhecimento da concepção do escritor não só sobre tradução, mas também sobre o próprio fazer poético. Em um trecho da carta endereçada ao tradutor, em fevereiro de 1959, o escritor chama a atenção para o fato de a tradução possuir a potência de suplementar a língua do original (em português) com recursos que esta em si mesma não possui: "A tradução e publicação em alemão me entusiasma, por sua alta significação cultural, e porque julgo esse idioma o mais apto a captar e refletir todas as nuanças da língua e do pensamento em que tentei vazar os meus livros"[29].

Meyer-Clason recorre a exemplos de léxico, expressões e sintaxe constitutivos das idiossincrasias do português e do alemão, para ilustrar situações de intraduzibilidade de uma para outra língua. Ele tenta, dessa forma, demonstrar soluções consensuais buscadas pelo escritor e sugeridas a ele, tradutor, no sentido de fazer da tradução uma transcriação que, com meios diferentes, pudesse produzir efeitos análogos ao original[30]. Sobre essa questão, ele transcreve um trecho da carta de 1966, em que Guimarães Rosa discorre sobre sua constante visitação a línguas estrangeiras com vista a ampliar e aprofundar sua própria língua:

> Quando escrevi aquilo ('me atravessa') foi justamente sob a influência dessa expressão alemã, que eu ouvira em Hamburgo ('Komm mir nicht in die Quere!'), e que sempre achei deliciosa. Como vê, foi verdadeiramente uma 'tradução' do alemão para o português. Assim [complementa Clason, fazendo eco às palavras de Rosa], às vezes é preciso conhecer o estranho, o estrangeiro, a fim de descobrir o segredo do intrínseco, do estranho, do próprio[31].

Em Guimarães Rosa, há equivalência entre a severidade imposta à própria tarefa de criar e ao rigor com respeito às traduções de sua obra. Pelo depoimento de Meyer-Clason, o escritor intervinha não apenas na escolha de soluções apropriadas à tradução de cada detalhe de sua (sagrada) escritura. A par disso, ele impunha àquele sua técnica pessoal de trabalho – no afã de preservar, na tradução, o modo proliferante de intencionar a forma de seus originais. De acordo com Rosa, tais procedimentos teriam a propriedade de deixar aberto o veio da indecidibilidade semântica, sintática e metafórica para assim garantir continuadas e diferentes recepções de sua obra. Isso nos remete à veemente discordância frente à "genialidade" que lhe é atribuída por seu entrevistador, Günter Lorenz, ao qual refuta: "Genialidade, sei... Eu diria: trabalho, trabalho e trabalho!"[32]

Embora não o admita, por uma óbvia necessidade de discrição, o escritor-diplomata certamente sabe que a excelência técnica é razão necessária, mas não suficiente para fazer perdurar a recepção de uma obra de arte. Para ser verdadeira, a razão teria que se aliar à sensibilidade. E, é claro, ao talento. Para arriscar uma analogia, o exemplo quiçá mais paradigmático de recepção duradoura é a obra de Platão. O "pano envolvendo o pano" é a metáfora múmica atribuída por Derrida a essa obra que, não obstante séculos de empenho hermenêutico, ainda se refrata à interpretação: "Um texto só é um texto se ele se oculta ao primeiro olhar, ao primeiro encontro, a lei de sua composição e a regra de seu jogo. [...] A dissimulação da textura pode, em todo caso, levar séculos para desfazer seu pano"[33]. Vale a pena tanta costura? Guimarães Rosa garante que sim. Pelo menos é o que se pode ler neste trecho de carta onde ele deixa claro seu empenho em criar uma obra duradoura: "A gente tem de escrever para setecentos anos. Para o Juízo Final. Nenhum esforço suplementar fica perdido"[34].

O esforço para salvar texto e textura do esgarçamento leva-o a recomendar ao tradutor alemão um rigoroso policiamento contra as facilidades da inspiração. Para tanto, ele postula a necessidade de promover a interlocução entre vários procedimentos, conhecimentos e culturas, usando teoria e prática a serviço da permanência da (sua) obra. Dessa forma, pode-se perceber que o processo de produção literária de Guimarães Rosa encerra um exaustivo trabalho de laboratório, executado mediante um distanciamento que faz do escritor seu próprio leitor-crítico e, portanto, doador de novos sentidos à própria criação.

Espécie de "retradução intelectual"[35], para usar uma expressão com que Lorenz designa o tráfico de idiomas incorporados às fronteiras interlingüísticas do texto rosiano, essa meta-estética de produção/recepção remete recursivamente a si mesma, como uma serpente a morder a própria cauda. Ao reformular para si mesmo o texto que formula, Rosa testa projetivamente as possibilidades de ressignificação que, em última análise, dotarão seu texto da capacidade de perdurar, seja através de suas traduções, seja da virtualidade auto-reciclável contida em sua própria forma[36]. De fato, trata-se de um complexo metaponto de vista, cujos componentes são milimetricamente testados, conforme atesta o escritor nesta passagem:

> [...] vão umas observações sobre as páginas que você me mandou, referentes aos começos das novelas. [...] Se, por qualquer motivo, tivesse de sair assim como estão, já estaria ótimo. Apenas sou incorrigivelmente pelo melhorar e aperfeiçoar, sem descanso, em ação repetida, dolorida, feroz, sem cessar até o último momento, a todo custo. Faço isso com os meus livros. Neles, não há *nem um* momento de inércia. Nenhuma preguiça! Tudo é retrabalhado, repensado, calculado, rezado, refervido, recongelado, descongelado, purgado e reengrossado, outra vez filtrado. Agora, por exemplo, estou refazendo, pela vigésima terceira vez, uma noveleta. E, cada uma dessas vezes, foi uma tremenda aventura e uma exaustiva ação de laboratório[37].

A par dessa perícia matemática, Günter Lorenz ressalta que Guimarães Rosa "se adianta um bocado aos demais autores", graças a seu poliglotismo. Em 1967, ano da morte do escritor, divulgou-se um artigo a partir do qual Lorenz ficou sabendo que aquele dominava bem seis idiomas: português, espanhol, francês, inglês, alemão e italiano. Além disso, possuía conhecimento suficiente para ler livros em latim, grego clássico, grego moderno, sueco, dinamarquês, servo-croata, russo, húngaro, persa, chinês, japonês, hindu, árabe e malaio[38]. Esse vasto campo idiomático certamente contribuiu para a desenvoltura com que Rosa opera a retradução intelectual, procedimento que lhe possibilita conjugar expressões, provérbios e particularidades intraduzíveis de idiomas estrangeiros para os quais, mesmo não existindo tradução nos dicionários, haverá, segundo Lorenz, "tradução e lugar" na literatura rosiana[39].

A despeito de tanta erudição, Rosa ressalta a contribuição significativa que a tradição oral, encarnada no imaginário sertanejo, teve para sua formação de escritor. Ainda que esteticamente filtradas pelo autor e suplementadas por um mosaico de leituras realizadas em vários idiomas, incluindo uma diversidade de conhecimentos dentre os quais literatura, filosofia, história, geografia, religião, hermetismo, zoologia, botânica, as "estórias" ouvidas desde o berço irão constituir a grande matriz de suas obras literárias[40].

TRANSITIVIDADE CULTURAL

O princípio de "transitividade cultural"[41] com que Rosa e personagens rosianas operam é um produto do trânsito realizado pelo escritor entre o sertão e o mundo, entre sua matriz lingüística de base regional e os vários idiomas que ele vem a dominar. Além de contribuir para a descristalização dos localismos reducionistas fixados pela acentuada cor local característica das manifestações regionalistas, praticadas, principalmente entre as décadas de 30 e 50, no Brasil e na América Latina, o procedimento rosiano de conjugar ao português vários idiomas – cada um dos quais trazendo, em sua própria singularidade, os traços de sua cultura – irá instituir, em suas obras, um novo espaço de hibridismo lingüístico e cultural.

A partir do intercâmbio entre línguas e culturas, a literatura de Guimarães Rosa situa o local em um âmbito transnacional, fazendo florescer um espaço de transitividade polifônica e plasticidade cultural que integra e superpõe "imaginários e produtores culturais de vertentes diversas"[42]. Este é um dos mais relevantes papéis de transculturadores latino-americanos, dentre os quais Guimarães Rosa, a partir de cuja obra se alicerçam as pesquisas de Ángel Rama sobre a "transculturação narrativa" na América Latina.

Com base nas reflexões de Rama, Mabel Moraña anota a significativa intervenção desses escritores na forma como a América Latina vem-se inscrevendo no projeto de modernização ocidental. Endossando a afirmativa de Rama, segundo o qual a modernidade constituiu, na América latina, a fronteira onde se puderam conectar áreas culturais, pensamentos e projetos muito diversos, ela identifica, no espaço heterogêneo do continente, uma zona de trocas, empréstimos e negociações[43].

Ao inserir outros idiomas no português, Guimarães Rosa quebra os parâmetros particularistas de língua, território e cultura. Diferentemente da utópica originalidade isolacionista com que, desde o romantismo, o regionalismo patriótico e provinciano vinha-se protegendo contra as influências externas e sobretudo contra a dependência cultural, ele põe sua região em relação de interatividade com outras paragens continentais e universais. Antonio Candido considera que, dos três momentos de manifestação regionalista continental por ele examinados, somente a terceira vertente – consolidada por escritores como José María Arguedas, Gabriel García Márquez, Augusto Roa Bastos e João Guimarães Rosa – cria alternativas inovadoras, permitindo-lhe escapar ao anacronismo e ao provincianismo a que ficaram sujeitas as vertentes anteriores. Ao se fixar nas formas mais peculiares da realidade local, em lugar de afirmar a identidade nacional, como pretendia, o regionalismo romântico e o naturalista acabaram oferecendo à sensibilidade européia o exotismo que ela desejava, o que, segundo Candido, se tornou uma "forma aguda de dependência na independência"[44].

A transmutação da matriz regional, realizada sob o influxo da transitividade territorial, lingüística e cultural, permite a Guimarães Rosa adotar a combinatória de práticas culturais representativas da índole conflitiva e desafiante com que a América Latina se insere na modernidade ocidental. Dessa forma, sua obra ultrapassa os limites do subdesenvolvimento continental que levaram Candido a refletir que "nossas literaturas latino-americanas, como também as da América do Norte, são basicamente galhos das metropolitanas"[45]. Ainda que semeados no quintal terceiro-mundista, os gérmens dessa literatura voltada para seu tempo, mas também para a recepção futura proliferam e, sobretudo a partir de Rosa, já dão frutos no jardim das musas.

RETRAMAR O TERRITÓRIO

A adoção dos princípios de fraternidade universal e de transitividade cultural é o vetor que Guimarães Rosa opera no sentido de relativizar as diferenças entre nações, etnias, usos, costumes e idiomas. Ancorando sua linguagem no conceito blasfemo de "língua da metafísica", ele se coloca no papel insubmisso e parricida de "amo" da criação, instituindo parceria confrontante com Deus, de cujo método criador tenta apropriar-se para criar, no livre-arbítrio de sua escritura, uma verdadeira expressão da outridade: "O homem ao dizer: eu quero, eu posso, eu devo, ao se impor isso a si mesmo, domina a realidade da criação"[46].

Ao exercitar-se rigorosa e permanentemente para ultrapassar as limitações impostas pelo código – o cartográfico, o escritural ou o regulador das práticas socioculturais –, Guimarães Rosa busca instituir uma ordem heterogênea para desierarquizar referências cristalizadas e intransponíveis. Em não raras situações, as várias personas do escritor, oriundo do sertão mineiro e cidadão do mundo, se manifestam sob a forma de contradições, algumas das quais percebidas e explicitadas por Günter Lorenz, um de seus raros entrevistadores.

A despeito das contradições, o mais importante é a reconhecida habilidade de Guimarães Rosa em lidar com situações-limite e criar novas alternativas culturais ou políticas seja na literatura ou fora dela. Nesse sentido, pode-se perceber, pelo comentário abaixo, que o *pharmakón*, de onde ele maneja veneno e antídoto para regular os eixos do "mundo desconcertado", é uma operação na qual intervêm, além do criativo escritor, o diplomata e o médico.

Eu procedo assim, como um cientista que também não avança simplesmente com a fé e com pensamentos agradáveis a Deus. Nós, o cientista e eu, devemos encarar a Deus e o infinito, pedir-lhes contas, e, quando necessário, corrigi-los também, se quisermos ajudar o homem. Seu método é meu método. O bem-estar do homem depende do descobrimento do soro contra a varíola e as picadas de cobras, mas também depende de que ele devolva à palavra seu sentido original. Meditando sobre a palavra, ele se descobre sobre si mesmo. Com isto repete o processo da criação. [...] a língua dá ao escritor a possibilidade de servir a Deus corrigindo-o, de servir ao homem e de vencer o diabo, inimigo de Deus e do homem[47].

Ciente da responsabilidade de sua palavra, Rosa investe convicção e novos paradigmas estéticos para desconstruir metros e medidas convencionais. Se uma paisagem é constantemente redimensionada, isso deverá afetar suas dimensões, tornando permeáveis seus espaços. Dispersão e fragmentação, alguns consideráveis resultados desse processo, surgem como vetores a propiciar a emergência de zonas de contato cujos valores se afirmam como relativos e momentâneos, podendo, portanto, ser mais facilmente negociados e compartilhados. A interatividade dos espaços remanejáveis faz da zona fronteiriça o lugar de afinidades, trocas lingüísticas e culturais.

Em relação inversa ao Chefe do Serviço de Demarcação de Fronteiras, que utiliza conceitos de demarcação e metrologia do século XIX para colocar marcos definitivos na fronteira entre Brasil e Paraguai, o narrador Guimarães Rosa desmarca os referentes espácio-temporais que dimensionam o traçado de seu mapa ficcional, transformando a noção de fronteira e de limites territoriais. Ao cartografar – em seus cenários discursivos – microespaços provisórios, fracionados e fronteiriços, ele promove o agenciamento de hibridez e de transmigração, pondo em crise a homogeneidade e o substancialismo das formas inteiras bem como das relações político-culturais hierarquizadas.

Malgrado toda a alta aspiração metafísica postulada pelo escritor em entrevistas e correspondências, tudo ou quase tudo viaja dentro de sua obra; e, a partir da viagem, desloca, atravessa e se desterritorializa. O recorrente impulso para a busca – de origem e sentido, de tempo e espaço, do condicionado e do indizível – impele personagens rosianas sempre para um outro lugar. Contudo, as coisas acontecem não na ida ou na volta, mas na zona fronteiriça, na terceira margem onde as demarcações perdem sua visibilidade e tudo entra em conexão: territórios, águas, línguas, culturas, distintas temporalidades. Um eloqüente exemplo dessa poética do "meio" se encontra neste trecho em que, ao refletir sobre o sentido de suas travessias, o narrador de *Grande Sertão: Veredas* constata que "o real não está na saída nem na chegada: ele se dispõe para a gente é no meio da travessia" (*GSV*, 60). Nesse sentido, a travessia não só metaforiza o processo de transformação de realidades ontológicas em categorias permeáveis e sujeitas à infinita transformação, bem como o processo de tomada de consciência do narrador-protagonista.

Referente geopolítico a constituir superfície deslizante – onde, ao sabor da errância, palavras e coisas vertem e revertem – o "sertão" é cenário privilegiado nessa poética migrante. Trata-se, portanto, de uma referência móvel. Tendo, contudo, em vista a premissa de que, por natureza, os referentes deveriam ser fixos, o sertão – na disjuntiva espacialidade rosiana – constitui um paradoxo. Paradoxo que, por excesso de forma, desmarca as fronteiras dessa topografia menos física do que metafórica.

Em homologia à estrutura rizomática proposta por Deleuze/Guattari, o território abrangido pelo universo ficcional rosiano contém o traçado de um mapa reversível, matizado por várias linhas de fuga, contendo múltiplas entradas e saídas. Descentrados, os limites e suas legendas rompem a cartografia do mapa que, por sua vez, vê-se obrigado a submeter-se a múltiplos rearranjos: direções movediças, metamorfoses, mudança de traçado e natureza, porque ele

é aberto, é conectável em todas as suas dimensões, desmontável, reversível, susceptível de receber modificações constantemente. Ele pode ser rasgado, revertido, adaptar-se a montagens de qualquer natureza, ser preparado por um indivíduo, um grupo, uma formação social[48].

Uma matriz para tal mapa pode ser identificada em certa cartografia borgiana, cuja territorialidade cambiante se entretece de linhas em fuga, abrindo-se ao fluxo, às mudanças, à infinita ampliação e fractalização de suas escalas:

Imaginemos que una porción del suelo de Inglaterra ha sido nivelada perfectamente y que en ella traza un cartógrafo un mapa de Inglaterra. La obra es perfecta; no hay detalle del suelo de Inglaterra, por diminuto que sea, que no esté registrado en el mapa; todo tiene ahí su correspondencia. Ese mapa, en tal caso, debe contener un mapa del mapa, que debe contener un mapa del mapa del mapa, y así hasta lo infinito[49].

Permeável tecido de transformações, em cujas dobras se matizam temporalidades distintas e espacialidades móveis, o mapa dos territórios rosianos é aberto e remanejável como o "atlas" de Borges. Assim, das fronteiras do "grande sertão" rosiano sempre se espera o surgimento de uma "terceira margem", uma das imagens mais emblemáticas dessa cartografia verbal, onde "escrever nada tem a ver com significar, mas com agrimensar, cartografar, mesmo que sejam regiões ainda por vir"[50].

Modelo exemplar para o crescimento morfológico da paisagem em *Grande Sertão: Veredas*, de cujas dobras desdobram-se, imprevistos, abruptos florescimentos de natureza e cultura, é uma desvairada máquina de tecer que faz irromper, "de qualquer pano do mato", uma ininterrupta tecedura. Redes elásticas e permeáveis rompem o tecido verbal, maquinando novas formas sempre em conexão com outras formas. Operando não por gênese, mas por heterogênese, esse agenciamento maquínico institui uma fulgurante e sinestésica brotação orgânica, fazendo explodir e propagar-se cheiros, brilhos e tonalidades que se difundem, bifurcam-se e se entremesclam na matéria verbal. Na interface entre o orgânico e o verbo, a sensualidade, a exuberância, numa desmedida cujo resultado é aquela plasticidade que "apenas a estética pode apreender e descrever"[51].

Aí foi em fevereiro ou janeiro, no tempo do pendão do milho. Tresmente: que com o capitão-do-campo de prateadas pontas, viçoso no cerrado; o anis enfeitando suas moitas; e com florzinhas as dejaniras. Aquele capim marmelada é muito restível, redobra logo na brotação, tão verde-mar, filho do menor chuvisco. De qualquer pano do mato, de de-entre cada encostar de duas folhas, saíam em giro as todas as cores de borboletas. Como não se viu, aqui se vê. Porque, nos gerais, a mesma raça de borboletas, que em outras partes é trivial regular — cá cresce, vira muito maior, e com mais brilho, se sabe; acho que é do seco do ar, do limpo, desta luz enorme (GSV, 26).

O espaço-linguagem da literatura rosiana pede "a urgente necessidade da cartografia do virtual"[52], conforme expressão de Pierre Lévy, o qual reconhece, na virtualização, a capacidade de evidenciar "a pluralidade dos tempos e espaços". Possuindo a mesma virtualidade do capim que, ao menor chuvisco, brota, cresce e redobra, o mapa do grande sertão cresce das bordas de um território sem centro e sem fronteiras para proliferar-se em novos espaços e devires.

EM BUSCA DA REGIÃO PERDIDA

Haroldo de Campos discute a questão da tradução, enquanto mecanismo de suplementação do vazio que emerge da fratura existencial do exilado. Partindo das formulações teóricas de Lukács, em *Teoria do Romance*, e das de Benjamin, em *A Tarefa do Tradutor*, Campos estabelece aproximação entre filósofo e tradutor, cujas tarefas seriam prescindíveis,

[...] na era messiânica da reconciliação e da totalidade harmônica, quando todos os homens são filósofos, lêem nos céus o mapa estelar dos caminhos; ou são tradutores, podendo ler a verdade nas entrelinhas do texto sacro, plenamente (por definição) traduzível porque instalado na plenitude da presença[53].

Entretanto, no tempo em que os homens perderam o mapa de casa e não sabem mais ler nas estrelas o roteiro que lhes sinalize o caminho de volta, torna-se-lhes, segundo ele, necessária a intervenção da filosofia e da tradução.

Seguindo um roteiro similar, "Cara-de-Bronze", personagem da novela homônima, é um fazendeiro desterrado de sua "pátria arquetípica" que, idoso, doente e "sem elixir" (CB, 99) para lhe minimizar a melancolia, contrata o Grivo, um vaqueiro-poeta, para lhe recuperar o passado. Dentre os quarenta vaqueiros que ele entrevistou, o Grivo é o que lhe parece mais dotado do potencial poético necessário à tarefa de apreender, restaurar e difundir "o quem das coisas!" (CB, 101) – estórias confinadas em sua região de origem, onde ele viveu até mudar-se, ainda jovem, para o Urubùquaquá. O *leitmotiv* da novela é assim resumido por Guimarães Rosa:

O "Cara-de-Bronze" era do Maranhão (os campos gerais, paisagem e formação geográfica típica, vão de Minas Gerais até lá, ininterruptamente). Mocinho, fugira de lá, pensando que tivesse matado o pai etc. Veio, fixou-se, concentrou-se na ambição e no trabalho, poderoso e rico. Triste, fechado, exilado, imobilizado pela paralisia (que é a exteriorização de uma como que "paralisia da alma"), parece misterioso, e é; porém, seu coração, na última velhice, estalava. Então, sem se explicar, examinou seus vaqueiros – para ver qual teria mais viva e "apreensora" sensibilidade para captar a poesia de paisagens e lugares. E mandou-o à sua terra, para, depois, poder ouvir dele, trazidas por ele, por esse especialíssimo intermediário, todas as belezas e poesias de lá. O Cara-de-Bronze, pois, mandou o Grivo.... buscar poesia[14].

Quase sempre ocupados com sua labuta, os vaqueiros não compreendem o comércio simbólico entabulado entre o patrão e o Grivo, o que desencadeia uma nuvem de especulações em torno do mistério que cerca Cara-de-Bronze, bem como as razões que movem a viagem de seu emissário. Como não há explicações ou respostas, a luta contra a falta de sentido gera hipóteses e interpretações, fazendo emergir uma grande rede discursiva, onde se entrecruzam criação, tradução e transcriação do motivo "original", conforme atesta este diálogo entre vaqueiros:

O VAQUEIRO CICICA: Estúrdio assim de especular... Que mal pergunte: o senhor, por acaso está procurando por achar alguém, algum certo homem?

Moimeichêgo: Amigo, cada um está sempre procurando todas as pessoas deste mundo.

O vaqueiro Adino: É engraçado... O que o senhor está dizendo é engraçado; até, se duvidar, parece no entom desses assuntos de Cara-de-Bronze fazendo encomenda dele aos rapazes, ao Grivo...

Moimeichêgo: Que assuntos são esses?

O vaqueiro Adino: É dilatado p'ra se relatar...

O vaqueiro Cicica: Mariposices... Assunto de remondiolas.

O vaqueiro José Uéua: Imaginamento. Toda qualidade de imaginamento, de alto a alto... Divergir na diferença similhante...

O vaqueiro Adino: Disla. Dislas disparates. Imaginamento em nulo-vejo. É vinte-réis de canela-em-pó.

O vaqueiro Mainarte: Não senhor. É imaginamentos de sentimento. O que o senhor vê assim: de mansa-mão. Toque de viola sem viola. Exemplo: um boi — o senhor não está enxergando o boi: escuta só o tanger do polaco dependurado no pescoço dele; — depois aquilo deu um silenciozim, dele, dele —: e o que é que o senhor vê? O que é que o senhor ouve? Dentro do coração do senhor tinha uma coisa lá dentro — dos enormes...

O vaqueiro José Uéua: No coração a gente tem é coisas igual ao que nem nunca em mão não se pode ter pertencente: as nuvens, as estrelas, as pessoas que já morreram, a beleza da cara das mulheres... A gente tem de ir é feito um burrinho que fareja as neblinas? (*cb*, 86).

Enquanto no "Urubùquaquá" se desenvolvem conjecturas poético-filosóficas acerca da origem e da demanda do Cara-de-Bronze, o Grivo realiza sua viagem pelos confins dos "Gerais" aprendendo, conforme instrução de seu mestre, a "ver o que no comum não se vê: essas coisas de que ninguém não faz conta" (*cb*, 105). O uso de inúmeros signos comerciais a exemplo da expressão "faz conta" introduz a idéia de troca comercial. Entretanto, ao pôr os bens subterrâneos em nova circulação, a moeda usada nesse comércio revela uma outra face: o investimento em trocas simbólicas e culturais cujo ganho será compartilhado por todos. A metáfora é evidente: trata-se da intercambialidade de várias vozes agenciadoras da cadeia da oralidade que, em culturas arcaicas, constitui o mais importante mecanismo de preservação, renovação e transmissão de conhecimento.

Em sua tese sobre o narrador, Walter Benjamin postula que, ao tecer a rede que todas as histórias constituem entre si, a *reminiscência* – atributo do narrador oral – "funda a cadeia da tradição, que transmite os acontecimentos de geração a geração"[55]. O narrador emblematizado por Benjamin é um homem que sabe aconselhar, e sua sabedoria se manifesta no momento em que ele consegue transmitir experiências: "Aconselhar é menos responder a uma pergunta que fazer uma sugestão sobre a continuação de uma história que está sendo narrada"[56]. Para Benjamin, a autoridade do narrador deriva do momento de sua morte:

Ora, é no momento da morte que o saber e a sabedoria do homem e sobretudo sua existência vivida – e é dessa substância que são feitas as histórias – assumem pela primeira vez um saber transmissível. [...] A morte é a sanção de tudo o que o narrador pode contar. É da morte que ele deriva sua autoridade[57].

Ao legar ao Grivo toda uma tradição de que é depositário, o agonizante Cara-de-Bronze está tentando restaurar a rede constituinte das narrativas orais que, doutra forma, estariam condenadas ao desaparecimento. Não somente as viagens do Grivo, mas as conversações sobre o entorno dessa viagem revigoram a cadeia narrativa que estava "ocultada" nos confins dos "gerais". Durante suas idas-e-vindas, o Grivo vai inventariando uma infinita gama de singularidades culturais, lingüísticas, visuais e sonoras que ele, enquanto tradutor-transculturador, desoculta, pondo em nova circulação.

— 159 —

Entre a restauração e a renovação do multíplice "quem das coisas" que lhe coube resgatar, produz-se uma nova rede discursiva, cujo infinito desdobramento só a cartografia do virtual tem a capacidade de abraçar. Os territórios e culturas revisitados com vistas à apreensão da "poesia" crescem, deslocam-se e pluralizam-se a cada novo deslocamento do caminhante solitário. "Estes silêncios estão cheios de outras músicas" (CB, 116) – fala o vaqueiro-poeta sobre as potencialidades encerradas nos entre-lugares que, à revelia de controle, avolumam-se ocupando espaços lacunares e embrionários de "regiões ainda por vir".

No périplo poético do Grivo, há, assim, o impulso para outros lugares, uma outra viagem que incessantemente se desvia da rota prevista. Uma linha se dobrando, se desdobrando e alterando o traçado do mapa, cujos limites não é mais possível controlar. A deambulação pelo sem-fim dos "gerais" resulta numa espécie de mapa errante, feito de "espaços sem lugares, tempo sem duração", conforme expressão de Althusser[58]. De fato, à medida que a procura da poesia produz deslocamentos, surge, dos "gerais" em ruína, uma *Waste land* em cuja conformação espaçada desenha-se a cartografia intersticial de um espaço-linguagem vocacionado para o fracionamento, a metamorfose, a recursividade.

Forma discursiva desdobrável, o ato insurgente de tradução lingüística e cultural, ao efetivar-se na superposição de diferentes planos temporais, territoriais e culturais, além de sancionar novas trocas simbólicas, renova o passado, refigurando-o como um entre-lugar contingente e liminar. O mais importante desse ato de tradução cultural é o fato de provocar, como observa Bhabha a propósito d'*Os Versos Satânicos*, de Salman Rushdie, "a emergência de uma narrativa nacional híbrida que transforma o passado nostálgico num 'anterior' disruptivo e desloca o presente histórico – abrindo-o para outras histórias e assuntos narrativos incomensuráveis"[59].

Para fisgar a poesia, o Grivo joga "a rede que não tem fios" (CB, 126), mas descobre que, enquanto a lança, tudo já se "contraverte". Ele, como "pessoa que tivesse morrido de certo modo e tornado a viver" (CB, 123), descobre a aventura da subjetivação. Enquanto Cara-de-Bronze viaja vicariamente "assim mesmo sem sair do quarto" (CB, 85), a viagem do Grivo, passando pelo circuito do agenciamento coletivo, torna-se outra: "Eu quero a viagem dessa viagem..." (CB, 126). Seguindo o mesmo vetor recursivo, o campo enunciativo verte e reverte para criar zonas de convívio entre as mais distintas vozes.

O Grivo é inicialmente identificado pelos vaqueiros como o autor da mensagem poética que lhe coube traduzir e difundir. Entretanto, quando os fios da rede narrativa se entrecruzam para incluir todo um mosaico de vozes anônimas e coletivas, a propriedade autoral desaparece, e a mensagem se torna um bem coletivo. É assim que, na superposição de várias camadas discursivas, o conto reproduz as trocas simbólicas agenciadoras da cadeia de transmissão oral, conforme comentário dos próprios agentes dessa cadeia: "a estória não é a do Grivo, da viagem do Grivo, tremendamente longe, viagem tão tardada. Nem do que o Grivo viu, lá por lá" (CB, 98).

TÃO LONGE, TÃO PERTO

A par de toda essa rede intersubjetiva, a novela é conduzida por um narrador que está fora da esfera do narrado. O foco deste, dependendo de sua necessidade técnica em controlar o curso narrativo, ora se aproxima, ora se distancia do objeto da enunciação. Entretanto, como que deslizando à deriva do esforço de univocidade da voz narrativa, a performance verbal sanciona o curso poético, que, em constante migração de curso e de sentido, deixa desterritorializados sujeito e objeto da enunciação. Consciente da efemeridade dos eventos narrados e dos limites do próprio código, o narrador do conto incorpora ao texto da novela dois recursos virtualmente capazes de desnarrativizar ou de frear o curso da agência narrativa. Trata-se de uma montagem cinematográfica e uma exposição metapoética, através das quais o narrador experimenta, num supremo esforço intersemiótico, impedir que tanto ele quanto sua escrita (imobilizante) sejam suprimidos das irrefreáveis virtualidades discursivas encerradas no ato de transmissão e proliferação da rede da oralidade.

Ao operar com o recurso da "montagem cinematográfica", o narrador tenta fixar a realidade permeável e efêmera, refratária, portanto, à imobilização e à representação "clássica" realizadas pela escrita. A montagem tem em vista a obtenção da imagem-síntese da novela: com uma pequena margem de risco, essa projeção antecipa e, portanto, visa controlar o resultado final (da novela)[60]. – Se, por um lado, essa propriedade permite suspender o tempo para sintetizar e imobilizar a imagem, por outro, dá-se à imagem uma falsa aparência, visto, dessa forma, ela ficar privada do movimento, que consiste em seu caráter mais autêntico.

Na verdade, a dupla operação de abolir o tempo e de reterritorializar o espaço, produzida com o propósito de salvar da efemeridade e da dissolução "o quem das coisas" e sua arqui-imagem, fracassa tanto na estrutura sistêmica da novela, como em seu *making of*, visto que este não faz senão repetir, em escala menor, aquilo que está sendo experimentado, sem sucesso, no "grande plano" narrativo. A intervenção do sujeito da enunciação no curso da agência narrativa é autoritária, artificiosa e inoperante, visto que, quanto maior é seu esforço em domar o texto, mais se manifesta sua (do enunciador) não-precedência em relação ao curso dos acontecimentos que estão sendo narrados. Em face dessa irredutível evidência, ele interpõe ao relato um tratado metapoético, para discorrer sobre o agenciamento dissonante que, interferindo na via previamente traçada em mão única, irá obrigá-la a duplicar-se pela contramão.

Enquanto ocupado em justificar a própria impotência frente à potência verbal, o narrador é, sem o perceber, contagiado por outras vozes e circuitos. Assim, só lhe resta tempo para recuperar o fôlego... e não ser eliminado pelo disparo poético que ganha velocidade a partir do meio dessa narrativa sem começo nem fim. A passagem auto-explicativa que segue abaixo expõe o esforço metapoético do narrador em desvendar o modo de intencionar da rede de sentidos que, sob o efeito das trocas intersubjetivas, já escapou de seu campo discursivo.

Não. Aqui uma pausa. Eu sei que esta narração é muito, muito ruim para se contar e se ouvir, dificultosa; difícil: como burro no arenoso. Alguns dela vão não gostar, quereriam chegar depressa a um final. Mas — também a gente vive somente espreitando e querendo que chegue o termo da morte? Os que saem logo por um fim, nunca chegam no Riacho do Vento. Eles, não animo ninguém nesse engano; esses podem, e é melhor, dar volta para trás. Esta estória se segue é olhando mais longe. Mais longe do que o fim; mais perto [...] Estória custosa, que não tem nome; dessarte, destarte. Será que nem bicho larvim, que já está comendo a fruta, e perfura indo para seu centro. Mas, como na adivinha — só se pode entrar no mato é até ao meio dele. Assim, esta estória (CB, 96-97).

O Grivo, da mesma forma que o narrador, fracassa e acerta em sua tarefa tradutória. Fracassa por não transplantar "o quem das coisas" em sua forma "primordial", conforme a tarefa que lhe foi dada. Acerta, paradoxalmente, por essa mesma razão: ao perverter o circuito visado, ele abre o transducto por meio do qual as palavras e as coisas primeiro se permeabilizam e se libertam do lugar-comum, para depois caminharem por linhas de fuga em direção ao devir.

As estórias e a brotação poética, que vão interferindo no percurso do Grivo bem como no campo discursivo do narrador, aceitam a alegre relatividade do fluxo que caminha a contrapelo do peso morto da história e do indiferente *continuum* homogêneo e vazio com que esta se estende por uma temporalidade indistinta. Dessa forma, "um tempo saturado de 'agoras'"[61], bem como seu vir-a-ser movem-se contra o imobilismo acrítico do passado.

Um novo fato estético emerge dessa liminaridade interativa: uma arqueologia da superfície, sempre cambiante, fracionária e provisória. Ainda que inicialmente mobilizada para o resgate do "quem das coisas" e comprometida, portanto, com o dogmatismo de uma única verdade, ao romper com o projeto de restauração dos elementos locais perdidos, tal estética aceita a interferência da agência discursiva e a proliferação das várias vozes com que esta opera. Nessa abertura, pode-se reconhecer a emergência de um novo percurso e uma nova forma de abordar o circuito espácio-temporal. A cada refacção do roteiro "original", o Grivo agencia viagens dentro da viagem, por meio das quais pode recartografar o mapa do percurso e, dessa forma, consagrar o redimensionamento da região.

A migração do "regionalismo restritivo" ao "regionalismo de liberação", do nacionalismo ao transnacionalismo atualiza o circuito da tradução fazendo surgir o que Carlos Espartaco chama de "indeterminação universal de lugar"[62]. A especificidade desse novo paradigma territorial reside na sua capacidade de produzir "focos enunciativos autopoiéticos"[63]. Em outras palavras, focos de recursividade, a partir dos quais, a cada errância entre regiões ou a cada reinserção de valores estranhos ao local da cultura, engendram-se novos processos de subjetivação e de intersubjetividade.

Agenciadores de inesperadas formações discursivas, esses focos colocam, na rede de trocas simbólicas, o grande coro de vozes dissonantes e dialógicas que estavam fora do circuito poético. Ao redimensionar uma geografia preestabelecida, o Grivo – de início apenas o emissário encarregado de resgatar a palavra do "outro" – irá operar sob o mesmo vetor recursivo empregado para agenciar a história de culturas arcaicas. Em outras palavras, ao acrescentar seu ponto de vista ao "quem das coisas" que lhe foi encomendado, ele acaba operando como "tradutor" ou "traduzadaptador", interferindo, dessa forma, na rede da tradição oral. Como se sabe, quem conta um ponto aumenta o conto ou, no caso do Grivo, quem conta um conto aumenta um ponto na rede da tradição oral.

Ao permeabilizar o mapa das regiões, a novela "Cara-de-Bronze" não somente abre os elos da cadeia da tradição oral para a inserção de vozes silenciadas pela história oficial, como pode preservar e atualizar o circuito dessa tradição. Nesse sentido, não é de estranhar que a novela se encerre com a fala de um rude vaqueiro – o vaqueiro Mainarte – da qual floresce, inesperado, um mote poético para o início de uma nova história: "Estou escutando a sêde do gado" (CB, 127).

IDENTIDADES PARTILHADAS

Stuart Hall trata de um falso dilema, gerado pela emergência de identidades culturais que, sem fixidez, vêem-se obrigadas a retirar seus recursos de diferentes tradições culturais. Produto de complexos e múltiplos cruzamentos culturais cada vez mais comuns no mundo globalizado, as pessoas que atravessaram as fronteiras naturais e foram dispersadas para sempre de sua terra natal, embora mantendo fortes vínculos com as tradições de seus lugares de origem, perderam a ilusão de um retorno a seu passado[64]. Vêem-se, portanto, obrigadas a conviver com novas culturas, sem ser, contudo, assimiladas por elas. Trata-se de pessoas que, segundo Hall, "devem aprender a habitar, no mínimo, duas identidades, a falar duas linguagens culturais, a traduzir e a negociar entre elas"[65].

As culturas híbridas produzidas pela modernidade tardia constituem, de acordo com Hall, esse novo tipo de identidade "partilhada". Mesmo que as pessoas carreguem os traços das culturas, das tradições, das linguagens e das histórias pelas quais foram marcadas, nunca serão unificadas, uma vez que se tornam o produto de histórias e culturas interconectadas. Cabe-lhes, por conseguinte, aceitar a evidência de que pertencem a várias casas ou a várias regiões. Para a superação desse dilema, Hall sugere a alternativa da tradução.

As pessoas pertencentes a essas culturas híbridas têm sido obrigadas a renunciar ao sonho ou à ambição de redescobrir qualquer tipo de pureza cultural "perdida" ou de absolutismo étnico. Elas estão irrevogavelmente traduzidas. A palavra "tradução", observa Salman Rushdie, vem, etimologicamente, do latim, significando "transferir"; "transportar entre fronteiras". Escritores migrantes, como ele, que pertencem a dois mundos ao mesmo tempo, "tendo sido transportados através do mundo... são homens traduzidos" (Rushdie, 1991, *apud* Bhabha, 1998)[66].

O trânsito de Guimarães Rosa por diferentes culturas foi, conforme já se assinalou, um fator importante na constituição de sua poética de fronteiras. Esse trânsito é ficcionalizado na novela "Cara-de-Bronze", cuja personagem homônima, no afã de recuperar suas raízes, encomenda ao Grivo a tarefa de transportar de uma cultura para outra o "quem das coisas" imaginariamente preservado em sua forma original. Procedendo, entretanto, como um tradutor, o emissário, ao transportar o objeto visado através de várias fronteiras discursivas, espaciais e temporais, perde o controle sobre o imaginário da tradição que lhe cabe ressimbolizar. Ao transplantar, para outros domínios, a suposta "pureza" perdida, esta sofre o efeito da desierarquização dos absolutos e se transforma em uma realidade traduzida. A emergência da mescla lingüística, cultural e territorial, implicada nessa operação, redimensiona a noção de "pureza", "verdade" e "origem", contribuindo para se entender a desterritorialização não como perda, mas como forma permeável e produtiva de intercâmbio cultural.

A dissolução da propriedade autoral abre, na novela de Guimarães Rosa, fronteiras para o surgimento de um espaço móvel e compartilhado pela interlocução de discursos múltiplos e heterogêneos em continuada formação. As trocas simbólicas realizadas no espaço escrito da obra literária contribuem para a reflexão sobre as trocas culturais envolvidas no evidente processo de transculturação realizado a partir do entrecruzamento de vozes anônimas e coletivas, voltadas para o interesse comum em construir uma cultura compartilhada.

De fato, entre a tradição oral e a dificultosa construção de uma tradição escrita num continente a cujas formações culturais se sobrepôs autoritariamente a cultura letrada, emerge um fato estético novo. Ao desvelar a máscara atrás da qual se escondem os rastros de uma tradição oral recalcada em quase 500 anos de colonização, a novela "Cara-de-Bronze" materializa o resultado da bem-sucedida operação transculturadora mediante a qual Guimarães Rosa performatiza a inserção cultural do Brasil e da América Latina na modernidade.

A TERCEIRA MARGEM DO RIO

Nas paisagens rosianas, a fronteira, além de propiciar trocas lingüísticas e culturais, é a zona de sombras onde valores universalizantes e absolutos como "lógica", "verdade" e "origem" se relativizam e sofrem o efeito da desierarquização. Rejeitando a excessiva iluminação, que não faz senão evidenciar limites prefixados, Guimarães Rosa fala de sua opção por "passagens obscuras"[67]. Seguindo essa tendência, a produção das novelas do *Corpo de Baile* significou para ele "simples tentativas de rodear e devassar o mistério cósmico, esta coisa movente, impossível, perturbante, rebelde a qualquer lógica chamada 'realidade', que é a gente mesmo, o mundo, a vida"[68].

"A Terceira Margem do Rio" é, nesse sentido, um conto exemplar. Nele, ao inventar uma nova margem para abrigar o insondável, Guimarães Rosa produz estratégias para desierarquizar as certezas que põem marcos na nebulosa fronteira entre a sanidade e a loucura, a doxa e o paradoxo, a verdade e a incerteza[69]. Em carta de 14 de outubro de 1963, dirigida a Jacques Villard, tradutor francês das *Primeiras Estórias*, Guimarães Rosa discorre sobre a complexidade desse conto.

Quase que toda palavra, nele, assume pluralidade de direções e sentidos, tem uma dinâmica espiritual, filosófica, disfarçada. Tem de ser tomado de um ângulo poético, anti-racionalista e anti-realista. Há pouco, com poucos dias de diferença, um crítico, aqui, aludiu ao que há nele, como sendo um "transrealismo", e outro crítico dava à coisa a denominação, aparentada, de "realismo cósmico". É um livro contra a lógica comum, e tudo nele parte disso. Só se apóia na lógica para transcendê-la, para destruí-la[70].

A circulação de bens simbólicos e culturais, prestes a desaparecer sob o impacto da modernidade, é representada no conto "A Terceira Margem do Rio", sob a perspectiva de um narrador que se põe a tarefa de traduzir o silêncio do pai. Este, por seu turno, metaforiza a voz de uma tradição autoritária que, ensandecida, perdeu a capacidade de legar à posteridade crenças e valores. A negação da palavra paterna no conto em questão faz desaparecer toda a possibilidade de laços históricos, e essa negatividade permite supor que a tênue ligação entre filho e pai, ou seja, entre a tradição e a modernidade, só perdurará até a morte deste. O fracasso da operação transculturadora do conto sugere a traição como saída metafórica contra a miséria simbólica "herdada" de uma tradição incapaz de adaptar-se aos apelos de diversidade cultural e às demandas de interação da modernidade pós-colonial[71].

A possibilidade de mediação entre as duas margens surge do esforço do narrador do conto cuja tarefa de doar sentido só terá êxito, caso se realize uma positiva avaliação da alteridade do outro, que, nesse caso, tanto faz remissão ao pai quanto ao filho[72]. Embora fracassada a relação concreta entre os dois, ou seja, entre duas margens separadas e excludentes, essa negatividade transforma-se em positividade quando se mostra capaz de agenciar uma terceira margem, que culmina na escrita do conto. Esse resultado afirma a incomensurável confiança de Guimarães Rosa na palavra literária, dotada, segundo ele, da capacidade de corrigir as falhas da história. A crença rosiana na potência restauradora da literatura não se evidencia apenas em textos ficcionais, como atesta a passagem abaixo, extraída da entrevista concedida pelo escritor a Günter Lorenz, no efervescente contexto do Primeiro Congresso de Escritores Latino-Americanos, realizado em Gênova, em janeiro de 1965: "Minha língua, espero que por este sermão você tenha notado, é a arma com a qual defendo a dignidade do homem [...] Somente renovando a língua é que se pode renovar o mundo"[73].

ILHAS SEM LUGAR

Mal se equilibrando na borda da linha onde o excesso de lucidez desliza para a loucura, o protagonista d' "A Terceira Margem do Rio", deixando-se atravessar pela insondável perspectiva do outro, adota uma forma de compreensão do mundo e de si mesmo que ultrapassa a lógica consensual: "Ninguém é doido. Ou, então, todos" (ATM, 36). Navegando numa canoa à deriva, o pai do narrador se coloca em um "não-lugar", que Antonio Tabucchi define como "não-localizável, assim como as ilhas sem lugar, de Fernando Pessoa"[74].

Ao discorrer sobre a indecidível posição do narrador, que opta pela "escolha da suspensão da existência", Tabucchi a relaciona a um valor que não pode ser designado à margem da formulação especulativa: "Algo que lembra o mistério do pensamento selvagem, ligado ao mistério de ser, algo de obscuro e germinal, de primordial e insondável"[75].

Acompanhado imaginariamente pelo filho (não-nomeado), o pai (designado apenas como "nosso pai"), ao ingressar numa canoa, opta por habitar "ilhas sem lugar" e passa a bordejar indefinidamente as margens do rio, sem contudo ancorar em nenhuma: "Não pojava em nenhuma das duas beiras, nem nas ilhas e croas do rio, não pisou mais em chão nem capim" (ATM, 34). Transitando pela margem disjuntiva que simultaneamente comporta presença e ausência, o protagonista – sujeito-objeto da travessia – não consegue discernir um ponto de ingresso na linha de fuga habitada pelo pai.

Diferentemente do resto da família que abandona a localidade, depois de ter desistido do desembarque do chefe da família, o protagonista do conto mantém-se preso à margem do rio tentando entender a estranha deriva do pai e aguardando o momento de ocupar seu lugar na canoa. Quando, entretanto, é chegada a hora da troca, impõe-se-lhe a recusa e a fuga: "Sofri o grave frio dos medos, adoeci. Sei que ninguém soube mais dele. Sou homem, depois desse falimento? Sou o que não foi, o que vai continuar calado. Sei que agora é tarde, e temo abreviar com a vida, nos rasos do mundo" (ATM, 37).

É paradoxalmente a recusa em repetir o gesto paterno que irá desencadear a escrita do conto. Imaginariamente ancorado no não-lugar marginal da forclusão, da falta de um traço significante do pai, ao protagonista resta, contudo, a alternativa de reendereçar sua obsessiva busca do lugar do pai para um lugar passível de construção de sentido: a reconstrução simbólica do objeto da falta através da literatura. Assim, posto não se saber o que foi feito do narrador-protagonista, uma coisa é certa: os eventos enunciados por ele em primeira pessoa certamente ocorreram cronologicamente bem antes do processo de escrita. Aparentemente, a quebra do silêncio paterno seria a saída contra a repetição e a loucura do filho. No entanto, a fala final do conto sugere, contra todas as expectativas, a repetição do gesto paterno e soa como um epitáfio: "Mas, então, ao menos, que, no artigo da morte, peguem em mim, e me depositem numa canoinha de nada, que não pára, de longas beiras: e, eu, rio abaixo, rio a fora, rio a dentro – o rio" (ATM, 37).

A necessidade de falar contra um sistema hegemônico, que oprime pelo silêncio, cria a oportunidade para se pensar num fato histórico de dimensão atroz como o da colonização da América Latina, onde a imposição da autoridade real encontra fácil analogia com a autoridade paterna. Conquanto pareça contraditório, é o gesto de recusa em ingressar nas águas turvas do pai que sanciona ao narrador o acesso às terceiras margens: águas da palavra, por cuja fluidez lhe é dado atravessar a bruteza do real e se inscrever nas margens do simbólico.

DISCURSO DO OUTRO LUGAR

Frente à inquestionável evidência da hibridez étnica e cultural, decorrente do confronto entre o colonizador europeu e o elemento autóctone da América Latina, Silviano Santiago sugere que a maior contribuição do escritor continental à civilização ocidental deverá vir da destruição sistemática dos conceitos de unidade e de pureza, o que poderá concretizar-se mediante a assimilação crítica e antropófaga das fontes metropolitanas. Visto, segundo ele, o continente não poder isolar-se da invasão estrangeira nem recuperar sua imaginária condição de paraíso, caberia ao escritor latino-americano — desde um entre-lugar atravessado astutamente pela dupla postura de assimilação e resistência — interferir no processo de transplante cultural, impondo uma transgressiva inversão do percurso empreendido pelos colonos, durante todos os séculos de ocupação da América Latina. Santiago sugere um conceito-imagem, o "entre-lugar do discurso latino-americano" para se operar com a permeabilização histórica, cultural e literária da América Latina, que, atravessada por várias etnias, vozes e línguas, representa um espaço ambíguo onde se mesclam distintas histórias e temporalidades em confronto[76].

É desse conflitivo e turvado *locus* de enunciação que o escritor latino-americano deve, segundo ele, aprender a manejar a língua da metrópole para, em seguida, combatê-la. Em lugar da cópia servil ao "modelo" ou do silêncio que só reforçariam a dependência e a submissão desejadas pelo colonialismo, o crítico sugere que o escritor de nossa América marque sua diferença, guardando um lugar — ainda que na segunda fila — no cenário internacional. Esse lugar, instituído no entre-lugar, deverá ser demarcado por uma geografia "de assimilação e de agressividade, de aprendizagem e de reação, de falsa obediência"[77].

No conto de Rosa, emergindo como a poderosa imagem de um lugar vazio, um não-lugar ou quiçá um outro lugar, a "terceira margem" figura como um além-mais desse entre-lugar situado na confluência de várias alteridades. Ao tratar de um tema tão universal quanto os nebulosos limites entre a sanidade e a loucura, entre a assimilação e a resistência a uma tradição cultural imposta de forma traumática, o narrador do conto manifesta sua recusa em aceitar a imposição "paterna". Por ser o último a permanecer nas águas mortas do pai, ele assume uma postura sacrificial. Se é a ele que cabe subsumir o legado paterno, é dele, portanto, a responsabilidade de romper com a opressão implicada nessa transmissão. Assinalado pelo conflito, o conto recusa a restrição da singularidade e do local, situando o problema nele tratado num âmbito suficientemente amplo e universal para abranger questões contemporâneas e extremamente contraditórias, que dizem respeito, ao mesmo tempo, à globalização e ao retorno às culturas locais; às diversas formas de hibridismo decorrentes dos encontros de diaspóricos nesse "outro" lugar situado nas margens das nações e, em simultâneo, ao acirramento de sentimentos étnicos e identitários.

LIMITES DA TRANSCULTURAÇÃO

Situar-se entre duas águas, viver e assumir o deslocamento, assimilar a contrapelo a herança de uma identidade forjada a partir de um trauma favorece, segundo Silvia Spita, o aparecimento de uma singular imagem: "a do indivíduo narrador e/ou etnólogo — em todo caso estudioso e intérprete da heterogeneidade cultural: o transculturador"[78], categoria criada por Fernando Ortiz e desenvolvida por Ángel Rama, a partir de modelos de "transculturação narrativa", de escritores latino-americanos como Guimarães Rosa, Juan Rulfo, Gabriel García Márquez e José María Arguedas.

Além de arqueólogo, este último foi um dos mais paradigmáticos dentre os escritores transculturadores descritos por Rama, sobretudo por ter experimentado, em sua própria formação cultural, a prática da "diglossia". Na novela *El Zorro de Arriba e el Zorro de Abajo*, Arguedas, enquanto narrador, encena seu próprio suicídio, um ato performativo em que o ensaísta Alberto Moreiras identifica "um fato crucial não só para a história da literatura latino-americana, mas também para o entendimento teórico dos limites da transculturação"[79]. Com base na descrição de Silvia Spita sobre o sujeito transculturado, Moreiras define o perfil cultural do escritor-antropólogo peruano: "O sujeito transculturado é alguém que, como [José María] Arguedas, está consciente ou inconscientemente situado entre pelo menos dois mundos, duas culturas, duas línguas, e que realiza constantemente a mediação entre ambas"[80].

Como num atroz conto de fadas, Arguedas experimentou, durante a infância, um pesadelo cujas marcas irão reaparecer recorrente e fantasmaticamente em seus escritos. Durante as longas ausências de seu pai – um juiz itinerante –, a rica madrasta o tirava de casa, deixando-o sob os cuidados dos serviçais "quechuas" cuja língua (oral) ele assimilou lado a lado com o espanhol. A traumatizante experiência da "diglossia", ou seja, o convívio com duas culturas e duas línguas de prestígio social diferenciado irá, segundo Moreiras, desencadear a predisposição arguediana para a prática transculturadora, por ele posteriormente exercida de forma radical, seja como escritor, seja como antropólogo.

A infernal luta narrativa do escritor-antropólogo contra seus diversos fantasmas (decorrentes sobretudo da traumatizante experiência de confronto com o outro, durante a infância e da consciência acerca da gradativa perda de componentes identitários e culturais de sua região de origem, em face do impacto modernizador) manifesta-se na sua crescente dificuldade de continuar escrevendo. A escrita da novela *El Zorro de Arriba e el Zorro de Abajo* será interrompida quando, a partir da própria novela, o narrador avisa aos leitores que está pondo um ponto final na própria vida, com dois tiros na cabeça[81].

Curiosamente, nos diários que insere nessa novela-epitáfio, Arguedas dialoga extemporaneamente com Guimarães Rosa, morto no ano anterior, e lhe confidencia que sua decisão de suicidar-se retoma o gesto de desistência do protagonista do conto "A Terceira Margem do Rio". Obviamente, essa confissão implica uma interpretação: ao identificar-se com outro transculturador, a quem chama de "hermano João", o escritor peruano vaticina, a partir da morte de ambos, um final infeliz para a prática da plasticidade cultural, implicada no gesto transculturador[82].

A escrita de Arguedas pode ser vista como um *pharmakón*, onde ele manipula remédio e veneno para tentar resistir a uma morte que, há muito, ele vinha, paradoxalmente, ensaiando. No diário-diálogo dirigido a Guimarães Rosa, a imagem da morte, constantemente anunciada ao longo de outros diários inseridos na novela, toma a forma de um estranho inseto – o *huayronqo* – cujo vôo híbrido oscila entre o de um pássaro e o de um helicóptero, metaforizando o impasse entre natureza e cultura, a utopia da resistência da tradição local ao impacto neo-imperialista de uma modernidade globalizadora cuja impositividade é para ele inassimilável.

Como um demônio a lançar-lhe deliberadamente seu "pó cemiterial", o *huayronqo* irrompe dos delírios paranóicos de Arguedas para intensificar-lhe a enfermidade mental e estimular-lhe o suicídio. No próprio campo discursivo em que a novela está sendo construída, o narrador-escritor abre um espaço ambivalente onde a realidade ficcional do sujeito da enunciação da novela se imbrica com a do escritor-antropólogo, que se mostra empenhado em uma causa socioeconômico-cultural e, ao mesmo tempo, atormentado pela dificuldade de escrever. É a partir desse conflitivo *locus* de enunciação que o *huayronqo* e o conto de Rosa se condensam na metáfora do gradativo "envenenamento" que precede os dois disparos com que o narrador irá suicidar-se, como se pode ler neste trecho do diário:

Sí, queridísimo João Guimaraes Rosa, te voy a contar de algún modo en qué consiste ese veneno mío. Es vulgar, sin embargo me recuerda que escribiste sobre ese hombre que se fue en un bote, por un río selvático y lo estuvieron esperando, esperando tanto... y creo que ya estaba muerto. Debe haber cierta relación entre el vuelo del huayronqo manchado de polen cementerial, la presión que siento en toda la cabeza por causa del veneno y ese cuento de usted, João[83].

O suicídio de Arguedas dramaticamente encenado no final "quase inconcluso" da novela assinala o fim simbólico da possibilidade de narrar e de denunciar. Moreiras percebe nessa interrupção performática o momento mais intenso da transculturação literária da América Latina. Segundo ele, o gesto de suspender o ato narrativo dentro da própria narração aponta para a impossibilidade de se continuar exercendo a transculturação[84]. Nessa desistência há, entretanto, uma saída, que estaria não apenas na superação da dependência sociocultural da América Latina, mas também na criação de alternativas para se sair dos impasses gerados por nossa modernidade tardia.

Deixar inconcluso o final das estórias que narram é, conforme o postulado de Benjamin, a sábia estratégia que os mestres narradores utilizam para assegurar a transmissão das narrativas orais[85]. Essa inconclusão é, como atesta a novela "Cara-de-Bronze"[86], a forma como Guimarães Rosa logra reavivar, através de sua escrita literária, a rede da tradição oral. A máscara da personagem "Cara-de-Bronze" é a imagem atrás da qual se escondem várias vozes anônimas, que, a contrapelo da cultura letrada transplantada para o continente, vêm preservando, pelas margens, a cultura oral autóctone, soterrada durante quase quinhentos anos de encobrimento.

Contrafação do viés com que nossa "tradição oral" resiste à aculturação, a "terceira margem do rio" é o signo de uma história onde a ordem simbólica falta ou funciona em falso. Ao colocar-se entre duas águas, o narrador transculturador desse conto – a quem caberá mediar as posições clivadas entre o pai e o filho, a tradição interrompida e sua continuidade – irá fazer ressignificar, a partir da própria impossibilidade de narrar, a falta de sentido e, assim, denunciar a fixidez de uma história opressora e inconclusa. Ao colocar-se entre duas águas ou falar o interdito a partir de um lugar que falta, o conto rosiano abre suas margens para uma outra voz. Voz alternativa, dissonante, mesclada de vários tons, e, por isso mesmo, capaz de propor novas alternativas para repensar conceitos preestabelecidos como história, tradição e identidade. Mas para, sobretudo, gerar um novo espaço simbólico: a terceira margem fundadora da alteridade com que o discurso latino-americano se inscreve na modernidade pós-colonial.

EPPUR SI MUOVE

Com a recente autonomização e exportação de produtos culturais brasileiros em particular e latino-americanos como um todo – livros, discos, telenovelas, filmes – está emergindo uma nova forma, ainda que modesta, de trocas simbólicas e culturais nas relações entre o terceiro e o primeiro mundo. Não é custoso lembrar que, na década de 60, Guimarães Rosa prenunciava o fim do século do colonialismo e a alentadora inserção cultural da América Latina na Europa, no ano 2000[87].

"Por que nossos países realizam mal e mais tarde o modelo metropolitano de modernização?"[88], indaga Canclini, para alertar que, frente ao impacto modernizador sofrido pela América Latina, esta, não sem contradições ou discrepâncias, abrigou, num mesmo presente, o convívio de vários planos culturais e temporais, do que resultou, na expressão do crítico mexicano, a "heterogeneidade multitemporal" do continente. Se a hibridez e a heterogeneidade trazem de fato a vantagem de preservar nossa diferença, a radiografia realizada por Canclini, malgrado revelar um quadro de defasagem histórico-cultural de nossa modernidade tardia, prognostica um resultado salutar: "Ao chegar à década de 90, é inegável que a América Latina se modernizou. Como sociedade e como cultura: o modernismo simbólico e a modernização socioeconômica não estão mais tão divorciados"[89]. Nesse sentido, importa lembrar que, em sua entrevista a Lorenz, quando indagado por este sobre sua ação diplomática em Hamburgo na Alemanha, quando resolveu "se arriscar perigosamente, arrebatando judeus das mãos da Gestapo", Rosa responde-lhe que agiu como diplomata (ao falsificar passaportes, para salvar cerca de cem judeus). De acordo com suas palavras,

O diplomata acredita que pode remediar o que os políticos arruinaram. Por isso agi daquela forma e não de outra. E por isso mesmo gosto muito de ser diplomata. E agora o que houve em Hamburgo é preciso acrescentar mais alguma coisa. Eu, o homem do sertão, não posso presenciar injustiças. No sertão, num caso desses imediatamente a gente saca um revólver, e lá [enquanto cônsul-adjunto do Brasil em Hamburgo-Alemanha, em plena 2ª Guerra Mundial] isso não era possível. Precisamente por isso idealizei um estratagema diplomático, e não foi assim tão perigoso[90].

Com esse posicionamento pontual e contundente, Guimarães Rosa demonstra seu afã de permutar a desordem gerada por um tiroteio pela ordem simbólica só possível através das palavras. Assim, entre a autenticidade da vida e a legitimidade da diplomacia ou da escrita, ele opta por esta outra via, por meio da qual, seja enquanto diplomata, seja enquanto escritor, ele pode transformar a bruteza de um real inassimilável nas terceiras margens do simbólico, fazendo de sua língua "a arma com a qual [defende] a dignidade do homem".

Embaixador do México em Paris de 1974 a 1977, escritor-crítico, ganhador do Prêmio Cervantes, indicado mais de uma vez para o Prêmio Nobel de Literatura, o mexicano Carlos Fuentes, contemporâneo e editor de Arguedas, é considerado o romancista vivo mais importante de seu país e um dos maiores da atualidade. Em novembro de 1999, ele participou de uma série de encontros com intelectuais para a formação da Academia da Latinidade, uma instituição internacional criada com o objetivo de unir os povos de língua latina contra a hegemonia lingüística do inglês.

A expectativa da "Academia" é, conforme seu depoimento, reunir não só países que adotam línguas de origem latina, mas também grupos falantes dessas línguas, a exemplo dos trinta milhões de imigrantes que falam castelhano nos Estados Unidos. Fuentes ressalta que, longe da intenção de defender a "pureza" das línguas neolatinas ou de ilhá-las em meio ao inglês ou a outros idiomas, o que se busca, no atual contexto global, é o combate ao fechamento local, mesmo porque quaisquer culturas ou línguas vivas são "mestiças e impuras, as tradições são múltiplas". Considerando que o mundo se move e as culturas se mesclam, Carlos Fuentes defende a necessidade de que estas culturas assumam o papel de intermediárias no processo de intensificação e diversidade lingüística e cultural do mundo contemporâneo[91].

Essa valorização da heterogeneidade prognostica a possibilidade de novos intercâmbios culturais e literários e aponta uma saída para a dependência cultural do nosso continente. Nossas "idéias fora de lugar"[92], que nos relegaram, por alguns séculos, aos bastidores do cenário internacional, encontram hoje um privilegiado espaço de difusão a partir do qual podem realizar suas virtualidades não realizadas. O final "quase inconcluso" da novela arguediana e o final em aberto do conto rosiano sugerem a relatividade e incerteza podendo ser apropriados como suplemento estético da modernidade latino-americana. Diferentemente da interpretação pessimista encerrada no suicídio de Arguedas, ou da opinião conclusiva de Moreiras, o situar-se entre margens desloca toda uma história de dependência colonial do continente para sua terceira margem, ponto de fuga onde Rosa se inscreve para enunciar, denunciar e suplementar as potencialidades inconcluídas da literatura (e da modernidade) brasileira e latino-americana.

NOTAS

1. Rosa, *No Urubùquaquá, no Pinhém*.
2. Souza, *A Pedra Mágica do Discurso*, p. 142.
3. Rosa, "A Terceira Margem do Rio", *Primeiras Estórias*. Doravante, este conto será mencionado sob a sigla ATM, seguida da respectiva numeração das páginas.
4. Ao sugerir a revisão dos limites teóricos de "transculturação narrativa" e "heterogeneidade cultural", Silvia Spita formula a hipótese de que, em casos extremos de violência, paradigmatizados na colonização ou na tortura, ambas comuns na história latino-americana, não se pode falar em "heterogeneidade", mas em "apagamento" da identidade. Spita suspeita que "la heterogeneidad sólo se puede pensar a partir de valoraciones positivas de la alteridad, del otro". Spita, "Traición y Transculturación", em Moraña (ed.), *Ángel Rama y los Estudios Latinoamericanos*, pp. 184-185.
5. Hall, *A Identidade Cultural na Pós-modernidade*, p. 89.
6. Paz, *A Outra Voz*, p. 140.
7. *Idem*, pp. 146-147.
8. *Idem*, p. 147.
9. *Idem, ibidem*.
10. Paz, *Traducción: Literatura y Literalidad*, p. 9.
11. *Idem, ibidem*.
12. Paz, *O Arco e a Lira*, p. 15.
13. Benjamin, *A Tarefa do Tradutor*, p. 7.
14. *Idem*, p. 15.
15. *Idem*, p. 12.
16. *Idem*, pp. 17-18.
17. Benjamin, *A Tarefa do Tradutor*, pp. 20-21.
18. *Idem*, p. 20.
19. *Idem, ibidem*.

20. *Idem*, p. 21.
21. *Idem*, p. 22.
22. Deleuze, *Lógica do Sentido*, p. 82.
23. Deleuze e Guattari, *Mil Platôs: Capitalismo e Esquizofrenia*, p. 37.
24. Bizzarri, *J. Guimarães Rosa: Correspondência com seu Tradutor Italiano Edoardo Bizzarri*, p. 13.
25. *Idem*, p. 30.
26. O recurso à "alotropia estilística" em Guimarães Rosa é mencionado por Augusto de Campos, que assim define o termo: "obras que se apresentam com propriedades externas diversas mas que possuem a mesma estrutura interna". Campos, *op. cit.*, p. 322.
27. Bizzarri, *J. Guimarães Rosa: Correspondência com seu Tradutor Italiano Edoardo Bizzarri*, p. 42.
28. *Idem*, pp. 63-64.
29. Meyer-Clason, "João Guimarães Rosa e a Língua Alemã" (xerox do texto original fornecido pelo autor, em 1998), p. 113.
30. O uso de meios diferentes para a obtenção de efeitos análogos é a fórmula tradutória proposta por Paul Valéry *apud* Paz, *Traducción: Literatura y Literalidad*, p. 9.
31. Meyer-Clason, "João Guimarães Rosa e a Língua Alemã" (xerox do texto original fornecido pelo autor, em 1998), p. 125.
32. Lorenz, *op. cit.*, p. 46.
33. Derrida, *A Farmácia de Platão*, p. 7.
34. Meyer-Clason, "João Guimarães Rosa e a Língua Alemã" (xerox do texto original fornecido pelo autor, em 1998), p. 111.
35. Lorenz, *op. cit.*, p. 46.
36. A respeito de "estética da produção" e "estética da recepção", ver Jauss, "A Estética da Recepção: Colocações Gerais", em Lima (coord.), *A Literatura e o Leitor: Textos de Estética da Recepção*, pp. 46-50.
37. Meyer-Clason, "João Guimarães Rosa e a Língua Alemã" (xerox do texto original fornecido pelo autor, em 1998), pp. 110-111.
38. Lorenz, *op. cit.*, p. 46.
39. *Idem*, p. 47.
40. *Idem*, pp. 33-34.
41. Sobre "transitividade cultural", ver Moraña, *Ángel Rama y los Estudios Latinoamericanos*, pp. 17-18.
42. Moraña, *Ángel Rama y los Estudios Latinoamericanos*, p. 11.
43. *Idem*, p. 10.
44. Candido, *A Educação pela Noite e Outros Ensaios*, p. 157 e *passim*.
45. *Idem*, p. 151.
46. Lorenz, *op. cit.*, p. 48.
47. *Idem, ibidem*.
48. Deleuze e Guattari, *Mil Platôs: Capitalismo e Esquizofrenia*, p. 22.
49. Borges, *Otras Inquisiciones*, p. 55.
50. Deleuze e Guattari, *Mil Platôs: Capitalismo e Esquizofrenia*, p. 13.
51. Fédida, *Nome, Figura, Memória: A Linguagem na Situação Psicanalítica*, p. 57.

52. Lévy, *O Que É o Virtual?*, p. 13.

53. Campos, *Folhetim*, pp. 4-5.

54. Bizzarri, *João Guimarães Rosa: Correspondência com seu Tradutor Italiano Edoardo Bizzarri*, pp. 59-60.

55. Benjamin, *Magia e Técnica, Arte e Política*, p. 211.

56. *Idem*, p. 200.

57. *Idem*, pp. 208-209.

58. Bhabha, *O Local da Cultura*, p. 202.

59. *Apud* Bhabha, p. 235.

60. O recurso à montagem cinematográfica tem, segundo Deleuze, "a propriedade de 'tornar o presente passado', de transformar nosso presente instável e incerto em 'um passado claro, estável, descritível', em suma, de realizar o tempo [...] como representação indireta que decorre da síntese das imagens". Deleuze, *A Imagem-tempo*, p. 49.

61. Benjamin, *Magia e Técnica, Arte e Política*, p. 229.

62. Sobre "regionalismo de restrição" e "regionalismo de liberação", ver Espartaco, *Estetico Provisorio*, pp. 93-94.

63. Guattari, "O Novo Paradigma Estético", em Schnitman (org.), *Novos Paradigmas, Cultura e Subjetividade*, p. 127.

64. Hall, *A Identidade Cultural na Pós-modernidade*, p. 88.

65. *Idem*, p. 89.

66. *Idem, ibidem*.

67. Meyer-Clason, "João Guimarães Rosa e a Língua Alemã" (xerox do texto original fornecido pelo autor, em 1998), p. 107.

68. *Idem*, pp. 107-108.

69. Edgar Morin sugere a edificação de pontos de vista complexos, metapontos de vista, para se lidar com vários graus de imponderabilidade e incerteza. Segundo ele, o uso de paradigmas "complexos" possibilita ao sujeito do conhecimento conhecer-se a si mesmo para, dessa forma, conhecer o objeto de que se ocupa. Morin, *Novos Paradigmas, Cultura e Subjetividade*, p. 281.

70. Rosa, *Folha de São Paulo*, Caderno *Mais!*, p. 6.

71. Rosa, "A Terceira Margem do Rio", *Primeiras Estórias*, 1969. Doravante, o conto "A Terceira Margem do Rio" será mencionado sob a sigla ATM, seguida da respectiva numeração das páginas.

72. Ao sugerir a revisão dos limites teóricos de "transculturação narrativa" e "heterogeneidade cultural", Silvia Spita formula a hipótese de que, em casos extremos de violência, paradigmatizados na colonização ou na tortura, ambas comuns na história latino-americana, não se pode falar em "heterogeneidade", mas em "apagamento" da identidade. Spita suspeita que a heterogeneidade só poderia ser pensada a partir de valorizações positivas da alteridade do "outro". Spita, 1997, pp. 184-185.

73. Lorenz, *op. cit.*, p. 52.

74. Tabucchi, "O Olhar Insondável", *Folha de S. Paulo*, p. 7.

75. *Idem, ibidem*.

76. Santiago, *Uma Literatura nos Trópicos*, pp. 17-19.

77. *Idem, ibidem.*
78. Spita, *op. cit.*, p. 174.
79. Moreiras, "José María Arguedas y el Fin de la Transculturación", em Moraña (ed.), *Ángel Rama y los Estudios Latinoamericanos*, p. 221. Tradução minha.
80. Moreiras, *op. cit.*, p. 216. Tradução minha.
81. *Idem, ibidem.*
82. Sobre prática transculturadora em José María Arguedas, ver Moreiras, *op. cit.*
83. Arguedas, *El Zorro de Arriba y el Zorro de Abajo*, p. 28.
84. Moreiras, *op. cit.*, p. 227.
85. Benjamin, *Magia e Técnica, Arte e Política*, pp. 200-202.
86. Rosa, *No Urubùquaquá, no Pinhém.*
87. Lorenz, *op. cit.*, p. 61.
88. Canclini, "La Modernidad Después de la Posmodernidad", em Belluzzo (org.), *Modernidade: Vanguardas Artísticas na América Latina*, p. 209.
89. *Idem*, p. 233.
90. Lorenz, *op. cit.*, p. 42.
91. Fuentes, "A Academia da Latinidade", *Folha de S. Paulo*, p. 7.
92. Roberto Schwarz institui o conceito "idéias fora do lugar", quando discute, a partir da obra de Machado de Assis, a defasagem entre o processo de modernização econômica importada da Europa e a modernidade literária realizada no Brasil, nas últimas décadas do século XIX. Schwarz, *Ao Vencedor as Batatas*, p. 20 e *passim*.

4. Relato de uma incerta viagem

Uma fronteira não é o ponto onde algo termina, mas, como os gregos reconheceram, a fronteira é o ponto a partir do qual algo começa a se fazer presente.

MARTIN HEIDEGGER

Andarilho, não há caminho, / você faz o caminho ao caminhar.

ANTONIO MACHADO

Neste capítulo, será focalizada uma instigante viagem pelo sertão mineiro, realizada por um naturalista europeu, que tem como meta investigar as potencialidades arqueológicas, etnológicas e topológicas dessa região e acaba se confrontando com uma diversidade cultural insuspeitada. Durante a viagem, realizada no entorno do Morro da Garça, aflora uma espécie de língua pura, cujas iconicidade e virtualidades poético-musicais aproximam-na da linguagem sagrada. O recado bramido pelo morro, metonímia de um recado mais amplo, deixa-nos um legado e uma indagação. É isso que pretendemos examinar neste capítulo, tendo como suporte a leitura da novela "O Recado do Morro", uma dentre as sete que compõem o *Corpo de Baile*, de Guimarães Rosa.

A DIVERSIDADE CULTURAL

O reexame do caráter incompleto de toda a totalidade, especialmente dentro da consciência de que "não há princípio subjacente isolado que determine — e portanto, constitua — todo o campo de diferenças", vem levando sociólogos, historiadores e etnólogos a abandonar a idéia de "sociedade" enquanto "totalidade suturada e autodefinida"[1]. Em seu afã de lançar nova luz sobre a diversidade cultural, Geertz alerta que, caso desejem intervir no "futuro do etnocentrismo", os etnólogos deverão daqui para a frente estar atentos a diferenças mais sutis. Elegendo a etnografia enquanto instrumento facilitador do "contato operacional com uma subjetividade variante"[2], ele postula que imaginar a diferença continua sendo uma ciência da qual todos precisamos.

À etnologia caberia a tarefa de combater o confinamento das pessoas em planetas culturais: o fato de não querer abraçar o "outro", aquele com cuja diferença nos sentimos confrontados, não impede, contudo, que possamos apreendê-lo, compreendê-lo ou com ele interagir. Para Geertz, os etnólogos devem doravante ter em vista que questões morais provenientes do confronto "entre" sociedades antagônicas florescem, cada vez mais, nas fronteiras internas de cada uma dessas sociedades:

As fronteiras sociais e culturais têm uma coincidência cada vez menor – há japoneses no Brasil, turcos às margens do Main e nativos das Índias Ocidentais e Orientais encontrando-se nas ruas de Birmingham – num processo de baralhamento que já vem acontecendo há um bom tempo [...] e é possível que ainda venha a ter um prefeito da África setentrional (ou, pelo menos, assim temem muitos dos *gaulois*) antes que Nova York tenha um prefeito hispânico[3].

MEDIR: DESLOCAR

A despeito de empregar outros parâmetros para mensurar sua própria matéria, a geometria de Virilio não deixa de ter afinidade com a etnografia de Geertz, sobretudo no que diz respeito à desconstrução de paradigmas consolidados e legitimados pela tradição epistemológica ocidental. A correspondência entre os procedimentos de ambos se torna patente sobretudo quando aquele, apoiando-se na afirmativa einsteiniana de que "não há ponto fixo no espaço"[4], reexamina a supremacia de marcos, medidas, categorizações, para demonstrar que mesmo os valores diretamente relacionados à exatidão podem ser relativizados. Segundo os cálculos virilianos, até mesmo a mudança de posição que um agrimensor ou um geômetra realizam para tomar uma medida, já ocasiona o deslocamento e a defasagem do observador em relação ao observado:

> Medir é portanto deslocar, não somente deslocar-se para tomar as medidas, mas ainda deslocar o território em sua representação, sua redução geométrica ou cartográfica; deportar a realidade morfológica do território para uma configuração geodésica que possui apenas um valor relativo e momentâneo[5].

Em afinidade com os reexames mencionados, a mobilidade interativa dos cenários rosianos comporta todo um campo de diferenças que sugere "uma outra dimensão do habitar no mundo social"[6]. Importa, nesse sentido, salientar a hipótese de que a pluralidade de focos de Guimarães Rosa – sertanejo, médico, revolucionário, diplomata de carreira, escritor – seja fator decisivo no modo como sua literatura dramatiza toda uma diversidade de línguas e culturas e como seus territórios recorrentemente se dilatam em reconfigurações e direções movediças.

Em resposta ao alemão Günter Lorenz, entrevistador que lhe atribui a invenção de "uma nova paisagem literária", Guimarães Rosa justifica que isso basicamente se deve à forma singular como emprega a língua portuguesa. Afirmando que o português de Portugal é uma "língua já saturada", ele postula que a língua portuguesa empregada no Brasil se dota de uma escala de valores e expressões mais vasta que a dos portugueses, defendendo, nesse sentido, que a América Latina (incluindo naturalmente o Brasil), se comparada à Europa, "tornou-se, no terreno literário e artístico, mais apta para o mundo"[7]. Esse diferencial poderia ser compreendido nesta justificativa do próprio Guimarães Rosa, segundo o qual "existem as ilimitadas singularidades filológicas, digamos, de nossas variantes latino-americanas do português e do espanhol, nas quais também existem fundamentalmente muitos processos de origem metafísica, muitas coisas irracionais, muito que não se pode compreender com a razão pura"[8].

A relação entre "o enriquecimento do português no Brasil, por razões etnológicas e antropológicas"[9] e a incomensurabilidade estética dos discursos rosianos deve-se ainda, de acordo com as próprias palavras do escritor, à paradoxal conjunção entre razão e emoção, entre conhecimento formal e intuição: "Sou precisamente um escritor que cultiva a idéia antiga, porém sempre moderna, de que o som e o sentido de uma palavra pertencem um ao outro. Vão juntos. A música da língua deve expressar o que a lógica da língua obriga a crer"[10]. Nesse sentido, é exemplar a descrição do sertão que o narrador do romance *Grande Sertão: Veredas* oferece a seu interlocutor, levando-o a vislumbrar a amplitude desta realidade não apenas no âmbito geopolítico, mas também no escritural: "Lugar sertão se divulga: é onde os pastos carecem de fechos"[11].

Além disso, numa incursão imaginária à mentalidade alheia, o olhar etnográfico do escritor-diplomata "dramatiza a estranheza, enaltece a diversidade e transpira largueza de visão"[12]. Com efeito, do vasto campo de diferenças radiografado por Rosa, floresce uma aliança de singularidades, capaz de engendrar as bases utópicas para o redimensionamento de um mundo que cada vez mais requer uma perspectiva multiidentitária. Exemplo emblemático desse redimensionamento pode ser conferido na novela "O Recado do Morro"[13], onde as palavras da terra, grito e canto territorial, desencadeiam "um acontecimento microscópico [que] estremece o equilíbrio do poder local"[14], despertando as vozes silenciadas de seres periféricos de uma terra sem mapas. Esse despertar é provocado pela passagem de uma excursão científica liderada por seo

Alquiste/Olquiste, um naturalista europeu, que realiza uma visita de pesquisa ao sertão mineiro.

Fazendo interface com a superfície, as camadas arqueológicas da terra em repouso estremecem e revolvem-se quando, abaladas pela marcha da excursão, desencadeiam a erupção quase vulcânica de toda uma história subterrânea, ocultada dos mapas da cultura e da geopolítica oficial. Atingidos por essa erosão, proto-homens, trogloditas, fanáticos, marginais da razão se desentocam de suas grotas, lapas e brenhais, incorporando-se — de início isoladamente; mas, quando menos se espera, massivamente — aos viajantes e à viagem. De fato, o inesperado confronto entre o grupo em pesquisa e os seres "grotescos" da região obriga a via previamente demarcada em mão única a se duplicar, desestabilizando os objetivos da excursão e redimensionando sua trajetória. Se, de um lado, a colisão entre temporalidades, culturas e saberes diferenciados provoca a reviravolta nos objetivos da viagem, o que seria de certa forma compreensível, dela culminará paradoxalmente a minimização das diferenças entre as alteridades em confronto. Dessa forma, ao ocasionar a irrupção de toda uma tradição arcaica recalcada, a excursão científica acaba engendrando as bases territoriais para um mapa reticular, cujas linhas entrecruzantes rompem a unilateralidade do saber hegemônico para sancionar sua efetiva conexão com "subjetividades variantes".

Uma das conseqüências desse reengendramento é a multiplicação de pontos de vista que doravante vão modulando leituras de mundo que começam a proliferar prismática e vertiginosamente. Com isso, o circuito da viagem se amplia até desembocar nos bosques da diversidade imagética, lingüística, cultural e, posto que inadvertidamente, no colapso do modelo etnocêntrico que subjaz à excursão científica. Com efeito, conquanto prevaleça de início a ótica meio arqueológica, meio cartográfica e certamente etnocêntrica do naturalista europeu, esta vai interagir recursivamente com a dos imprevistos atores culturais que, invadindo o cenário da novela-viagem, passam a interferir em sua trajetória e em seus objetivos.

É curioso observar como a sombra de Guimarães Rosa desponta dessa narrativa, dando visibilidade a sua própria experiência de viajante por inúmeras geografias e culturas. É por demais sabido que, depois de suas travessias pelo estrangeiro, Rosa retorna ao sertão mineiro, movido pelo desejo etnológico de anotar, fotografar, retratar singularidades que dizem respeito à diversidade das línguas, das culturas, e esse é um dos principais suportes de sua literatura. Seo Alquiste/Olquiste, que ocupa um dos papéis centrais na novela "O Recado do Morro", acaba fazendo interface com Guimarães Rosa, bem como com outros viajantes que se aventuraram pelo sertão mineiro. Como estes, o viajante da novela deixa-se mover pelos vetores que costumam guiar o tipo de excursão científica aí representada. Sua meta mais evidente é pesquisar as "diferenças" da cultura local, demarcar o centro geodésico da região, supostamente localizado no Morro da Garça, e remapear sítios arqueológicos, dentre os quais a Gruta de Maquiné: "O louraça, seo Alquiste, parecia querer remedir cada palmo de lugar, ver apalpado as grutas, os sumidouros" (RM, 6).

Graças ao poder econômico e à superioridade dos conhecimentos do "alemão-rana", cabe-lhe a liderança da viagem e a decisão sobre seu percurso. Contudo, à medida que novos atores culturais aderem informalmente à sua expedição científica, desierarquiza-se-lhe a posição inicial, apagando-se a diferença excessiva entre seu saber científico e o saber "primitivo" dos "outros". É importante frisar que, nos primeiros contatos, estes não passam de objetos-alvo da curiosidade etnocêntrica do estrangeiro; não diferentemente, artefatos exóticos, ossadas, lascas de rochas com pinturas rupestres, vegetação e aves raras, com seu alto valor para o mercado museológico da Europa, são tesouros que cintilam sob a mira do colecionador de singularidades. Contudo, é através da recepção zombeteira dos matutos e do hibridismo de seu peculiar registro oral com termos inerentes ao campo arqueológico, que o sujeito da enunciação põe o leitor em contato com o imaginário curioso e perscrutador do estrangeiro:

Enxacoco e desaguisado nos usos, a tudo quanto enxergava dava um mesmo engraçado valor: fosse uma pedrinha, uma pedra, um cipó, uma terra de barranco, um passarinho à toa, uma moita de carapicho, um ninhol de vespos. [...] Nos rochedos, os bugres rabiscaram movidas figuras e letras, e sus se foram [...] E nas grutas se achavam ossadas, passadas de velhice, de bichos sem estatura de regra, assombração deles – o megatério, o tigre-de-dente-de-sabre, a protopantera, a monstra hiena espélea, o páleo-cão, o lobo espéleo, o urso-das-cavernas – e homenzarros, duns que não há mais. [...] [seu Olquiste] Tomava nota, escrevia na caderneta; a caso, tirava retratos (RM, 7-8).

Desestabilizado o percurso, tanto a razão teleológica quanto a razão museológica subjacentes à viagem pervertem-se, impondo-se-lhe novas direções e novos objetivos: o conhecimento "primitivo" dos seres "grotescos" da região revela-se uma insuspeitada fonte de criação mitopoética, passando a objeto não de curiosidade científica, mas de produtiva troca simbólica; os marcos se desmarcam; a linha reta – "a linha geodésica" determinante do percurso inicial – se espirala; a metrologia, ou "ciência da medida" é subvertida pela desmedida estética (*esthesis*: gr., não medido)[15], abrindo-se um espaço-tempo ambivalente e liminar – "espaço sem lugares, tempo sem duração"[16] – em homologia com o espaço-tempo suspenso das cosmogonias, dos mitos.

AS VIRTUALIDADES DO PENSAMENTO SELVAGEM

Ainda que existam dois modos distintos de pensamento científico, a diferença entre eles, afirma Lévi-Strauss, reside menos na capacidade de produzir especulações ou resultados eficazes do que na utilização de meios diferenciados para sua obtenção. A ciência formal, por exemplo, dialoga não com a natureza pura, mas com um determinado estado de relação entre natureza e cultura. Em presença de dada tarefa, o cientista "deverá começar inventariando um conjunto predeterminado de conhecimentos teóricos e práticos e de meios técnicos que limitam as soluções possíveis"[17]. A despeito de também operar no sentido de produzir uma ordem racional, o pensamento mítico, muitas vezes entendido como pensamento selvagem, é também capaz de ordenar o caos e conceber uma ciência – que, em lugar de "primitiva", Lévi-Strauss prefere chamar de "primeira" e a cuja operação ele chama *bricolage*. Trata-se de uma operação, realizada pelo *bricoleur* cujos procedimentos são heteróclitos e podem ter resultados brilhantes e imprevistos.

O *bricoleur* "é o que executa um trabalho usando meios e expedientes que denunciam a ausência de um plano preconcebido"; ao aproveitar resíduos ou sobras de demolições, o *bricoleur* define sua prática que, segundo Lévi-Strauss, consiste em ele arranjar-se com meios-limites, os meios à mão, em função do princípio de que "isso sempre pode servir"[18]. Muito embora tanto o "homem de ciência" quanto o *bricoleur* estejam "à espreita de mensagens", para este trata-se de mensagens pré-transmitidas que ele coleciona para enfrentar situações novas ou para empregá-las quando estas lhes forem necessárias. Por sua vez, o homem de ciência "antecipa sempre *a outra mensagem* que poderia ser arrancada a um interlocutor". Não nos enganemos, alerta Lévi-Strauss, posto que, com meios diferentes, "os dois andamentos são igualmente válidos"[19].

No confronto inicial entre o estrangeiro e os nativos da novela rosiana, a diversidade dos saberes e culturas em contato impõe-se, conforme foi assinalado, como fator de exclusão, e o interesse do estrangeiro pela alteridade do nativo reside na intenção de dela tirar algum partido, de produzir bens de mercado, sejam materiais ou culturais, mas sempre em proveito próprio ou no de museus da Europa. Um exemplo concreto desse fator se expressa na distinção hierárquica entre os seres periféricos da região e o grupo de "patrões" que segue com a comitiva. Não obstante a cordialidade destes, a distinção (e a exploração) salta aos olhos daqueles, sendo registrada por Pedro Orósio, o guia da expedição e protagonista da novela, o qual constata: "Outros eram os outros, de bom trato que fossem: mas, pessoas instruídas, gente de mando. E um que vive de seu trabalho braçal não cabe todo avontade junto com estes, por eles pago" (RM, 10).

Outro exemplo de exclusão patenteia-se na ótica etnocêntrica do estrangeiro em face do *modus vivendi* do Gorgulho e de seu "irmão lapuz", ambos habitantes de lapas (pequenas grutas) da região: A indagação acerca da morada do Gorgulho – "queria saber como era a gruta, por fora e por dentro? Seria boa no tamanho, confortosa, com três cômodos" – denota uma perspectiva auto-referente, formulada com base nos paradigmas urbanos e culturais do naturalista europeu. Por trás deste, percebe-se, em *over*, a presença bem-humorada do autor implícito a equacionar, antes com humor que com ressentimento, a cegueira antropológica e a mal dissimulada intenção, que, metonimicamente, evocam, ao mesmo tempo, a inquietante estranheza manifesta pelo colonizador europeu frente ao exotismo e à radical alteridade da cultura autóctone, bem como o propósito de dela tirar algum proveito.

Por sua vez, preocupado em valorizar a diversidade cultural, o autor implícito intervém no processo discursivo da novela para evidenciar as potencialidades criadoras do pensamento mitopoético e a capacidade geradora de conhecimento do pensamento selvagem. Uma ilustração dessa ocorrência patenteia-se na inventividade do Catraz, irmão do Gorgulho, que, procedendo como um *bricoleur*, imagina invenções, como a de um "arioplãe" movido por urubus, aves com as quais ele divide sua lapa. Não deixa de ser curioso observar como o autor implícito agencia a articulação de saberes tradicionalmente hierarquizados, quando focaliza a operacionalidade do objeto voador imaginado pelo "troglodita". O artefato, embora fabricado com "meios à mão", mantém relação homológica com a corrida da tartaruga de Aquiles (motivada pela cenoura a sua frente) e traz ao palco da diversidade cultural o lúdico diálogo entre o autor implícito e a prestigiosa tradição metafísico-epistemológica que desemboca em Platão, como se pode divisar nesta passagem: "carecia de pegar duas dúzias de urubus, prendia as juntas deles adiente; então, levantava um pedaço de carniça, na ponta duma vara desgraçada de comprida: os urubus voavam sempre atrás, em tal guisa, o trem subia viajando no ar..." (*RM*, 31).

ESTRANGEIROS UNS AOS OUTROS

Aglomerados num mesmo território, atores socioculturais de diversa procedência são obrigados a constatar que o naturalista europeu não é a única presença estrangeira no local. No contato falho que decorre do estranhamento entre diferenciadas identidades e culturas, todos se reconhecem estrangeiros uns aos outros. Ao reproduzir a fala do guia do grupo, segundo o qual "Outros eram os outros" (*RM*, 10), o narrador da novela confere visibilidade à zona de tensões atravessada por heterogeneidades em curso. O esforço de ajustar a pronúncia do nome estrangeiro – "Alquist", "Alquiste", "Olquist", "Olquiste"? – é um atestado cabal da necessidade de que todos procedam como "tradutores" da opacidade que línguas e culturas guardam entre si nessa babel sertaneja. A estranheza lingüística e cultural torna-se, contudo, o vetor para a procura de um máximo divisor comum, ou seja, de uma língua e um entendimento comuns a todos.

Habitante de uma "urubuquara", uma lapa entre barrancos e grotas compartilhada por urubus, o Gorgulho é, como seu irmão "lapuz", um "troglodita" que, além de surdo, manifesta total insciência frente à complexidade dos signos. Paradoxalmente, é ele o escolhido para transmitir o recado do morro, cujo teor e cujo destinatário são-lhe desconhecidos, como o serão também para seus receptores. Irrompendo de uma "outra voz" – a voz ctônica e testemunhal do morro – o recado é cifrado e, a princípio, ininteligível. No entanto, passando por uma cadeia fônica constituída dos balbucios de vários habitantes da região – desvairados, loucos, trogloditas –, a mensagem é finalmente captada por um artista que, procedendo como um tradutor, a expressa através de uma composição poética, uma "cantiga migradora". Ao ouvir e entoar repetidas vezes a cantiga, Pedro Orósio, o guia da expedição, se reconhece enquanto o destinatário do recado, cujo sentido reside no alerta sobre uma traição que culminaria em sua morte.

Numa carta em que responde à solicitação do Padre Boaventura Leite, pesquisador da "Matriz do Morro da Garça", Guimarães Rosa, alegando que "o autor nem tem o direito de explicar uma estória sua já publicada", recorre a "interpretações" de críticos, para fazer um comentário da novela em questão, do qual recortamos o trecho abaixo:

Quem apreende o recado, inicialmente, é o troglodita e estrambótico Gorgulho. E no seguir dos dias, o "recado" do Morro vai sendo retransmitido, passado de um a outro ser receptivo – um imbecil (o Gualhacôco), um menino (o

Joãzinho), um bobo da fazenda (o Guégue), um louco (o Nominedômine), outro doido (o Coletor), até chegar a um artista, poeta, compositor (o Pulgapé).
Sete eles, 7, número simbólico, como simbólicos são os nomes dos fazendeiros
e fazendas percorridas pela comitiva. Cada um daqueles 7, involuntariamente
vai enriquecendo e completando o recado, enquanto que aparentemente o de-
turpam. De cada vez que a retransmissão se faz, o Pedro está presente, e nada
entende. Só dão importância àquilo os "pobres de espírito", marginais da razão
comum, entes inofensivos, simples criaturas de Deus. E, enfim, o artista, que,
movido por intuição mais acesa, captura a informe e esdrúxula mensagem sob
a forma de inspiração poética, ordenando-a em arte e restituindo-lhe o oculto sentido: tudo serviu como gênese de uma canção. Então, sim, ouvindo essa
canção, e, principalmente, repetindo-a cantando-a (isto é, perfilhando-a no coração, na alma), é que Pedro entende o importante e vital significado da mesma. Recebe o aviso, fica repentinamente alertado, desperta e reage contra os
traiçoeiros camaradas, no último momento, conseguindo salvar-se[20].

Com efeito, ao deslocar-se pelo circuito de várias vozes atonais,
estrangeiras umas às outras, intraduzíveis e portanto irredutíveis
entre si, o recado territorial resulta paradoxalmente num canto polifônico de alto valor poético e teor universal. Percebe-se que a
mensagem, depois de decodificada, encerra, no modo de intencionar sua forma poética, a clave de sua própria tradução, dotando-se,
nesse sentido, de um ideal de inteligibilidade universal.

A *IMAGÉRIE* DO VIAJANTE ESTRANGEIRO

Embora não se possa determinar com rigor uma hierarquia entre
os motivos que regem a expedição científica, eles expressam, sobretudo em vista de se entremesclarem no decorrer da narrativa-
viagem, a meta de estudar a diversidade cultural, bem como de
rastrear os fundamentos de nossa pré e proto-história. Este último

eixo se inclina, como já mencionamos, para a redescoberta dos sítios arqueológicos da região, "mais que tudo a Gruta de Maquiné – tão inesperada de grande, com seus sete salões encobertos, diversos, seus enfeites de tantas cores e tantos formatos de sonho, rebrilhando risos na luz" (RM, 11). Há ainda outro eixo apontando para a ambição científica de fundar um marco. Desde o início da excursão, mesmo que nunca se alcance o morro, aponta-se para ele como se ele contivesse uma referência dada. Essa hipótese se confirma num dado momento do trajeto, quando o Gorgulho aponta com o dedo o provável centro geodésico da região, "no rumo magnético de vinte e nove graus nordeste" (RM, 15).

A deambulação do alemão-rana pelo sítio arqueológico emblematiza, por semelhança e por diferença, os trajetos percorridos às escuras por naturalistas estrangeiros que, desde o período colonial, visitaram o Brasil, atraídos por nossa diversidade paisagística e cultural. Trata-se de uma recorrente empresa de redescoberta e remapeamento do país[21], que irá culminar em fotografias e pinturas, bem como nos relatos de viagem e na cartografia brasiliana. Nestes produtos, é possível reconhecer a *imagérie* exótica que, em grande medida, deveu seus fundamentos a esse olhar estrangeiro curiosamente lançado sobre nossa "alteridade".

Brissac busca correspondência entre o olhar estrangeiro e a inocência das crianças que a tudo vislumbram como novidade. O estrangeiro que "toma tudo como mitologia, como emblema [diz Brissac] reintroduz imaginação e linguagem onde tudo era vazio e mutismo". É muito nesse sentido que ele destaca a importância de personagens e histórias, ainda "capazes de mobilizar" tanto as crianças quanto os viajantes[22].

Levando consigo os aparatos básicos de um viajante-etnólogo – câmera "codaque", "caderneta de notas", "binóculo" –, seo Alquiste/Olquiste percorre os rastros arqueológicos das grotas e grutas já vasculhadas, na região antes palmilhada por Peter Lund, conhecido arqueólogo dinamarquês que pesquisou e catalogou, dentre outras, a Gruta de Maquiné, localizada em Cordisburgo, berço de Rosa. Num encontro anacrônico entre história e estória, a trajetória do cientista representado na novela rosiana mescla-se com a viagem "real" de Lund realizada no século passado. É, portanto, em similitude com arqueólogos europeus que o personagem de Rosa move-se pelo desejo de catalogar e recolher os comprovantes de nossa essência rupestre.

Apropriando-se de todo um campo de significações implicado no sentido do viajar, dos viajantes e da viagem, Rosa explora, em sua novela, as virtualidades semânticas e sonoras não apenas no nome de Lund, mas também no caráter fundador das descobertas paleontológicas deste, para renomear o cenário discursivo por onde se desloca o naturalista estrangeiro. Trata-se da "Ludiana ou Ludlândia" (o lúdico *land* de Lund), que, não obstante recenarizar a mesma geografia palmilhada pelo cientista dinamarquês, destitui-se, sob o bem-humorado toque do enunciador, de seus referenciais topológicos. É de notar que, ao ser esteticamente ressignificada, a região rompe com o âmbito estritamente local, para ampliar-se numa geopolítica transnacional e multiidentitária.

Além disso, ao redimensionar marcos e mapas, o escritor mineiro ironiza, a partir de seu maleável campo discursivo, a postura ideológica de naturalistas europeus cujo desejo etnocêntrico e cartográfico manifesta-se no seu afã de transformar nosso caos em cultura, nossos totens em tabus, nossa atopia em *topos* demarcado. Portanto, ao representar "de viés" os trajetos relatados por pesquisadores europeus em suas viagens ao Brasil – Hans Staden, Jean de Léry, Saint-Hilaire, Humboldt, Peter Lund, Lévi-Strauss, dentre outros –, a novela rosiana faz um provocante convite à revisitação da cartografia e da biblioteca brasiliana, propondo equacionar a perspectiva iluminista e etnocêntrica que o olhar estrangeiro lança sobre a inquietadora estranheza de nosso pensamento selvagem.

Ilustrando o tratamento sério-cômico atribuído à linearidade almejada pela racionalidade científica, a passagem abaixo descreve a desestabilização que o Guégue, um "bobo da fazenda", impõe aos rumos da expedição:

A outros lugares, o Guégue não sabia ir. Errava o caminho sem erro, e se desnorteava devagar. Levavam-no a qualquer parte, e recomendavam-lhe que prestasse atenção, então ele ia olhando os entressinados, forcejando por guardar de cór: onde tinha aquele burro pastando, mais adiante montes de bosta de vaca, um anú-branco chorró-chorró-cantando no ramo de cambarba, uma galinha ciscando com sua roda de pintinhos. Mas, quando retornava, dias depois, se perdia, xingava a mãe de todo o mundo – porque não achava mais burrinho pastador, nem trampa, nem pássaro, nem galinha e pintos. O Guégue era um homem sério, racional (RM, 33).

Quando as referências "móveis" do "bobo da fazenda" passam a vigorar sobre os cálculos do naturalista europeu, a trajetória previamente traçada em mão única acaba sendo, em grande medida, regida pela inexatidão e pelo desnorteio. Doravante, o percurso, cartografado em linhas de fuga, torna-se cada vez mais labiríntico, transformando-se numa livre arena carnavalesca onde o desbloqueamento de marcos fronteiriços desencadeia a inter-relação de línguas, lugares e culturas, colocando em crise a hierarquia da racionalidade etnocêntrica e do pensamento epistemológico[23].

FRONTEIRAS EX-CÊNTRICAS

Imiscuindo-se na comitiva do estrangeiro, os seres ex-cêntricos da região, a exemplo da interferência do Guegue, acabam por desestabilizar a direção da trajetória, provocando-lhe o trânsito em mão dupla, com direção e sentido imprevistos. O próprio guia da expedição, Pedro Orósio, é um enxadeiro que, não sendo do local e desconhecendo-lhe a topografia, não sabe guiar, e é, portanto, um dos responsáveis pela dissolução do grupo e pela mudança dos objetivos da "viagem", cujo percurso já é, desde seus primeiros avanços, vetorizado por referências móveis, como ilustra esta passagem:

E seguiam, de um ponto a um ponto, por brancas estradas calcáreas, como por uma linha vã, uma linha geodésica. Mais ou menos como a gente vive. Lugares. Ali, o caminho esfola em espiral uma laranja: ou é a trilha escalando contornadamente o morro, como um laço jogado em animal (RM, 13).

A passagem da comitiva pelo local de uma cultura sem visibilidade sociocultural causa abalos sísmicos no morro. Evocando a memória de antigas erupções vulcânicas, irrompe das entranhas do morro um bramido que ressoa como uma revelação, um alerta ou um sopro criador. Segundo a tradição hermenêutica grega, só é dado ao mensageiro – o *hermeneús*, intérprete por excelência – captar e difundir o sopro criador da natureza, por extensão a voz reveladora dos deuses[24]. Paradoxalmente, a mensagem é apreendida pelo Gorgulho, um marginal da razão, incapaz *per se* de decifrar o sentido para o qual o recado converge, ou seja, o de vaticinar o fim trágico do guia Pedro Orósio: " – 'H'hum... Que é que o morro não tem preceito de estar gritando... Avisando as coisas... [...] Morte à traição, foi o que ele Morro disse'" (RM, 15, 22). O emissário da voz territorial é "um criaturo ananho", alucinado, meio surdo, e ninguém, a não ser paradoxalmente o "alemão-rana", dá ouvidos a sua fala truncada. É, portanto, o estrangeiro que, procedendo como hermeneuta, apreende a importância da mensagem, a partir dos ruídos significantes dessa língua "sem as possibilidades", cuja intraduzível estranheza seus próprios usuários se mostram incapazes de decifrar: " – 'Hom' est' diz xôiz' immmportant!' – ele falou brumbrum. Só se pelo acalor de voz de Gorgulho ele pressentia. E até deu apressadas frases ao Gorgulho, naquela língua sem as possibilidades" (RM, 22).

À medida, no entanto, que vai sendo retransmitido pelo circuito dissonante e dialógico de sete "marginais da razão", o recado do morro, como um canto coral já desterritorializado, desemboca numa espécie de saga heterofônica para uma terra sem mapa. Pela arte de Laudelim Pulgapé, um bardo popular, o recado converte-se em uma "cantiga migradora", que traz, no modo de intencionar de sua estrutura, os signos desencadeadores da transmissibilidade e traduzibilidade implicados no processo de preservação e difusão da tradição oral. Porque descolado das questões locais, além de apreender a importância do recado difundido pelo oráculo regional, o estrangeiro é, dentre todos quantos testemunharam o nascimento do canto territorial, o único capaz de reconhecer-lhe, nas peculiaridades regionais, a correlação com o ideal estético e sagrado de uma língua universal.

Comovido, ele [seo Alquist] pressentia que estava assistindo ao nascimento de uma dessas cantigas migradoras, que pousam no coração do povo: que as violas semeiam e os cegos vendem pelas estradas. – "Importante... Importante..." – afirmava o senhor Alquist, sisudo subitamente, desejando que lhe traduzissem o texto, *digestim ac districtim*, para o anotar. Sem apreender embora o inteiro sentido, de fora aquele pudera perceber o profundo do bafo, da força melodiã e do sobressalto que o verso transmuz da pedra das palavras [...] o senhor Alquist queria comentar muito, em inglês ou francês, ou mesmo em seus cacos de português, quando não se ajudando com termos em grego ou latim. – "Digno! Digno! Como na saga de Hrolf filho de Helgi" [...] Referia: – "Ah, está em *Saxo Grammaticus*!" (RM, 64).

RECADO DO MORRO, LEGADO DE ROSA

Qual é, afinal, o recado do morro? O que o morro manda dizer? Sob a forma de um "ritornelo"[25] — canto territorial para várias vozes polifônicas —, o recado da novela é em simultâneo ponto de partida e caixa de ressonância de um alerta contra a letargia de um Brasil periférico à mercê de perspectivas colonizadoras, eurocêntricas. Causar abalo em camadas arqueológicas que ocultam histórias recalcadas, pôr em relevo e circulação vozes silenciadas pelo poder local, restaurar um sentido que ninguém mais é capaz de ouvir, esse é o recado do morro, cujo grito irrompe das dobras do mapa oficial, quase sempre surdo ao apelo da diversidade de saberes, línguas, culturas.

Ao apontar nova possibilidade de metrologia e denunciar o desgaste da unilateralidade da perspectiva eurocêntrica, o recado de Rosa amplifica-se para ainda alertar que doravante a pluralidade de pontos de vista deverá levar em conta não apenas a diversidade de vozes e olhares, mas também as subjetividades variantes que concorrem para o redimensionamento e a inter-relação de fronteiras locais e universais. O maior beneficiário do legado rosiano é, no fim das contas, o naturalista europeu, que, atingido pela via estética, parece disposto a abrir mão de seu credo etnocêntrico de fixidez identitária e territorial em favor de novos paradigmas relacionais e multiidentitários.

A despeito de voltar a seu continente com as mãos vazias, o grande ganho do naturalista europeu é o reconhecimento de que os bens simbólicos serão certamente uma alternativa revitalizante à câmara mortuária dos seus museus. Sua travessia, pelo palco de tensões entre alteridades em errância, desemboca numa montanha mágica onde ele tem o privilégio de presenciar, como nos mitos, a cosmogênese de uma nova ordem social, estética e cultural. É relevante, nesse sentido, lembrar que, em sua entrevista a Günter

Lorenz, Guimarães Rosa pronuncia este credo estético da revitalização operada pela América Latina sobre a Europa:

A Europa é um pedaço de nós; somos sua neta adulta e pensamos com preocupação no destino, na enfermidade de nossa avó. Se a Europa morresse, com ela morreria um pedaço de nós. Seria triste, se em vez de vivermos juntos, tivéssemos de dizer uma oração fúnebre pela Europa. Estou firmemente convencido, e por isso estou aqui falando com você, de que no ano 2000 a literatura mundial estará orientada para a América Latina; o papel que um dia desempenharam Berlim, Paris, Madrid ou Roma, também Petersburgo ou Viena, será desempenhado pelo Rio, Bahia, Buenos Aires e México. O século do colonialismo terminou definitivamente. A América Latina inicia agora o seu futuro. Acredito que será um futuro muito interessante, e espero que seja um futuro humano[26].

Ao atravessar sentidos e paradigmas canonizados por uma tradição exaurida, o viajante europeu oxigena sua perspectiva, garante um futuro não para o etnocentrismo, mas para uma etnografia de mão dupla, que deve levar doravante em conta negociações desierarquizadas entre culturas de prestígio diferenciado. Fundados pelo eixo articulador de Rosa, seus novos paradigmas relacionais ressoam em outras vozes e, como o próprio escritor já prenunciara em sua entrevista de 1965, vêm engendrando novas alternativas estéticas e culturais para a Europa, a América Latina e outras américas.

NOTAS

1. Laclau e Mouffe *apud* Slavoj Zizek (org.), *Um Mapa da Ideologia*, p. 247.
2. Geertz, *Nova Luz sobre a Antropologia*, p. 79.
3. *Idem*, p. 77.
4. Virilio, *O Espaço Crítico e as Perspectivas do Tempo Real*, p. 114.

5. *Idem*, p. 43.
6. Homi K. Bhabha, *O Local da Cultura*, p. 36.
7. Lorenz, "Diálogo com Guimarães Rosa", em Rosa, *João Guimarães Rosa: Ficção Completa*, vol. 1, pp. 59-60.
8. *Idem*, p. 45.
9. *Idem, ibidem*.
10. *Idem*, p. 53.
11. Rosa, *Grande Sertão: Veredas*, p. 7.
12. Geertz, *op. cit.*, p. 80.
13. João Guimarães Rosa, "O Recado do Morro", *No Urubùquaquá, no Pinhém*, Rio de Janeiro, José Olympio, 1969. Doravante, as referências a esta novela serão feitas no corpo do texto sob a sigla RM, seguidas da respectiva numeração de páginas.
14. Deleuze e Guattari, *Mil Platôs: Capitalismo e Esquizofrenia*, vol. 1, p. 25.
15. Virilio, *op. cit.*, p. 28.
16. *Apud* Bhabha, *op. cit.*, p. 202.
17. Lévi-Strauss, *O Pensamento Selvagem*, p. 31.
18. *Idem*, p. 33.
19. *Idem*, p. 37.
20. Leite, *Morro da Garça, no Centenário da Paróquia e da Matriz*, p. 175.
21. Sobre a necessidade de fundar marcos e traçar mapas, como o paradigma dos relatos de viagem, ver Flora Süssekind, *O Brasil Não É Longe Daqui: O Narrador, a Viagem*, p. 61.
22. Nelson Brissac Peixoto, "O Olhar do Estrangeiro", em Adauto Novaes (org.), *O Olhar*, São Paulo, Companhia das Letras, 1995, p. 363.
23. Sobre cosmovisão carnavalesca na literatura, ver Mikhail Bakhtin, *Problemas da Poética de Dostoiévski*, trad. Paulo Bezerra, Rio de Janeiro, Forense-Universitária, 1981.
24. Ver a respeito Derrida, *A Farmácia de Platão*, 1991, p. 40.
25. Sobre "ritornelo", ver Deleuze e Guattari, *op. cit.*, pp. 8-9.
26. Lorenz, *op. cit.*, p. 61.

5. Terceira margem da história

A comunidade é o suplemento antagônico da moderni-dade: no espaço metropolitano, ela é o território da minoria, colocando em perigo as exigências da civilidade; no mundo transnacional ela se torna o problema de fronteira dos dias-póricos, dos migrantes, dos refugiados [...] Haverá uma poé-tica da comunidade "intersticial"? De que forma ela se auto-nomeia, cria sua agência?

HOMI K. BHABHA

Mas, no interior, mais fronteiras!

JEAN TARDIEU

A vida traz a esperança mesmo no fel do desespero.

GUIMARÃES ROSA

A FESTA E A FARSA

Este capítulo busca consolidar várias questões já mapeadas ao longo do livro. O convívio interativo de distintos espaços, temporalidades, culturas e saberes serão observados em modelos fundacionais de comunidades literárias cuja emblematicidade emerge em contraponto a cidades e países "reais": o Brasil e a "nação de maracatu", em *Grande Sertão: Veredas*; Brasília e a "grande cidade", no conto "As Margens da Alegria"; a "cidade letrada" e a "Samarra", em "Uma Estória de Amor".

O principal objetivo desse confronto entre territórios reais e ficcionais é sugerir que, ao mesclar a "história" com a "estória", a realidade com a ficção ou o passado imobilizante com a fluidez do devir, a obra de Guimarães Rosa desierarquiza categorias ontológicas como tempo, espaço, verdade, pureza e identidade, para resgatar a hibridez e a heterogeneidade que estão na própria base constitutiva da cultura brasileira e latino-americana.

Além dessas questões, serão ainda explorados o incomensurável amor à vida, a crença na capacidade transformadora do homem, o respeito e a valorização das diferenças. Toda essa positividade justifica o gesto transculturador por meio do qual o escritor se apropria do caráter "ficcional" da história para transformá-la; do espaço da festa para relativizar os absolutos e desierarquizar a rigidez das distinções socioculturais; da arte, como "a grande possibilitadora da vida, a grande aliciadora da vida, o grande estimulante da vida"[1].

O jogo, a festa, o riso, a excentricidade, os limites nebulosos entre sanidade e loucura, entre morte e renovação, entre sagrado e profano, a ambivalente relatividade de tudo – princípios que regulam a "cosmovisão carnavalesca", no sentido que lhe confere Mikhail Bakhtin[2] – fazem da escrita de Guimarães Rosa um espaço de interatividade, sempre aberto a mudanças e ao vir-a-ser. Ora com humor, ora com amor; ora sob a perspectiva trágica, ora sob a perspectiva tragicômica, narradores e personagens rosianos dialogam com a máxima nietzschiana de dizer "sim à vida" mesmo nos instantes de maior tragicidade[3].

Bakhtin chama a atenção para o evidente contraste entre as "festas oficiais" (consagradoras de regimes institucionais) e as "festas populares" (de caráter fundante e inovador). Ele salienta ainda que esse contraste é responsável pelas diferentes formas de relação que cada uma dessas tipologias festivas estabelece com o tempo e com as instituições. Enquanto as primeiras, fechadas e hierarquizadoras, tendem a perpetuar as tradições e o *status quo*, as segundas promovem o questionamento e a desierarquização da ordem dominante e, dado seu caráter inconcluso, voltam-se para o futuro e suas potencialidades não-realizadas:

Ao contrário da festa oficial, o carnaval era o triunfo de uma espécie de liberação temporária da verdade dominante e do regime vigente, de abolição provisória de todas as relações hierárquicas, privilégios e tabus. Era a autêntica festa do tempo, a do futuro, das alternâncias e renovações. Opunha-se a toda perpetuação, a todo aperfeiçoamento e regulamentação, apontava para um futuro ainda incompleto[4].

Celebrada no espaço-tempo do mito, a festa assume, segundo Caillois, a função de regenerar o mundo real; enquanto fator de aliança, ela abre as fronteiras fechadas pela colonização e pela guerra[5]. Exercendo a mesma função desencadeadora que os mitos cosmogônicos, a festa consagrada pela literatura rosiana celebra a relatividade, a renovação e a abertura de fronteiras para a circulação do que estava estagnado.

Sob a cosmovisão carnavalesca do narrador de *Grande Sertão: Veredas*, o processo de modernização do sertão mineiro (e, por extensão, de nações e nacionalidades forjadas sob a intervenção da máquina colonial) encena-se num campo de batalhas. Ao transformá-lo em livre arena carnavalesca, o narrador obriga "nossa história" a repetir-se como farsa[6]. E o Brasil, ao desfilar nessa arena, sob a máscara de "nação de maracatu", mostra sua outra cara.

No conto "As Margens da Alegria", encena-se a construção de uma "grande cidade". A gradativa reificação das pessoas e da natureza, que se atritam no mesmo "canteiro de obras", sugere uma relação analógica entre essa "grande cidade" e o acelerado processo de modernização do Brasil, emblematizado pela "criação" de Brasília[7]. Sob a ótica incontaminada de um "Menino", o cenário da cidade em construção tensiona a fundação do novo com a dissolução do antigo, metaforizando, dessa forma, a abrupta passagem da natureza para a cultura, do arcaico para o moderno.

Uma comunidade alternativa, periférica e avessa ao modelo utópico de modernização latino-americana emerge de um evento fundacional, na novela "Uma Estória de Amor (Festa de Manuelzão)". Trata-se da comunidade da "Samarra", que, sob o influxo da festa fundadora, entrelaça, na rede da tradição oral, uma sociedade repleta de alteridades. Crescendo a partir de um espaço em constante dispersão, a nova comunidade revela — em consonância à troca de papéis e lugares que determina o movimento da festa — sua vocação para o convívio das diferenças, o fluxo e o vir-a-ser.

POÉTICA DA HISTÓRIA

Em "História de 15 Dias", o cronista Machado de Assis ressalta que "narrar o que se passou é só inventar". Conquanto o tom desta crônica seja lúdico e até zombeteiro, ainda sobra uma séria reflexão sobre a mescla entre verdade e verossimilhança, narrativa histórica e ficcional.

> Um contador de histórias é justamente o contrário de historiador, não sendo um historiador, afinal de contas, mais que um contador de histórias. Por que essa diferença? Simples, leitor, nada mais simples. O historiador foi inventado por ti, homem culto, letrado, humanista; o contador de histórias foi inventado pelo povo, que nunca leu Tito Lívio, e entende que contar o que se passou é só fantasiar[8].

Não muito diferentemente, em suas pesquisas acerca de "história" e de "filosofia da história" paradigmáticas do século XIX, o historiador Hayden White, posto pontuar uma distinção básica entre narrativa ficcional e narrativa histórica, identifica em ambas uma marca comum: a interferência do modo de enunciação mediante a qual foram produzidas. Nas palavras dele, "a diferença entre 'história' e 'ficção' reside no fato de que o historiador 'acha' suas estórias, ao passo que o ficcionista 'inventa' as suas"[9].

Diversamente do romancista, o historiador depara com "um verdadeiro caos de acontecimentos *já constituídos*", dos quais irá escolher os elementos da estória que vai contar. Isto é, cabe-lhe recortar — incluindo, realçando, excluindo — os dados constituintes do "enredo" de sua estória[10]. Uma vez limitadas à seleção e ao arranjo do material coletado, as "pesquisas" do historiador sugerem revestir-se de um caráter científico e, portanto, verificável. Não obstante, o rigor científico da história é muito mais próximo da ficção do que supõe a vã metafísica que ainda ronda o século XIX.

A hipótese de que, para a construção das teorias da "história", haveria tantas "estratégias explicativas" quantas fossem as prefigurações lingüísticas – determinadas por variações na forma pessoal de percepção mental do *corpus* documental a ser historicizado – legitima a conclusão de White, segundo o qual não se pode identificar apenas uma, mas várias histórias no Oitocentos[11]. Trata-se, como ele demonstra, de historiadores e filósofos da história que, norteados pela visão de mundo cientificista e mecanicista, tentam munir-se de instrumentais epistemológicos tão rigorosos quanto os da matemática e da lógica.

Eles próprios, no entanto, acabaram por perceber que a pluralidade de estratégias explicativas exigidas para a formalização dos "dados históricos" exigia a interferência de atos lingüísticos que são tropológicos por natureza[12]. Em vista da necessidade de pôr em "enredo" os dados documentais recolhidos, tornou-se-lhes inevitável recorrer ao uso de tropos como a metáfora, a metonímia, a sinédoque, a ironia.

A teoria dos tropos proporciona um meio de caracterizar os modos dominantes de reflexão histórica no século XIX. E, como base para uma teoria geral da linguagem poética, permite-me descrever a estrutura profunda da imaginação histórica daquele período considerado como produto de um ciclo acabado. Pois cada um dos modos pode ser visto como uma fase, ou momento, dentro de uma tradição do discurso que evolui das formas de percepção metafórica, metonímica e sinedóquica do mundo histórico para uma apreensão irônica do irredutível relativismo de todo o conhecimento[13].

Sintomaticamente intitulada "A Poética da História" – irônica recorrência à *Poética* de Aristóteles –, a introdução da *Meta-História* anuncia o projeto de demonstrar que, "consideradas exclusivamente como estruturas verbais e formais, as histórias produzidas pelos historiadores mestres do século XIX exibem concepções radicalmente diferentes daquilo em que *deveria* consistir 'a obra histórica'"[14]. Trata-se, portanto, de concepções que, no século XX, irão provocar sérias dúvidas sobre o valor de uma consciência especificamente "histórica" no Oitocentos. Essa questão vai ser posta na pauta de pensadores europeus – de Heidegger e Valéry a Sartre, Lévi-Strauss e Michel Foucault – que "sublinharam o caráter fictício das reconstruções históricas e contestaram as pretensões da história a um lugar entre as ciências"[15].

Dentre os modelos de "filosofia da história" do século XIX reconhecidos por White, interessa destacar a posição de Nietzsche, para o qual haveria "tantas 'verdades' acerca do passado quantas fossem as perspectivas a respeito dele". White salienta que a concepção nietzschiana de história é pautada não no sentido da verdade ou da moral, mas na busca da realização do princípio do prazer e da potência individual. De acordo com essa orientação, o estudo da história não deve constituir um fim em si mesmo, mas servir de meio para um fim ou um objetivo vital[16]. Concebida por Nietzsche como obra de arte, cujos modelos são buscados por ele na música e na tragédia helênica, a história, na sua perspectiva, não difere de estória, fabulação ou mito[17].

Tendo em vista a impossibilidade de cada exemplar reproduzir correta e fidedignamente a forma primordial, Nietzsche constata a ineficácia da palavra em expressar, como recordação, a vivência primitiva, completamente individualizada e única. Se a "coisa em si" é inteiramente incapturável, ela só poderá ser transposta à linguagem não *per se*, mas através do suplemento de conceitos e de imagens. Nas palavras dele: "Acreditamos saber algo das coisas mesmas, se falamos de árvores, cores, neve e flores, e no entanto não possuímos nada mais do que metáforas das coisas, que de nenhum modo correspondem às entidades de origem"[18].

O que, segundo ele, julgamos estar representando de forma fidedigna não passa de um mundo construído de signos e imagens, uma máquina acionada por agenciamentos tropológicos. Nesse sentido, o esforço de interpretar a "verdade" não passaria de ilusão, de uma miragem potencializada por um prestidigitador, a qual, por excesso de torções metafóricas, vai perdendo o poder de iludir. A imagem que ele propõe é a de uma moeda que, desgastada pelo tempo, perdeu a efígie, restando-lhe, portanto, como único valor, o peso do metal que a comporta.

Um batalhão móvel de metáforas, metonímias, antropomorfismos, enfim, uma soma de relações humanas, que foram enfatizadas poética e retoricamente, transpostas, enfeitadas, e que, após longo uso, parecem a um povo sólidas, canônicas e obrigatórias: as verdades são ilusões, das quais se esqueceu que o são, metáforas que se tornaram gastas e sem força sensível, moedas que perderam sua efígie e agora só entram em consideração como metal, não mais como moedas[19].

Se aceita como verdade soberana ou ciência pura, a história estaria não a serviço da vida, mas de uma espécie de encerramento e balanço da vida para a humanidade[20]. Sobre os "homens históricos", cuja crença de que o sentido da existência poderá ser explicado pelo exame do processo histórico, Nietzsche reflete: "Não sabem quão a-historicamente, a despeito de toda a sua história, eles pensam e agem, e como até mesmo sua ocupação com a história não está a serviço do conhecimento puro, mas da vida"[21].

Malgrado a contemporaneidade de todas essas discussões e

guardadas certas diferenças de abordagem, pode-se dizer que elas sempre existiram. Nesse sentido, é curioso o fato de Aristóteles, um dos mais antigos antecessores da historiografia moderna, ter incluído sua concepção de história na *Poética*, obra emblemática para a classificação de gêneros não historiográficos, mas literários. Ao comparar o historiador ao poeta, Aristóteles estabelece algumas distinções entre os campos de atuação de um e do outro. O relato do historiador, que narra acontecimentos dados no passado, pautar-se-ia pelo resgate da "verdade". Diferentemente, o poeta narra, não o que aconteceu, "mas sim o que poderia ter acontecido, segundo a verossimilhança ou a necessidade"[22]. Nesse aspecto, o vetor da história apontaria para o passado e, de certa forma, para a fixidez; enquanto o da "poesia", voltado para o presente e para o futuro, estaria afinado com o vir-a-ser.

Considerando a irrepetível singularidade de fatos e personagens históricos, Aristóteles, divergindo da perspectiva platônica, estabelece que a universalidade decorreria não da história, mas da poesia: "Por tal motivo a poesia é mais filosófica e de caráter mais elevado que a História, porque a poesia permanece no universal e a História estuda apenas o particular"[23]. Tendo ainda em vista a crueza muitas vezes inassimilável de fatos concretos da história, Aristóteles privilegia a criação em detrimento da verdade: "É preferível o impossível verossímil ao possível incrível"[24]. De fato, quando a "estória" traz, sob sua forma de enunciação, um novo arranjo de interpretações dadas, acena-se para a possibilidade de mudar a agenda da história.

Ancorado na perspectiva revolucionária do materialismo histórico, o filósofo Walter Benjamin condena o historicismo que, em face de seu procedimento aditivo e causal, culminaria numa história universal que "utiliza a massa dos fatos, para com eles preencher o tempo homogêneo e vazio"[25]. A tarefa do sujeito do conhecimento histórico – identificado à classe combatente e oprimida – é "escovar a história a contrapelo"[26], fazendo saltar pelos ares o *continuum* da história, que, nos momentos de perigo, "ameaça tanto a existência da tradição como os que a recebem"[27].

Fraturar o tempo homogêneo e vazio para fazer emergir uma nova temporalidade, presentificada em "um tempo saturado de 'agoras'"[28], é a bula benjaminiana para o combate a várias formas de opressão – desde o progresso, cujo preço é sempre pago pelas classes oprimidas, até um fato de dimensão tão atroz quanto o fascismo, que não seria, como se costuma pensar, a exceção, mas a norma da história.

Que outras alternativas podem ser buscadas nas entrelinhas do antídoto benjaminiano? Virtualizar formas heterogêneas de relação. Superar as temerárias referências de pertencimento e identidade, em grande parte responsáveis pelos fanatismos nacionalistas, religiosos, raciais. Abolir o terror de extermínios, emblematizado pela atrocidade de Auschwitz, na segunda guerra; e, nos dias de hoje, pelas guerras fratricidas do Oriente Médio ou pelos confrontos étnicos dos Bálcãs, ou pela latência neonazista da Áustria. Mudar o vetor colonizante que institui a escravização e o apagamento das diferenças culturais, como o das massacrantes operações coloniais. Agenciar a abertura de fronteiras, de terceiras margens ou de margens da alegria, conforme a nova agenda proposta pelas "estórias" de Guimarães Rosa.

RECONTAR A HISTÓRIA

Comprometido com a transformação do mundo, Guimarães Rosa acredita na potência da palavra criadora. Esta, no seu entendimento, guarda a capacidade de atualizar os sentidos e interferir na realidade cultural e histórica. A "estória" contra a "história", a alegre potência da palavra revitalizadora contra a hierarquia imobilizante e o *status quo*. O escritor mineiro demanda a renovação da língua, por meio da qual ele pretende injetar sangue novo no que se acha estagnado: "somente renovando a língua é que se pode renovar o mundo. Devemos conservar o sentido da vida, devolver-lhe esse sentido, vivendo com a língua"[29]. Não se trata, no entanto, do uso restritivo da língua vernácula ou da língua corrente, mas, como no dizer dele,

> Como escritor, não posso seguir a receita de Hollywood, segundo a qual é preciso sempre orientar-se pelo limite mais baixo do entendimento. Portanto, torno a repetir: não do ponto de vista filológico e sim do metafísico, no sertão fala-se a língua de Goethe, Dostoiévski e Flaubert, porque o sertão é o terreno da eternidade, da solidão, onde *Inneres und Aussseres sind nicht mehr zu trennen*, segundo o *Westöstlicher Divan*[30].

A grande diferença entre a linguagem das ciências e a da literatura reside, segundo Barthes, no fato de que, nesta, as palavras não são meros instrumentos de saber, mas "projeções, explosões, vibrações, maquinarias, sabores: a escritura faz do saber uma festa"[31]. No discurso da ciência, o saber é um enunciado; na escritura, é uma enunciação – discurso onde todos os saberes se destituem de seu caráter epistemológico, para serem dramatizados. Uma das forças a manter viva a literatura, desde os tempos antigos até as tentativas de vanguarda, é, malgrado o real ser apenas demonstrável, o desejo de representá-lo por palavras. Barthes defende que, precisamente por exercer uma função utópica, a literatura "acredita sensato o desejo do impossível". Para ele, a literatura, ao sancionar saberes possíveis, embora irrealizados, dá, ainda que sob a cintilação de um breve fulgor, visibilidade ao real: "ela é a realidade, isto é, o próprio fulgor do real"[32]. A partir da afirmativa de que,

– 218 –

ao renovar a língua, a literatura pode mudar o mundo, Barthes reivindica o direito ético e utópico que franqueia ao escritor o uso de quantos saberes e línguas forem necessários à renovação da vida e à expressão dos desejos[33].

Guimarães Rosa também acredita na capacidade renovadora da palavra em cujos mais variados usos ele investe para reconfigurar as representações cristalizadas de um universo dado. Utilizando os princípios de "retradução intelectual", ele aprimora seus instrumentos para diluir a fronteira entre sanidade e loucura, corpo e território, tempo e espaço, local e universal, vida e arte, história e estória, língua vernácula e língua estrangeira, fazendo conviver tensionalmente realidades que, sob a ótica do senso comum, seriam excludentes. Encenar, reengendrar, mesclar, por contágio e disseminação, distintas línguas e saberes faz parte do projeto literário com que o escritor mineiro investe na renovação do mundo.

O neologismo "estória", não figurando então nos dicionários, aparece no título "Uma Estória de Amor", novela editada no conjunto do *Corpo de Baile*, em 1956. O uso desse vocábulo na novela diz respeito ao acervo das narrativas provenientes da tradição oral e preservadas no sertão mineiro. Mas seu emprego se desdobra para representar uma nova forma de ler (e refazer) os fundamentos da "história". Em 1962, Guimarães Rosa publica *Primeiras Estórias*, em cujo título figura novamente o neologismo. Prevendo especulações ou objeções conservadoras, Paulo Rónai faz este alerta, no prefácio do livro:

O epíteto não alude a trabalhos da mocidade ou anteriores aos já publicados em volumes, e sim à novidade do gênero adotado, à estória. Esse neologismo de sabor popular, adotado por número crescente de ficcionistas e críticos, embora ainda não registrado pelos dicionaristas, destina-se a absorver um dos significados de "história", o de "conto" (= *short story*). [...] Embora o termo, hoje em dia, já apareça também sem conotação folclórica, referido às narrativas de Guimarães Rosa envolve-se numa aura mágica, num halo de maravilhosa ingenuidade, que as torna visceralmente diferentes de quaisquer outras[34].

De fato, entre os críticos de Rosa, vários se interrogam sobre o sentido desse título. Luiz Costa Lima chega a indagar se as *Primeiras Estórias* não teriam sido escritas antes de *Sagarana*, vindo, no entanto, a publicar-se posteriormente a essa obra. Percebendo, entretanto, a homologia entre as *Primeiras Estórias* e o projeto de modernização do Brasil – cujo maior ícone é Brasília –, ele contrapõe sua hipótese inicial para concluir que se trata das "primeiras estórias de um Brasil novo no começo do surgir"[35].

Costa Lima reconhece, no "planalto central", o suporte geográfico para a fundação da "grande cidade" nos contos "As Margens da Alegria" e "Os Cimos", respectivamente o da abertura e o do fecho de *Primeiras Estórias*. A partir dessa inferência, ele conclui: "Modifica-se a realidade dos gerais e Guimarães Rosa anuncia a mudança. Brasília"[36]. Ainda que esses dois contos encenem o desmatamento e o desmantelamento do universo sertanejo, o autor estaria, segundo o crítico, incorporando a ambos as potencialidades do projeto de nacionalidade brasileira: "Agora, porém, Guimarães Rosa nota que os seus gerais estão em mudança e, longe de tremer pela novidade, porfia por incorporá-la a seu universo"[37].

Em *Tutaméia: Terceiras Estórias*, obra publicada em 1967, poucos meses antes da morte de seu autor, consolida-se o sentido de "estória", a esta altura já convencionalizado na literatura rosiana. No primeiro dos quatro metaprefácios dessa obra, a "estória", além de opor-se conceitualmente à "história", relaciona-se ao ideal de concisão e agilidade da anedota, aproximando-se, dessa forma, da economia de meios própria à linguagem poética, na qual, cada vez mais, se ancora a prosa do escritor.

A estória não quer ser história. A estória, em rigor, deve ser contra a História. A estória, às vezes, quer-se um pouco parecida à anedota. A anedota, pela etimologia e para a finalidade, requer fechado ineditismo. Uma anedota é como o fósforo: riscado, deflagrada, foi-se a serventia. Mas sirva talvez ainda o outro emprego a já usada, qual mão de indução ou por exemplo instrumento de análise, nos tratos da poesia e da transcendência[38].

Nesse texto, o escritor discorre sobre a forma inesperada pela qual situações prosaicas podem conjugar-se com novos paradigmas históricos e estéticos. O concurso da metáfora renovante, ao dar sopro novo às formas cristalizadas, revela-se capaz de iluminar a percepção do sujeito da recepção, gerando visão impactante do que costuma ser visto de forma convencional. Em sua entrevista a Lorenz, Guimarães Rosa fala do relacionamento familiar e amoroso que mantém com a língua. Sua expectativa é que os dois se afinem como "um casal de amantes que juntos procriam apaixonadamente"[39], e que, do triz de um atrito, possam gerar novas palavras e ressignificar as antigas. Essa relação amorosa é permeada pela recorrente crença rosiana de que, para resistir ao próprio tempo, a linguagem deve ter suas virtualidades semânticas, visuais e sonoras potencializadas em grau máximo de expressividade e ineditismo.

Contendo sua traduzibilidade na própria trama — matizada por múltiplas combinações de textura — esse (meta)prefácio de *Tutaméia* propõe um pacto de abertura à doação de sentido, sob cujo impacto inovador o escritor espera agenciar distintas formas de recepção de sua obra. Guiadas por esse vetor, as "estórias" de Guimarães Rosa, seja pelo pacto amoroso, seja pelo pacto ficcional, podem procriar e renovar-se, colocando-se a contrapelo do imobilizante *continuum* da história.

NAÇÃO DE MARACATU

O sentido simbólico de renovação e restauração da "história" assumido pelas "festas" encenadas na literatura rosiana é, muitas vezes, assinalado pelo gesto parodístico. Este procedimento possibilita instituir uma nova ordem e concomitantemente questionar seus fundamentos. A "plasticidade cultural", um importante resultado da prática transculturadora[40]; e a "reversibilidade", princípio que, segundo Antonio Candido, rege o romance *Grande Sertão: Veredas*[41], são os principais vetores com que Riobaldo opera neste romance. A excelência no manejo desses dois procedimentos lhe confere a capacidade de intercambiar realidades excludentes, relativizar certezas e até alterar os eixos da "história".

Alternando seus vetores – ora o do "herói civilizador" (que combate o "mal da jagunçagem"), ora o do *joker* (que, no triz entre o siso e o riso, converte seu campo de batalha em arena carnavalesca), Riobaldo investe na mudança do truculento universo da jagunçagem. À medida que vai atravessando as intermináveis fronteiras que se espaçam ao longo do "grande sertão", ele as vai franqueando mediante o concurso da plasticidade cultural e territorial. Desse modo, ele pode "concertar consertado" (GSV, 16) o mundo desconcertado (na expressão de Zé Bebelo, um "mundo à revelia" (GSV, 265)), que se interpõe na passagem do sertão arcaico para a modernidade.

Um dos efeitos provenientes da "reversibilidade" é a mescla entre realidade e ficção. Uma cena exemplar desse procedimento é a conversão da morte "real" de Diadorim (a donzela guerreira com quem Riobaldo contracena)[42] em matéria ficcional. Quando relembra a irreversibilidade da cena em que depara com a amada morta, o narrador comenta: "Diadorim tinha morrido – mil-vezesmente – para sempre de mim" (GSV, 557). Entretanto, em visível diálogo com a máxima aristotélica de que "é preferível o impossível verossímil ao possível incrível"[43], ele tratará de transformar essa "história" inabordável em "estória", ou seja, a verdade em verossimilhança: "Não escrevo, não falo! – para assim não ser: não foi, não é, não fica sendo! Diadorim..." (GSV, 559). Dessa forma, se a reversibilidade do eixo verdade/verossimilhança permite retramar o passado, pode também alterar o futuro, tornando-o, dessa forma, assimilável.

Nas duas seqüências (disjuntivas, mas complementares) que serão expostas a seguir, a diferença de tratamento em relação a um mesmo fato está condicionada aos dois tempos distintos que fundamentam a saga heróica do protagonista do romance: um, antes de ele ter-se tornado pactário; outro, depois da cena do pacto, e já assumida a chefia. Não obstante a diferença de tratamento, as duas seqüências, ambas regidas pelo princípio da "plasticidade", evidenciam a ambigüidade do herói em relação à sua luta pessoal para a obtenção de poder.

A primeira seqüência põe em cena o dramático confronto de Riobaldo com a esfera do sagrado. Ao convocar o diabo para um pacto, Riobaldo mede forças com a maior expressão da malignidade, buscando, dessa forma, testar os limites de sua própria potência. Num breve instante de fulgor, ele é arrebatado pelo supremo gozo do sublime e se vê atravessado pela aragem do sagrado:

– "Ei, Lúcifer! Satanás, dos meus Infernos!"
Voz minha que se estragasse, em mim tudo era cordas e cobras. E foi aí. Foi. Ele não existe, e não apareceu nem respondeu – que é um falso imaginado [...]. Ao que eu recebi de volta um adejo, um gozo de agarro, daí umas tranqüilidades – de pancada. Lembrei dum rio que viesse adentro a casa do meu pai. Vi as asas, arquei o puxo do poder meu, naquele átimo. Aí eu podia mais? A peta, eu queria saldar: que isso não é falável. As coisas assim a gente mesmo não pega

nem abarca. Cabem é no brilho da noite. Aragem do sagrado. Absolutas estrelas! (GSV, 394).

Quando, entretanto, Riobaldo já se acha investido da chefia, o gozo do poder que lhe havia provocado a "aragem do sagrado" sofre, sob a intervenção de um gesto parodístico, a ação da reversibilidade. O caráter sublime de que se revestiu o pacto resvala, então, para o humor e a farsa, transformando o sublime em grotesco, como evidencia este comentário pouco nobre do novo chefe Urutu-Branco: "Ser chefe – por fora um pouquinho amarga; mas, por dentro, é rosinhas flores" (GSV, 78). Essa fala burlesca ressalta o efeito restaurador do riso que permite atenuar o excesso de dramaticidade implicado na cena de um pacto que, enquanto tal, se realiza na dimensão do simbólico[44]. Entretanto, mais do que isso, o riso contribui para a relativização da importância antes atribuída a poder e a mando deste chefe que tinha nas mãos o peso do "brinquedo do mundo" (GSV, 410). A livre arena carnavalizada amplia-se para colocar num mesmo campo de tensão o ludismo e a guerra. O "brinquedo do mundo" é provável referência ao "globo terrestre" com que Carlitos brinca – com pontapés e piruetas – no filme *O Grande Ditador*, uma paródia ao nazismo de Hitler e à segunda guerra mundial.

Entretanto, quando no "paredão" se trava o grande confronto entre o grande inimigo Hermógenes e o bando chefiado por Riobaldo, este, já no plano da narrativa, constata que, na realidade da guerra, o "brinquedo do mundo" se torna letal. "O brinquedo do mundo agora era mortal?", pergunta, manifestando perplexidade ante o que lhe parecia ludicamente manejável.

A inversão ou reversão carnavalesca pode também ser entrevista nos planos contraditórios que se superpõem em um "cortejo de batismo", de que Riobaldo participa enquanto ator e, ao mesmo tempo, espectador distanciado. A farsesca mirada riobaldiana vislumbra, nessa cena, a imagem de uma excêntrica ordem sociocultural, baseada na cosmovisão carnavalesca de que fala Bakthin: "uma vida desviada de sua ordem habitual, em certo sentido uma vida às avessas, um mundo invertido"[45]. Um "mundo às avessas", onde – eliminada a distância entre princípios antagônicos como batismo e enterro, sagrado e profano – se faz vigorar o livre contato familiar que reúne e aproxima "todos os elementos antes fechados, separados e distanciados uns dos outros pela cosmovisão hierárquica extracarnavalesca"[46].

A perspectiva dialógica sugerida no romance *Grande Sertão: Veredas* pelo "batizado baiano" atua como o catalisador da imagem carnavalizada que, iniciando-se na profanação do caráter sagrado do batismo, desliza para a desconstrução da imagem não menos sagrada de "nação". Monumento ambivalente de cultura e barbárie, de consagração e paródia, o "baianódromo" é o irreverente cenário a partir de cuja formação dissonante irrompe uma alegoria carnavalesca do país, identificado por Riobaldo a uma "nação de maracatu".

> Mundo esquisito [...]. Pois lá um geralista me pediu para ser padrinho do filho. O menino recebeu nome de Diadorim, também. Ah, quem oficiou foi o padre dos baianos, saiba o senhor; população de um arraial inteiro, marchava de mudada – homens, mulheres, as crias, os velhos, o padre com seus petrechos e cruz e a imagem da igreja – tendo até bandinha de música, como vieram com todos, parecendo nação de maracatu! [...] Rezavam, indo da miséria para a riqueza [...]. O cortejo dos baianos dava parecença com uma festa. No sertão, até enterro simples é festa (GSV, 53-54).

Por trás da voz do narrador de *Grande Sertão: Veredas*, ouve-se, em *over*, a do autor, que, atento ao "progresso" do sertão, alerta para o paradoxo enredado nesse processo. Ao prenunciar o ingresso do sertão (e, por extensão metonímica, do Brasil e do continente) na modernidade cosmopolita, ele também denuncia os riscos aí implicados. Se o alerta se realiza sob a forma carnavalizada é porque esse paradigma – tanto pelo seu caráter de correção quanto pela sua possibilidade de instituir a transitividade cultural entre pólos contraditórios – permite evidenciar a heterogeneidade conflitiva que preside à formação cultural do Brasil e do continente latino-americano.

Na cena alegórica do "batizado", em particular, e na cena rosiana como um todo, o carnaval e a festa são o *happening* onde se consagram a hibridez, a heterogeneidade, o contrabando entre línguas e culturas que fazem do sertão uma realidade transnacional em livre contato com o mundo. Se a língua é a arma com que Guimarães Rosa defende a dignidade do homem, o arsenal bélico utilizado por Riobaldo em seu campo de batalha transforma-se no instrumento estético e paródico mediante o qual ele pode carnavalizar o beligerante cenário de transição da cultura brasileira em que o moderno convive com o arcaico, sem rupturas visíveis.

A abertura de zonas fronteiriças metaforizada nesse gesto sugere, além da interface entre o sertão e o cosmos, o modo de formação do continente onde, no entendimento de Canclini, o popular e o culto, a tradição e a modernidade já não são concebíveis como entidades independentes:

Si tanto las culturas hegemónicas como las populares son ahora culturas híbridas, es innegable en este sentido que vivimos una época posmoderna, tiempo de bricolage donde se cruzan diversas épocas y culturas antes alejadas. La tarea del investigador no puede ser eligir entre tradicción y modernidad. Más bien se trata de entender por qué en América Latina somos esta mezcla de memorias heterogéneas y innovaciones truncas[47].

Hino de humor e amor às diferenças, a grande arte de Guimarães Rosa deborda o restrito âmbito de literatura regional, ou de sua dimensão de "belas artes", para abranger a pluralidade e a complexidade de práticas culturais e lingüísticas que concorreram para a formação do "Novo Mundo". No seu processo de mesclar e relativizar pólos dicotomizados, Rosa problematiza os critérios hegemônicos e excludentes herdados de uma concepção historiográfica hierarquizante, cujo *continuum* linear e vazio, seja através de arsenais bélicos, seja através da correção estética ou através da cosmovisão carnavalesca, ele faz saltar pelos ares.

AS MARGENS DA UTOPIA

"O espírito de época [*Zeitgeist*], um dos novos termos que inspiraram Hegel, caracteriza o presente como uma transição que se consome na consciência da aceleração e na expectativa do que há de diferente no futuro"[48]. No postulado hegeliano de que "o nosso tempo é um tempo de nascimento e de passagem para um novo período"[49], Habermas divisa o prenúncio do conceito de "arte moderna" expresso por Baudelaire. Este percebeu crítica e poeticamente as contradições entre a efemeridade e a imutabilidade já manifestas na arte de seu tempo. Nas palavras dele, "A modernidade [*Modernität*] é o transitório, o evanescente, o contingente, é uma metade da arte sendo a outra metade o eterno e o imutável"[50].

Considerando ainda os impasses da modernidade, importa registrar a reflexão de Jeanne Marie Gagnebin. Ela estima que, no afã de "colonizar o futuro", a era moderna cultuou e, em simultâneo, desalojou o presente. A tensão capital da modernidade residiria, nesse sentido, na oscilação entre o perene e o provisório, em decorrência da qual apagou-se a linha de demarcação outrora tão clara entre o antigo e moderno. Gagnebin assinala que, ao se definir como "novidade", a modernidade adquire uma característica que, ao mesmo tempo, a constitui e a destrói, o que a faz, de forma cada vez mais rápida, transformar-se em seu contrário[51].

Em contraponto a Brasília, o modelo mais emblemático de modernidade brasileira e latino-americana, pode-se vislumbrar o processo de modernização nas comunidades literárias de Guimarães Rosa, as quais, sob o vetor intersubjetivo, conjugam tradição e modernidade, coletividade e pessoalidade. Via de regra, nessas comunidades imaginadas, as demandas pessoais de subjetividade e desejo intervêm nas normas coletivas, para engendrar novas formas de interação sociocultural.

CIDADE LETRADA

Quando questiona o sentido renovador que norteou a fundação da nova capital brasileira, Mário Pedrosa assinala que, marcado a ferro e fogo pelo mesmo signo colonizador que condenou outros países da América Latina à uniformização e ao artificialismo, o Brasil é um país construído, um país feito, com data de nascimento precisa: 22 de abril de 1500. Diferentemente de outras nacionalidades americanas, "nunca tivemos passado, nem rastros dele por trás de nós", dotando-nos, portanto, do agravante de sermos "condenados ao moderno". Aqui não houve, por exemplo, "as formidáveis vias de penetração dos velhos impérios, como o romano na Europa, e, às nossas costas, o inca"[52]. Nesse sentido, ao repetir o processo de transplante cultural do modelo ibérico que presidiu à nossa colonização, o vetor moderno e renovador que orientou a concepção arquitetônica e urbana de Brasília, a "nova capital" brasileira, reproduz o modelo das "cidades letradas".

É sabido que a maciça política de transplantação do modelo

cultural e estético vigente na Europa à época da colonização da América – o Barroco – condicionou as colônias, mal nascidas, a saltar do berço à civilização. Pedrosa argumenta que esse modelo artificial, destituído de organicidade irá repetir-se em Brasília, visto esta encontrar seus fundamentos no Egito, exemplo máximo de colônia artificialmente construída. Dessa forma, a vida de Brasília, como a do Egito, estaria condenada a ficar "concentrada num oásis estreito, [tomando], ao chegar ao ponto, a forma disciplinada de uma cultura de viveiro"[53]. Insistindo na necessidade de que a cultura condicione sua existência à sua relação com a terra ("a cultura é a terra que o homem torna orgânica"), Pedrosa conclui que tal não ocorreu nem no Egito nem nas culturas americanas.

Num e noutro caso, se a cultura é artificial é porque lhe faltaram as resistências, os obstáculos naturais, sem os quais se engendra rapidamente um tipo uniforme e artificial. Num oásis, como é o caso do Egito, impõe-se uma disciplina civilizadora mediante a qual o natural é negar a natureza. É essa negação que, segundo Pedrosa, permite à nova cultura escolher as contribuições culturais que lhe convêm. Isso, contudo, não ocorreu na América, que já nasce sob o signo da modernidade.

O moderno vai sendo cada vez mais o nosso *habitat* natural. A América não era oásis entre desertos, era simplesmente nova: lugar onde se podia começar do começo. Os colonos [...] fizeram, então, *tábula rasa*, e, assim, puderam transplantar, por assim dizer, intatas suas formas culturais mais adiantadas, como se tratasse de uma transplantação para oásis. Sendo nova, sendo vasta, não havendo no seu solo senão a virgindade do mato e do solo [...], a América se fez com essas transplantações maciças de culturas vindas de fora: que estilo, que forma de arte foi imediatamente transplantada para o Brasil mal descoberto? A última, a mais "moderna" vigorante na Europa – o barroco[54].

Tendo em vista o dificultoso implante de raízes capazes de gerar "brotos culturais autóctones", Pedrosa questiona a legitimidade da retomada do velho processo de "tomadas de posse" da terra. Por que, vencida a fase dos "oásis históricos" (o que possibilitaria a construção de uma história própria, a adaptação orgânica à terra e, desse modo, o assentamento "natural" da cultura), engendra-se a "engenhosa" idéia de criar a nova capital segundo paradigmas coloniais já suplantados?

Quer-se, então, fundar uma Capital ou plantar um novo oásis? Brasília participa ainda da concepção civilização-oásis. O novo oásis não é mais, evidentemente, uma estreita porção de terra entre desertos. (No entanto, as condições ecológicas dos pródromos da República, deixam bastante a desejar; as terras em volta da futura capital são áridas.)[55]

Curiosamente, numa carta a Edoardo Bizzarri, ao elucidar dúvidas sobre o sentido do título "Campo Geral", Guimarães Rosa aproveita a oportunidade para relacionar a paisagem de Brasília à infértil aridez do cerrado. Na passagem em questão, a Capital Federal, contraposta às veredas (o oásis do cerrado), é ironicamente ilhada pelos "parêntesis" e se isola, inorgânica, do resto da paisagem. Auto-referente e auto-reguladora, a paisagem geopolítica de Brasília, tal como descrita por Rosa, comprime-se em uma árida metáfora que condensa, em seu fechamento, o meio e o fim de si mesma.

O que caracteriza esses GERAIS são as *chapadas* e os *chapadões*. São de terra péssima, vários tipos sobrepostos de arenito, terra infértil. (Brasília é uma típica chapada...).[...] A vegetação é a do cerrado, arvorezinhas tortas, baixas, enfezadas. [...] Mas, por entre as chapadas, separando-as há as veredas. [...] Nas *veredas*, há sempre o buriti. De longe, a gente avista os buritis, e já sabe: lá se encontra água. A vereda é um oásis[56].

Em posição análoga à de Pedrosa, Ángel Rama entende o modelo da "cidade letrada" como a inscrição do sonho de uma ordem que encontrou, no novo continente descoberto e colonizado pela cristandade ibérica, o solo propício para sua transplantação. O crítico uruguaio denuncia que o princípio da *tabula rasa*, regido pela cegueira antropológica do colonizador, será determinante do modelo fundador das cidades americanas. Trata-se, para ele, de uma planta urbana desenhada a *cordel y regla* que translada o ideal ordenador da ideologia barroca para a colônia, seguindo-se as instruções reais aos conquistadores. No entendimento de Rama, a capital brasileira – projetada nas pranchetas de Lúcio Costa e Oscar Niemeyer – é o exemplo mais emblemático de cidade artificialmente planejada, com vista a encarnar, em seu traçado urbano, a forma de sua ordem social[57].

Na conferência proferida durante o congresso intitulado "A Cidade Nova, Síntese das Artes", Mário Pedrosa estabelece a relação entre utopia e planificação, mas alerta que a colaboração entre arquitetos, escultores e pintores num esforço coletivo guiado pela liberdade criadora não foi suficiente para transformar Brasília em paradigma da "síntese das artes" (estéticas e políticas). O projeto moderno de construir, reconstruir e reordenar a geografia e a sociedade do mundo, base utópica da planificação da nova capital brasileira, é equacionado por Pedrosa.

Muito embora pautada no tema nuclear do congresso, "A Cidade Nova, Síntese das Artes"; no dilema identitário tributado à Novacap, o de ser ou não ser o centro integrador de várias regiões do país; e ainda no reconhecimento de que a "nova capital" nasceu de uma política de planificação "com uma idéia coletiva, social e estética, mais alta, mais profunda, mais ampla", a conferência de Pedrosa converge para um outro eixo. Para o conferencista, trata-se, na verdade, de recolocar "o problema de uma reforma total, completa, humana, do centro do país", tributando à nova capital o papel político não de sintetizadora, mas de estabilizadora da frente de povoamento da região central do país. Concluindo, ele conclama os construtores de Brasília a empenhar-se no sentido de regionalizar o território central do país. Essa prática, ulterior aos fundamentos do "plano-piloto", deveria, segundo ele, pautar-se num plano regional "talvez ainda mais importante que o plano urbanístico"[58].

A aceitarmos as reflexões de Pedrosa e Rama sobre a nova capital americana, não hesitaremos em concluir que o ilusório pioneirismo em que se ancora o plano-piloto de modernização acelerada do Brasil sustenta-se numa espécie de "malogro metafísico". Em outras palavras, quando pensávamos estar regionalizando e, portanto, inovando um país de tradição litorânea, vimo-nos reengendrando os mesmos fundamentos que regeram a política de implante cultural da máquina colonizadora. Além de reafirmar nossa dependência, essa repetição irá, como já se sabe, culminar no descaso político frente a problemas capitais ainda recorrentes no Brasil, tais como a desigualdade, a exploração e a depredação ambiental da região central deste país de tradição litorânea.

AS MARGENS DA MODERNIDADE

Em diálogo insurgente com o plano-piloto brasiliano, que, nas palavras de Rama, "é o mais fabuloso sonho de urbe de que foram capazes os americanos"[59], as comunidades literárias de Guimarães Rosa, via de regra localizadas no sertão entre Minas e Goiás, tematizam o ingresso do Brasil no processo de modernização ocidental. No cruzamento alegórico entre história e representação literária, o processo de modernização do país, traçado nas linhas de fuga de um "móvel mundo"[60], espacializa-se, nas narrativas do escri-

– 232 –

tor mineiro, num âmbito regional que, quase sempre, faz fronteira com esferas mais amplas, continentais ou mesmo universais. Sob o efeito da transculturação, as comunidades literárias de Rosa afirmam-se, desde sua fundação, como emblema não da síntese apagadora de nossas diferenças regionais, mas da plasticidade espacial, histórica e cultural das heterogêneas regiões constitutivas do Brasil e mesmo da América Latina.

A discussão em torno da fundação de uma "grande cidade" no planalto central é tematizada n'"As Margens da Alegria", conto inaugural de *Primeiras Estórias*, obra rosiana de 1962. Guiados pela ótica incontaminada de um "Menino", acompanhamos a irrupção de um novo mundo que, desde seu canteiro de obras, revela a intenção de inovar. Contudo, ao salientar as próprias contradições, o conto deixa inscritos, na sua morfologia arquitetônica, os signos de uma posterior degradação. A construção dessa narrativa se pauta no questionamento sobre a inconclusão da modernidade ocidental e sobre o autoritarismo unificador que, sob a égide do "novo", deu suporte político ao projeto brasileiro de modernização.

Assim, a leitura do conto não apenas aguça o olhar do leitor, fazendo-o debruçar-se criticamente sobre os limites da utopia que presidiu à aspiração brasileira de centralizar, em Brasília, o modelo de modernização do país. Um outro desafio é lançado a quem queira deslizar pelas margens que o conto deixa em aberto: trata-se de manejar novas perspectivas ou dotar-se de uma "mirada estrábica", conforme a metáfora empregada por Ricardo Piglia para enfatizar a necessidade de intelectuais latino-americanos adotarem uma dupla posicionalidade para pronunciar seus pontos de vista: "há que se ter um olho posto na inteligência européia e outro posto nas entranhas da pátria"[61].

De fato, trata-se de desafios que nos instigam a apreender as novidades oriundas do moderno cosmopolitismo europeu, sem deixar, contudo, de inter-relacioná-las às singularidades regionais de nossa cultura de origem. Se quisermos, entretanto, restringir-nos tão-somente aos conflitos nucleares da modernidade ocidental, podemos verificar que o conto desemboca no entrecruzamento do local com o universal para culminar no questionamento sobre os vetores responsáveis pelo processo de modernização do Brasil, mal digeridos e mal manejados pelas elites políticas do país.

A UTOPIA BRASILIANA

Dois eventos, paralelos e complementares, metaforizam no conto rosiano a permanente tensão entre contingência e permanência, o que irá, como já sugerimos, desencadear a reflexão sobre os limites utópicos da modernidade ocidental como um todo e, em particular, do processo de modernização do Brasil. O primeiro evento diz respeito à construção de uma "grande cidade [que] apenas começava a fazer-se, num "semi-ermo, no chapadão" (AMA, 4). Como Brasília, a grande cidade é planejada sob os ícones do progresso e destina-se, a partir de uma projeção utópica, a ser "a mais levantada no mundo" (AMA, 5). O segundo evento, pondo em crise a expectativa gerada pelo primeiro, produz um efeito catastrófico nas certezas do "Menino" que protagoniza o conto. Trata-se do vislumbre de um peru imperial cujo esplendor estético lhe acenara uma promessa de perenidade. O inesperado colapso das certezas, metaforizado na morte do peru, desencadeia a dolorosa experiência de perda, que coloca o protagonista em confronto com a consciência de que mesmo aquilo que é sólido desmancha no ar.

Luiz Costa Lima é provavelmente um dos primeiros leitores-críticos a reconhecer, no "planalto central", o suporte cênico para a fundação da "grande cidade" que cresce nos contos "As Margens da Alegria" e "Os Cimos", respectivamente o da abertura e o do fecho de *Primeiras Estórias*. No comentário a seguir, o crítico explicita a homologia entre a comunidade rosiana e a nova capital brasileira: "Modifica-se a realidade dos gerais e Guimarães Rosa anuncia a mudança. Brasília"[62]. Posto ressaltar os resultados perversos do processo de modernização do Brasil, patenteados pelo desmatamento e desmantelamento do universo sertanejo, Guimarães Rosa estaria, segundo Costa Lima, incorporando à sua ficção as potencialidades do projeto de construção da nacionalidade brasileira: "Agora, porém, Guimarães Rosa nota que os seus gerais estão em mudança e, longe de tremer pela novidade, porfia por incorporá-la a seu universo"[63].

Essa analogia não escapou à perspectiva crítica de Eneida Maria de Souza, que divisou "as figurações que bordejam o pensamento utópico", no lusco-fusco de um vagalume a iluminar uma passagem d'"As Margens da Alegria"[64]. Estabelecida a relação entre o cenário discursivo do conto e Brasília, Souza propõe uma reflexão sobre o colapso do imaginário utópico, salientando a importância das imagens que fulguram no texto rosiano "como forma de traduzir o imaginário utópico que momentos distintos da História e da Arte elegem como ensaios de redefinições de identidade"[65].

PERENIDADE E EFEMERIDADE

Diferentemente do "esplendor do concreto" da Brasília já construída, o conto representa uma espécie de "recenarização" dos primórdios da "Novacap", visto que o que aflora à visão do protagonista não é a "grande cidade", mas o seu canteiro de obras, a partir do qual se pode divisar o permanente atrito entre a construção e a destruição. Nesse espaço aberto a transformações, surpreende-se a progressiva fratura de formas inteiras, dando visibilidade a uma sombria clareira, um "hostil espaço", onde a projeção utópica vai sendo solapada pela implacável dissolução daquilo que, aos olhos desprevenidos do "Menino", se havia associado a plenitude e permanência.

A paisagem onde se planta a cidade é, portanto, uma zona de sombras onde confluem inovação e morte, natureza e cultura, rusticidade e modernidade. A difusa passagem de um para outro plano é entrevista pelo olhar cartográfico do "Menino" que, ainda inocente e sob o impacto da primeira viagem em avião, captura, num só *flash*, a fusão entre o campo de pouso e a provisória casa de madeira, cujo quintal se entremescla com a mata selvagem e aparentemente indevassável.

Exemplo dessa confluência pode ser observado no quase imperceptível deslizamento entre a rusticidade selvagem da natureza e a surpreendente tecnologia divisada no avião a pousar numa clareira da mata. Esse trânsito só se torna discernível graças à intervenção "cinematográfica" do narrador que, para acentuar o contraste, adota a perspectiva do Menino, como se seu olho fosse uma "câmera" móvel e nervosa a registrar a contínua passagem entre os dois planos. Sob essa perspectiva, sugere-se uma inversão: a ameaça da natureza sobre a cultura.

> O campo de pouso ficava a curta distância da casa-de-madeira, sobre estações, quase penetrando na mata. O Menino via, vislumbrava [...]. A morada era pequena, passava-se logo a cozinha, a ao que não era bem quintal, antes breve clareira, das árvores que não podem entrar dentro de casa. Altas, cipós e orquideazinhas amarelas delas se suspendiam. Dali, podiam sair índios, a onça, leão, lobos, caçadores? Só sons (*AMA*, 4).

A partir desse ponto, torna-se evidente que a natureza, embora selvagem e hostil, não é incólume à brusca intervenção dos "pioneiros" que, pragmática e provisoriamente voltados para a construção da cidade, parecem indiferentes à ameaça que seu gesto engendra. A desequilibrada troca entre natureza e cultura manifesta-se na contrapartida injusta com que esta destrói ostensivamente aquela, ainda que lhe explorando os meios fundamentais à sua própria existência.

A polarização de campos semânticos – de um lado, a ação de maquinarias destrutivas e mortais; de outro, a fragilidade das árvores, à mercê da bruta intervenção maquínica – endossa o contraste e autentica a posição crítica tacitamente desenhada na morfologia do conto. O trecho a seguir encerra a operação de trucidamento e destruição da mata, personificada aos olhos do Menino.

Ali fabricava-se o grande chão do aeroporto – transitavam no extenso as compressoras, caçambas, cilindros, o carneiro socando com seus dentes de pilão, as betumadoras. [...] Mostraram-lhe a derrubadora, que havia também: com à frente uma lâmina espessa, feito limpa-trilhos, à espécie de machado. [...] A coisa pôs-se em movimento. [...] A árvore, de poucos galhos no alto, fresca, de casca clara... e foi só o chofre: ruh... sobre o instante ela para lá se caiu, toda, toda. Trapeara tão bela. Sem nem se poder apanhar com os olhos o acertamento – o inaudito choque – o pulso da pancada. O Menino fez ascas. Olhou o céu – atônito de azul. Ele tremia. A árvore, que morrera tanto (AMA, 6).

A interface de natureza e cultura, de arcaico e moderno duplica-se nessa nebulosa clareira em cujo interior o protagonista vive a dupla experiência de alumbramento e horror. Quando ainda visto do alto do avião, o "móvel mundo" parece uma linha harmoniosa e contínua a deslizar sem disjunções ou conflitos. A projeção do novo mundo de cima para baixo, no "chão plano em visão cartográfica" (AMA, 3), é o mapa utópico que antecipa uma promessa de felicidade. Tão logo o avião aterrissa, a promessa, ainda não ameaçada, começa a cumprir-se quando o Menino se extasia ante a epifânica visão de um peru imperial, cuja perfeição estética ele acredita poder imobilizar.

O peru, imperial, dava-lhe as costas para receber sua admiração [...] e ele completo, torneado, redondoso, todo em esferas e planos, com reflexos de verdes metais em azul-e-preto – o peru para sempre. Belo, belo! Tinha qualquer coisa de calor, poder e flor, um transbordamento. Sua ríspida grandeza tonitroante. Sua colorida empáfia. Satisfazia os olhos, era de se tocar trombeta (AMA, 4).

Entretanto, a sensação de transbordamento, nova para ele, é subitamente reduzida à experiência de perda, quando o peru, no mesmo dia da descoberta, é morto para ser comido no almoço do dia seguinte. A evidente totemização encerrada nesse gesto faz da devoração do peru o signo da efemeridade do "novo", que, na sua novidade, já carrega a própria perecibilidade. Corroídas as expectativas, o Menino "descobria o possível de outras adversidades, no mundo maquinal, no hostil espaço, e que entre o contentamento e a desilusão, na balança infidelíssima, quase nada medeia" (AMA, 6).

À cena da morte do peru sobrepõe-se a da destruição da mata. Sem tempo para assimilar o novo impacto, o protagonista presencia a devoração dos despojos do peru antigo por um peru mais novo, destituído da exuberância imperial daquele. O deslizar metonímico entre essas cenas de igual valor simbólico evidencia o ritual de destruição que se mostra implicado na renovação. Na fração de minuto que dura o fulgor epifânico, o pensamentozinho do Menino, "ainda na fase hieroglífica", salta vários anos neste fulgor dilacerado: "Só no grão nulo de um minuto, o Menino recebia em si um miligrama de morte" (AMA, 6).

Não obstante, na série alegórica instituída a partir do entrecruzamento de ficção e reflexão histórica, inscreve-se uma outra possibilidade – afirmativa e menor – de ler a modernidade e a história. O término do conto, em lugar de obscurecer, ilumina as margens para uma outra forma de utopia: uma utopia menor, que se acende quando toda a esperança parece desaparecer no meio da escuridão. A luz verde, mínima e intermitente de um vagalume, emergindo das trevas da mata agonizante, sinaliza — posto que provisória e melancolicamente — novas possibilidades de esperança e de alegria:

> Voava, porém, a luzinha verde, vindo mesmo da mata, o primeiro vagalume. Sim, era lindo! – tão pequenino no ar, um instante só, alto, distante, indo-se. Era outra vez em quando a alegria (AMA, 7).

Ao traçar um roteiro alegórico onde se podem prever as conseqüências não mapeadas pelo "plano-piloto" de Brasília, o conto "As Margens da Alegria" gera uma inversão. O forasteirismo encerrado na corrida para a "Novacap" transformou-a num grande acampamento onde se amontoaram os candangos, os primeiros a chegar para trabalhar nas obras, cujo término culminou no alijamento destes para a "cidade-satélite". Gravitando periférica no entorno da Capital Federal, esta se viu cada vez mais excluída dos privilégios desfrutados pelos políticos que logo tomaram posse da "Praça dos Três Poderes". Para culminar, à marcha dos candangos seguiu-se a dos "catrumanos", uma versão dos novos sem-terra que, emergidos dos miseráveis quadros socioeconômicos disseminados pelos "gerais" do Brasil, desembocaram nos arrabaldes deste novo simulacro da "terra promissora".

Um dos maiores avatares do ideal de funcionalidade do "*habitat* padrão", Brasília acabou irônica e literalmente padronizada para se ajustar a toda sorte de heterogeneidades conflitivas que teve de abrigar. No ano dourado de 1960, a concorrida *vernissage* da nova capital do Brasil foi festejada por milhares de brasileiros comuns imiscuídos entre os convidados especiais vindos do mundo inteiro para ver de perto a realização da maior promessa utópica da modernidade brasileira e latino-americana. O que se assistiu, na transparência das fachadas de Brasília, foi, quase um século mais tarde, o *revival* dos "palácios de cristal" – um dos maiores emblemas da modernidade européia. E foi assim que a primeira edição de *Primeiras Estórias*, de Guimarães Rosa, acontecendo dois anos depois da inauguração de Brasília, já vaticinava, em seu conto de abertura, o colapso da utopia brasiliana.

UMA REDE INTERATIVA

Em contraponto ao modelo da "cidade letrada", emblematizado por Brasília, a comunidade que se erige na novela "Uma Estória de Amor" já nasce vocacionada para abrigar as diferenças e aceitar a alegre relatividade da vida. Sem monumentos arquitetônicos nem traçado urbano, sem portas nem muralhas, essa comunidade emerge aberta à interatividade e à hibridez cultural. Na segunda edição, de 1960, "Uma Estória de Amor" é publicada junto com outras seis novelas no livro *Corpo de Baile*[66]. A partir da terceira edição, de 1964, essa novela vai figurar, junto com "Campo Geral", na obra *Manuelzão e Miguilim*[67], um dos três volumes em que o livro *Corpo de Baile* se dividiu.

É curioso notar que, nas duas primeiras edições dessa obra, o autor insere sete epígrafes gerais na folha de rosto do volume, e todas elas são extrações de reflexões da tradição filosófica. No contra-rosto da mesma folha, ressalta, separada, uma epígrafe intitulada "Côco de Festa", uma cantiga proveniente da tradição oral sertaneja, segundo informa a citação que a acompanha.

A citação da fonte, quase tão longa quanto a epígrafe e, da mesma forma que esta, regulada pelo princípio da recursividade, enforma-se como um assíndeto, quase poema, onde se enumeram variações do nome de Chico Barbós, autor da cantiga. O local onde se deu a recolha da epígrafe recebe também vários epítetos em consonância com o processo de designação anterior. Trata-se da "Sirga", local onde se funda a comunidade de base pecuária que constitui o cenário migrante de "Uma Estória de Amor". Nesta, o toponímico é designado como "Samarra", ou seja, sob um novo nome, reforçando a idéia do desdobramento lúdico que sustentará a condução da narrativa.

A importância do jogo evidenciado pela epígrafe se confirma, numa carta de 3 de janeiro de 1964, onde Guimarães Rosa responde ao seu tradutor italiano, que lhe solicitara a elucidação do sentido dessa epígrafe. O escritor explica as razões por que realizou a troca dos dois topônimos, bem como sua intenção de explorar não o sentido ou o caráter documentário do "Côco de Festa" (segundo Rosa, "subsidiaríssimo, acessório, mais um mal necessário"), mas antes a intenção que este encerra: "o poético, o mágico, o humor e a transcendência metafísica".

Você sabe, por exemplo, que a SIRGA existe, mesmo; mas escolhi-a também pela beleza que achei no nome, pouco comumente usado (sirga = corda com que se puxa embarcação, ao longo da margem). Já, na própria estória "UMA ESTÓRIA DE AMOR", troquei-o pelo de SAMARRA, que ainda me pareceu mais sugestivo. Você, na explicação do "Coco", pode fazer o mesmo. Enfim. Agora, depois disso, a outra "explicação", como já disse, podia figurar como nota (esclarecendo que é um "coco"), como pé-de-página, ou no "Elucidário". Assim, acho que pegávamos o *optimum*[68].

É curioso notar como a rede recursiva da referida novela inclui seu próprio autor. Este, ao interferir na estrutura da ficção, enreda-se nela e a obriga a representar as formações que presidem à sua (dela) própria concepção. Muitas das sugestões de tradutores ou comentários críticos serão aproveitadas por Guimarães Rosa em novas edições de suas obras. Dessa forma, ele procede como um escritor-crítico de sua própria poética que, ao ser submetida à releitura, assume um caráter metapoético.

As fronteiras discursivas abertas pelo fazer crítico rosiano vão reaparecer, recorrente e recursivamente, na interlocução do escritor com seus críticos, tradutores, entrevistadores. O transplante das epígrafes do *Corpo de Baile* (conforme empregadas nas duas primeiras edições dessa obra) para sua nova distribuição (nos volumes desdobrados a partir da 3ª edição) foi influenciado pela opinião de Bizzarri, conforme atesta esta passagem extraída da carta anterior, em que Rosa fala do destino de uma das epígrafes originais – o "Côco de Festa", do Chico Barbós: "Na partilha, resolvi deslocar o Coco para o 3º livro (*Noites do Sertão*), servindo como epígrafe *primitiva* para a novela *Dão-Lalalão*. Foi idéia sugerida indiretamente, por Você. [...] Veja como o grande tradutor começa a influir no autor"[69].

Assim, desde a epígrafe e suas respectivas notas explicativas até a trama da novela (e a representação artística do autor nela incluída), tudo se entrelaça numa grande cadeia recursiva cujas variações remetem a uma forma fractalizada de organização. Em outras palavras, cada nova unidade reproduz o modo de estruturação do conjunto, diferenciando-se deste apenas em escala[70]. Ao projetar-se especularmente em cada nova atomização da cadeia, o conjunto se segmenta e se reordena de forma constelar. Esse modo de estruturação reproduz, de forma mais sofisticada, as formações discursivas que constituem a rede da tradição oral, cujos fios estão sempre abertos à inserção de novas vozes. Segue abaixo a reprodução da epígrafe do "Côco de Festa", acompanhada da respectiva referência[71]:

Da mandioca quero a massa e o beijú,
do mundéu quero a paca e o tatú;
da mulher quero o sapato, quero o pé!
– quero a paca, quero o tatú, quero o mundé...
Eu, do pai, quero a mãe, quero a filha:
Também quero casar na família.
Quero o galo, quero a galinha do terreiro,
Quero o menino da capanga do dinheiro.
Quero o boi, quero o chifre, quero o guampo;
Do cumbuco do balaio quero o tampo.
Quero a pimenta, quero o caldo, quero o molho!
– eu do guampo quero o chifre, quero o boi.
Qu' é dele, o doido, qu' é dele, o maluco?
Eu quero o tampo do balaio do cumbuco...

(Côco de festa, do Chico Barbós, dito Chico Rebeca, dito Chico
Precata, Chico do Norte, Chico Mouro, Chico Rita, – na Sirga, Ran-
charia da Sirga, Vereda da Sirga, Baixio da Sirga, Sertão da Sirga.)

O conjunto das epígrafes iniciais de *Corpo de Baile* suscita pelo menos mais uma consideração: a conjunção de textos oriundos da tradição metafísica e hermética com uma cantiga típica da tradição oral sertaneja. A hibridização de fontes de prestígio diferenciado, mas igualmente valorizadas pelo autor, reproduz-se na constituição da novela e aponta para o princípio de heterogeneidade que confere à literatura rosiana a capacidade de deslizar entre o pensamento epistemológico e o mitopoético, o erudito e o popular, o moderno e o arcaico.

O trânsito de Guimarães Rosa entre o exterior e o interior, a diversidade de sua experiência profissional, a mescla entre sua formação popular e erudita irão, indubitavelmete, refletir-se na construção de sua obra. A par do conhecimento de obras da tradição canônica, o escritor mineiro (seja através de suas viagens de pesquisa a Minas Gerais, seja através da recolha de material realizada por seu pai ou através da memória dos tempos da infância em que ouvia contos e cantigas dos mais velhos em Cordisburgo) vai formando um vasto acervo de narrativas populares que irão constituir o principal fermento de sua literatura como um todo e, particularmente, da novela "Uma Estória de Amor".

Hino de amor ao imaginário mitopoético da tradição oral, como seu próprio título evidencia, essa novela, ao registrar na escrita o acervo das narrativas orais sertanejas, mimetiza o seu processo de tessitura e, em paralelo, restaura, fio por fio, um tecido ameaçado de esgarçamento. Atrás da apaixonada recepção das personagens que ouvem extasiadas os causos, os contos, as cantigas, as estórias, ao longo da novela, pressente-se a sombra do escritor tentando tirar mais leite de sua própria recriação. Onde e como começaram as estórias, seu valor simbólico, de que forma elas obtiveram transmissibilidade, qual o seu papel na formação da rede da tradição em sociedades sem escrita nem monumentos históricos, sua concepção norteada por lendas, crendices, mitos, a sabedoria dos velhos narradores.

O gesto "museico" ressaltado nessa restauração de fontes arcaicas é fundamentalmente dialético, pois tanto se presta a preservar aquilo que se submeteu aos estragos da modernização, quanto a performatizar o espaço para a reflexão e a memória contra-hegemônica[72]. "Uma Estória de Amor" é uma estória das estórias, hiperestória a tecer indefinidamente a rede que preserva e, ao mesmo tempo, renova a cultura arcaica do sertão mineiro. Guimarães Rosa o explica numa das cartas a Bizzarri:

"Uma Estória de Amor" –: trata das "estórias", sua origem, seu poder. Os contos folclóricos como encerrando verdades sob forma de parábolas ou sím-

bolos, e realmente contendo uma "revelação". O papel quase sacerdotal dos contadores de estórias. [...] A formidável carga de estímulo normativo capaz de desencadear-se de uma contada estória, marca o final da novela e confere-lhe o verdadeiro sentido[73].

O título dessa hiperestória já existia germinalmente antes do livro de 1956. Numa carta de 1946 a João Condé, ao explicar como concebeu e produziu cada conto de *Sagarana*, Guimarães Rosa revela que, dos doze textos originais, ele suprimiu dois, um dos quais "Uma História de Amor" (em que história figura com "h"). Nas palavras dele: "Um belo tema, que não consegui desenvolver razoavelmente"[74]. Somente anos mais tarde, depois da viagem ao sertão mineiro, realizada em 1952, é que o título será retomado, embora com outra temática e com a troca da "história" pela "estória". O motivo da novela vai encontrar forte substrato na condução de uma boiada liderada por Manuelzão, a qual irá ocorrer por dez dias, a partir da festa de inauguração da Fazenda da Sirga, cujo proprietário é Francisco Moreira, primo de Guimarães Rosa. Segundo registro de Sandra Guardini Vasconcelos, a partir de suas pesquisas às anotações do escritor, ele irá acompanhar a comitiva levando suas cadernetas de notas onde registrará as várias nuances da viagem que serão tematizadas em "Uma Estória de Amor (Festa de Manuelzão)".

"Uma Estória de Amor (Festa de Manuelzão)" nasceu da convivência de Guimarães Rosa com os vaqueiros, seu mundo, costumes e imaginário, durante a viagem do escritor acompanhando a boiada de Manoel Nardy pelo interior de Minas Gerais, em maio de 1952. Os dez dias montado em lombo de cavalo, caderneta ao pescoço, resultaram em dois cadernos de viagem chamados de *A Boiada 1* e *A Boiada 2*, cujas anotações foram posteriormente aproveitadas na elaboração dos contos e novelas de *Corpo de Baile*. Suas notas e anotações registram o que se poderia chamar de uma cultura do boi, incluindo sua nomenclatura, paisagem física, costumes e atividades, como a apartação, contagem, estouros, ajunta, etc. Por outro lado, os diários de viagem também revelam um grande interesse do escritor pelos "romances" e histórias de bois correntes no sertão e por festas e folguedos, tais como a folia de reis, batuque, congada, lundu e o bumba-meu-boi[75].

Contrariamente à cidade letrada, a comunidade enfocada em "Uma Estória de Amor" surge do meio rural; ou da "cultura do boi", para usar a expressão de Sandra Vasconcelos. Incontaminada de "história oficial", essa comunidade, brotando do veio das "estórias", ruma, desde o ritual que preside à sua fundação, para a desnarrativização da "história". É assim que, ancorada em signos e territórios migrantes, em referências e vestígios recicláveis, a "Samarra", desde sua fundação, não pára de se reinventar.

FUNDAÇÃO E DISPERSÃO

Tendo como *leitmotiv* a fundação da "Samarra", pequeno arraial emergente numa inóspita região sertaneja, a novela "Uma Estória de Amor" encena, sob o signo da hibridez cultural e da cosmovisão carnavalesca, o nascimento de uma comunidade interativa que floresce do veio das "estórias". Território suplementar da modernidade, a Samarra encontra seu terreno numa zona fronteiriça, aberta à itinerância de toda uma sorte de habitantes de margens, trabalhadores migrantes, seres excluídos da história, a minoria periférica que a territorialidade fixa das metrópoles expulsa para os arrabaldes.

O próprio Manuelzão, protagonista da novela e chefe da comunidade emergente, encarna a condição migrante. Capataz de fazenda e condutor de boiadas a deambular solitário e sem pouso pela vastidão sem fronteiras dos "Gerais", ele vive à mercê das precárias oscilações da economia pecuária da região e, portanto, de vínculos territoriais fortuitos. Destituído do direito de "pertencimento", ele se reconhece exilado em qualquer lugar onde se estabeleça. Sua reivindicação ao direito coletivo de associação e residência tem a chance de efetivar-se na comunidade fundacional cuja consolidação, ele, na qualidade de líder, irá agenciar.

> Pois ele até ali usara um viver sem pique nem pouso – fazendo outros sertões, comboiando boiadas, produzindo retiros provisórios, onde por pouquinho prazo se demorava – sabendo as poeiras do mundo, como se navega. Mas, na Samarra, ia mas era firmar um estabelecimento maior. Sensato se alegrara. Mordeu no ser. Arreuniu homens e veio, conforme acostumado. Aqui era umas araraquaras. A Terra do Boi Sôlto. Chegaram, em mês de maio, acharam, na barriga serrã, o sítio apropriado, e assentaram a sede (UEA, 11-12).

Quando chegou à localidade para trabalhar como capataz na fazenda de Federico Freyre, o vaqueiro achou-se estranho dentre aqueles sertanejos que, no seu entendimento, "eram diversos" e falavam uma língua que lhe soava estúrdia e incompreensível:

> E, no começo, ele, mais sua meia-dúzia pessoal trazido do Maquiné, quase que muita coisa não entendiam bem, quando aqueles dali falavam. Linguajar com muitas outras palavras: em vez de "segunda-feira", "terça-feira", era "desamenhã é dia-de-terça, dia-de-quarta"; em vez de "parar", só falavam "esbarrar" – parece que nem sabiam o que é que "parar" significava; em vez de dizerem "na frente, lá, adiante", era "acolá", e "acolá-em-cima", e "p'r'acolá", e "acolí, "p'r'acolí" – quando era para trás, ou ali adiente de lado... (UEA, 125).

Ainda que não seja do local, desconheça grande parte de suas tradições e não lhe domine os códigos, Manuelzão, adotando o princípio de plasticidade cultural, "nos usos deles se ajeitava" (UEA, 125). Experiente, flexível, tradutor de sistemas diferenciados entre si, ele ganha o respeito do núcleo que se vai agregando nas imediações da fazenda. Uma vez reconhecido como chefe, surge-lhe a obrigação de instituir interditos para regular as relações sociais iminentes[76]. A primeira regra, criada por uma espécie de plebiscito da "nova ordem social", é a proibição de uma relação amorosa – "a estória de amor" do velho Camilo com a Joana Xaviel: "eles necessitando da caridade, e vivendo assim um bem-estar? Nem não eram casados. Tinham de se apartar, para a decência" (UEA, 143).

Desfazer a relação incômoda é a difícil tarefa que, no decorrer da festa-narrativa, irá atormentar o chefe da Samarra. Ainda que afirme a necessidade de separar o casal, Manuelzão, no fundo, duvida de ter acertado em sua decisão: "Velho assim não podia gostar de mulher? A decência da sociedade era não se deixasse, os dois sendo pobres miseráveis, ficarem inventando aquela vida. Regra às bostas. Tinha lá culpa?!" (UEA, 168).

Manuelzão não consegue desfrutar a própria festa, apesar de ser através dela que seu poder se consolida. Nos seus tormentos, surge, embora tênue, a consciência dos limites socioeconômicos do vaqueiro. No momento da narrativa, ele é um capataz, em posição de comando, sendo também fundador de um lugar que poderia servir-lhe de parada, de pouso: "Talvez na ocasião tivesse imaginado que a Samarra ia ser seu esteio de pouso, termo de destino" (UEA, 113). Ainda assim, ele se sabe subordinado, visto a obrigação iminente de conduzir uma boiada lembrar-lhe a condição itinerante, a qual, por sua vez, simboliza e reafirma sua dependência em relação ao dono das terras.

Trem de trem ruim, negócio de pegar a estrada, pajeando boi. Algum dia ele podia deixar esses excessos de lado, enriquecido. Ah, os netos haviam de não carecer do burro serviço! Varar os sem-fins de cerradão de árvores altas, o dia inteiro não se via o sol, não se via o céu direito, e era o perigo de os bois se espalharem aos lados, se perdendo no mato do mundo (UEA, 172).

No decorrer do ritual de fundação do lugarejo, à medida que se prepara a festa de inauguração, o tempo cronológico é interrompido e se converte no tempo da rememoração e da reflexão. Não sendo assinalados de qualquer vivência, os dias do rememorar não têm, segundo Walter Benjamin, qualquer associação com os demais dias do ano. Benjamin assinala a grandeza e a importância dos dias de festa, que promovem "o encontro com uma vida anterior"[77].

Consagrando a relatividade do tempo e desconstruindo uma noção tão moderna quanto a identidade, a festa fundadora da Samarra realiza-se na fronteira liminar entre o estar e mal-estar de Manuelzão. Para se efetivar a aspiração do capataz – integrar-se a uma comunidade – são necessárias as condições que lhe assegurem a permanência. Se quiser ser dono, ele terá, paradoxalmente, de começar do nada. Surge-lhe, então, pela primeira vez, a dolorosa consciência de não mais ter idade para recomeçar. A partir daí, Manuelzão reflete que não há nem mesmo a *festa*, já que esta, diferentemente do que ele tinha suposto, não funda para ele próprio a tão ansiada condição de permanência. Conclusão: o poder do capataz não existe de fato. No caso de abandonar as terras que pertencem a outro, ou deixar de conduzir a boiada, Manuelzão não será mais que um vaqueiro no anonimato.

Atrás da intrincada rede em que esses conflitos se expressam está uma outra voz urdindo e superpondo, aos fluxos de consciência do protagonista, uma espécie de tradução simultânea. Esse procedimento se manifesta através do "discurso indireto livre", técnica narrativa que, realizada sob a intervenção do autor implícito imiscuído na cena, permite edificar, sem interrupções ou com um mínimo de artificialismo, "metapontos de vista complexos"[78]. O cruzamento quase invisível da perspectiva do narrador com a do protagonista (incapaz, *per se*, de formular claramente seus conflitos) dá visibilidade às contradições básicas do "chefe": ser o dono da festa e não poder desfrutá-la; a hesitação entre fixar-se ou assumir a condição itinerante.

As contradições e os conflitos do protagonista são permeados por três planos: o temático, o estrutural e o identitário. No plano temático, o escritor institui uma nova forma de habitar que se ajusta à cena da vida (pós)moderna, o que implica a necessidade de abrir mão do credo da fixidez territorial. No plano das inovações estruturais, a errância por "espaços de uma dispersão" encontra correspondência numa escrita fragmentária, espaçada e lacunar — mapa discursivo engendrando uma deslizante arqueologia de superfície. No plano identitário, o chefe da Samarra mostra-se dividido entre fixar-se ou não se fixar em território alheio, conflito metaforizado pelo "machucado do pé", que lhe dificulta deslocar-se, com desenvoltura, pela superfície móvel da festa.

Como outras personagens rosianas — a exemplo de Riobaldo e Cara-de-Bronze — Manuelzão não se faz a grande pergunta suscitada pela modernidade: — Quem eu sou? Prenunciando os hiper-roteiros cinematográficos deste fim de milênio (onde os heróis usam máscaras *fashion* para pular as dificuldades), o chefe da Samarra usa a precedência do simulacro para perguntar-se algo como: — Com o que é que eu pareço?[79] A cena abaixo, um dos pontos mais altos da excelência técnica de Guimarães Rosa, condensa esses três planos (o temático, o estrutural e o identitário), atravessa a fronteira da modernidade e se abeira das cenas da vida contemporânea.

Triste que aquilo tudo não pertencesse — pois o dono por detrás era Federico Freyre. A ver, ele, Manuelzão, era somenos. Possuía umas dez-e-dez vacas, uns animais de montar, uns arreios. Possuía nada. Assentasse de sair dali, com o seu, e descia as serras da miséria. Quisesse guardar as reses, em que pasto que pôr? E, se quisesse adquirir, longe, um punhadinho de alqueires, então tinha de vender primeiro as vacas para o dinheiro com o comprar. Possuía? Os cotovelos! Era quase igual com o velho Camilo [...] A aflição dos pensamentos. Parece que eu vivo, vivo, e estou inocente. Faço e faço, mas não tem outro jeito: não vivo encalcado, parece que estou num erro... Ou que tudo que eu faço é copiado ou fingimento, eu tenho vergonha, depois. Ah, ele mais o velho Camilo — acamaradados! Será que o velho Camilo sabia outras coisas? O que mal pensava, mal sentia. Porém, porém, ia passando além. A festa não existia (UEA, 178).

Num espaço-tempo remanejável que nunca pára de se dissipar, realiza-se a travessia poética de Manuelzão. Tensionada entre a errância e a permanência do protagonista, a paisagem cerrada do sertão se desterritorializa para abranger o modelo de universo de Rosa: um sertão mesclado, heterogêneo, multicultural, constituído na fronteira entre fundação e dispersão. Como as inúmeras "estórias" que se intercambiam umas às outras no presente da festa, o tempo da fundação é, na narrativa rosiana, descontínuo, sem origem nem teleologia; um paradigma para esse território poderia ser o "espaço de uma dispersão"[80].

MÁQUINA DE TECER ESTÓRIAS

A voz que abre o cenário de "Uma Estória de Amor" fala dos começos, do *illo tempore* dos mitos cosmogônicos, em que as coisas, ao serem penetradas pelas palavras, começam a germinar, instituindo-se, assim, um lugar onde o que não era passa a ser. Também inaugural, o espaço entra em circulação sob a movimentação festiva e a dança dos signos. A fala "Ia haver a festa" é o aceno do gesto icônico e cosmogônico que, daí para a frente, irá comandar a geração de palavras e coisas.

A partir desse sinal, assiste-se, sob o foco de uma "câmera móvel", aos grandes planos que conferem uma visão cinematográfica aos preparativos da festa, sob cuja tomada vislumbra-se o nascimento da "Samarra". Referência irônica ao marco inicial da história brasileira, a "primeira missa" é o ato fundacional da capela e da comunidade.

Ia haver a festa. Naquele lugar, nem fazenda, só um repôsto, um currais de gado, pobre e novo ali entre o Rio e a Serra-dos-Gerais [...] Benzia-se a capela – templozinho, nem mais que uma guarita [...] Manuelzão ali perante vigiava. [...] Queria uma festa forte, a primeira missa. Agora, por dizer, certo modo, aquele lugar da Samarra se fundava (UEA, 107).

A frase inicial não apenas inaugura a narrativa, como também institui a coextensividade entre narração e fundação do objeto narrativo. Dessa forma, a comunidade liderada por Manuelzão situa-se num território fundado por palavras. A imagem da festa-fundação é constelar: há alternância de papéis, troca de pares, deslizamento de sentidos e funções. Como na praça carnavalesca de Bakhtin, quebram-se todas as hierarquias: um capataz lidera a nova comunidade vaqueira; as mulheres, roubando a cena ao chefe, passam a comandar as rezas e a distribuição das tarefas; o velho octogenário é o sujeito amoroso; o rico fazendeiro senta-se junto com os empregados e come o mesmo que eles. No espaço interativo da festa, há todo tipo de convívio, e as diferenças são temporariamente abolidas[81].

Como a comunidade ou a festa de "Uma Estória de Amor", cujas existências estão em incessante processo de fundação e dispersão, há um texto se escrevendo, tecendo-se e processando outros. Desde a festa até as quadras recitadas, as cantigas entoadas ou as estórias narradas, tudo, na novela, converte-se em estória, em novas narrativas, de cujo interior vão-se gerando outras, a partir do desdobramento recursivo e especular: "As quadras viviam em redor da gente, suas pessoas, sem se poder pegar, mas que nunca morriam, como as das estórias. Cada cantiga era uma estória" (UEA, 129).

Esse entretecimento em que umas coisas ressurgem interminavelmente de dentro das outras, em que tudo vira palavra narrada ou mote para novas narrativas, constitui uma grande teia de sentido que confere à novela seu caráter fundacional e metapoético. Também a epígrafe da novela se conjuga a essa teia. Trata-se do "Batuque dos Gerais"[82] que, ao mimetizar o interminável movimento maquínico do "tear", metaforiza os elos da rede da tradição oral.

Para Benjamin, um dos contextos emblemáticos de aquisição e transmissão de narrativas orais é o universo arcaico dos tecelões. Enquanto estes fiam ou tecem, o ritmo do trabalho se apodera deles de tal forma que eles se esquecem de si mesmos e podem gravar profundamente o que ouvem: "Assim se teceu a rede em que está guardado o dom narrativo"[83]. "O Batuque dos Gerais" é uma máquina de tecer relatos que faz a ponte entre a história tradicional e a nova história que emerge dos "Gerais".

O tear

o tear

o tear

o tear

quando pega a tecer

vai até ao amanhecer

quando pega

a tecer,

vai até ao

amanhecer...

"Batuque dos Gerais"

O tear é um engenho por meio do qual os fios se tramam para formar um tecido. Cada fio que engendra as quadras, as cantigas e as estórias da novela rosiana entra na constituição de sua textura, para formar uma interminável "estória de amor". Ao tecer a rede que todas as histórias constituem entre si, a reminiscência "funda a cadeia da tradição, que transmite os acontecimentos de geração a geração"[84]. Agência maquínica a tecer relatos, o "tear" rosiano é um engenho cujo mecanismo não pára de reciclar, entrecruzar e retramar fios que matizam e ressemantizam a tradição oral com a nova tradição que emerge com a fundação da Samarra. Mecanismo de proliferação a agenciar a transmissão e a preservação das estórias, o tear metaforiza a rede aberta da tradição oral. O fio temático da festa-comunidade-estória é fundido e confundido nessa máquina de produzir relatos. A sabedoria do narrador oral, segundo Benjamin, consiste em fazer uma sugestão sobre a continuação de uma história que está sendo narrada[85]. Essa sabedoria, representada na passagem abaixo, desdobra-se no fiar e desfiar, avançar e interromper, deixando um rastro para a continuação da narrativa, cujo modelo mais emblemático são os relatos desdobráveis de Sherazade em *As Mil e Uma Noites*.

Festa devia de ser assim: o risonho termo e começo de tudo, a gente desmanchando tudo [...] e sem precisar, depois, de tornar a refazer. Que nem as estórias contadas. Chegava na hora, a estória se alumiava e se acabava. Saía por fim fundo e deixava um buraco. Ah, então a estória ficava pronta, rastro como o de se ouvir música cantada (UEA, 146).

Primeiro a Joana Xaviel, depois o Velho Camilo – ambos modelos de narradores tradicionais – narram estórias, que tocam os sentimentos dos presentes. Como uma Sherazade sertaneja, "Joana Xaviel sabia mil estórias. Seduzia [...]. Pegava a contar estórias – gerava torto encanto" (*UEA*, 103-105). Numa de suas narrativas, Joana Xaviel, deixando o mal sem castigo, suspende o final da estória.

A estória se acabava aí de-repentemente, com o mal não tendo castigo [...]. Todos que ouviam, estranhavam muito: estória desigual das outras, danada de diversa. Mas essa estória estava errada, não era toda! Ah, ela tinha de ter outra parte – faltava a segunda parte? A Joana Xaviel dizia que não, que assim era que sabia, não havia doutra maneira. Mentira dela? A ver que sabia o resto, mas se esquecendo, escondendo. Mas – uma segunda parte, o final – tinha de ter! Um dia, se apertasse com a Joana Xaviel, à brava, agatanhal, e ela teria que discorrer o faltante. Ou, então, se vero ela não soubesse, competia se mandar enviados com paga, por aí fundo, todo longe, pelos ocos e veredas do mundo Gerais, caçando – para se indagar – cada uma das velhas pessoas que conservavam as estórias. Quem inventou o formado, quem por tão primeiro descobriu o vulto de idéias das estórias? Mas, ainda que nem não se achasse mais a outra parte, a gente podia, carecia de nela acreditar, mesmo assim sem ouvir, sem ver, sem saber. Só essa parte é que era importante (*UEA*, 134).

Considerando o pressuposto benjaminiano de que a sabedoria do narrador tradicional reside em conferir transmissibilidade às suas narrativas, a estória de Joana Xaviel, ao deixar inconcluso seu final, é, do ponto de vista estrutural, uma estória exemplar. A indignada recepção dos ouvintes e seu empenho em resgatar a origem das estórias mostra que a narrativa inconclusa de Joana Xaviel desembocará na voz de um novo narrador que, ao atribuir uma outra seqüência à estória, não apenas dará continuidade à tradição oral, mas também irá instituir uma nova rede de sentidos.

Em seu visível parentesco com as festas e com os mitos de origem, as narrativas orais, como percebeu o mitólogo Roger Caillois, celebram a renovação do tempo e exercem a função de regenerar o mundo real. Acredita-se que recitar os mitos – relatos secretos e poderosos que narram a criação de uma espécie ou a fundação de uma instituição – é suficiente para recuperar o tempo fecundo da cosmogênese. Como os mitos agem de forma semelhante às palavras-chave, basta recitá-los para provocar a repetição do ato que eles comemoram[86].

Um outro mitólogo, Mircea Eliade, defende a idéia de que a "história" narrada pelo mito constitui um "conhecimento". Dessa forma, "conhecer a origem de um objeto, de um animal ou planta, equivale a adquirir sobre eles um poder mágico, graças ao qual é possível dominá-los, multiplicá-los ou reproduzi-los à vontade"[87]. Trata-se, enfim, de postulados a reafirmar a importância que assume um paradigma (como o das narrativas orais) no sentido de criar vínculos históricos nas sociedades arcaicas e, em particular, na comunidade fundacional rosiana.

"A Estória do Velho Camilo", também intitulada "O Romanço do Boi Bonito" ou "Décima do Boi ou do Cavalo", contém os ingredientes de antigas parábolas míticas e, nos seus lances de magia e heroísmo, pode-se ler especularmente a "estória de amor" interditada ao velho Camilo. Este vale-se da parábola para demandar a própria inserção numa comunidade que, mal iniciada, o condena à exclusão. Última dentre as várias narrativas que se entrecruzam na novela, esta estória tece a rede onde todas as outras se enlaçam.

Sob o vetor da plasticidade lingüística e cultural, a senha do "era uma vez" que abre a estória conforma-se à hibridez lingüística e cultural. O imaginário dos contos de fadas e seu mote tradicional se mesclam ao imaginário da tradição oral sertaneja e se contextualizam na cultura do boi: "– Em era um homem fazendeiro, e muito bom vaqueiro. No centro deste sertão" (UEA, 180). A transcultura-ção semiótica, ou seja, a transposição criativa dos contos míticos ou dos contos de fada para o imaginário da cultura pecuária per-mite converter o "rei" em fazendeiro; o reino dos antigos impérios, em uma "ilustre fazenda"; o objeto mágico que se quer recuperar, na estória do Velho Camilo, não é o pote de ouro ou o anel da feli-cidade, mas um boi dotado de atributos míticos.

– "Quando tudo era falante... No centro deste sertão e de todos. Havia o homem – a coroa e o rei do reino – sobre grande e ilustre fazenda, senhor de cabedal e possanças, barba branca pra coçar. Largos campos, fim das terras, essas províncias de serra, pastagens de vacaria, o urro dos marruás. A Fazen-da Lei do Mundo, no campo de Seu Pensar... Velho homem morreu, ficou o herdeiro filho...

– ... Nos pastos mais de longe da Fazenda, vevia um boi que era o Boi Bo-nito, vaqueiro nenhum não agüentava trazer no curral..." O sinal desse boi era: branco leite, cor de flor. Não tinha marca de ferro. Chifres de bom parecer. Nos verdes campos onde pastava, tantos pássaros a cantar (UEA, 180).

Basicamente estruturada em redondilha maior, como os antigos "romances" ibéricos, esta narrativa mostra a luta do homem con-tra a força mágica da natureza, encarnada na potência divina de um boi. A façanha, depois de muita luta, morte e peripécia, é realizada pelo "Menino", vaqueiro cujo parentesco com o caráter sagrado do "boi bonito" se afirma em seus atributos mítico-heróicos. Preso este, o herói exige como prenda, não a posse de terras ou o casa-mento com a filha do fazendeiro, como lhe havia sido prometido, mas a libertação do boi. Através de sua parábola, Camilo recorre ao direito de ir-e-vir, o acesso ao amor interditado. Mas, basica-mente, o direito de ser "outro" sem, necessariamente, ser tratado como "outro".

Terminada a estória, o sertão é, por um instante, tocado pelo fulgor do sublime a mobilizar os ouvintes que, tocados de êxtase e compaixão, deixam-se arrebatar e enlear na trama; há encontros, aproximação, comunhão: cada um dos envolvidos identifica-se com a "estória", reconhece-se na parábola. Este é o instante epifânico de "travessia", em que a experiência erótica do velho Camilo se transubstancia em sabedoria sentenciosa, de caráter popular e folclórico, sem, contudo, perder as profundezas de uma sabedoria transcendente. É nesse momento de reconhecimento que a estória se torna exemplar, transformando-se em saber transmissível.

Até as mulheres choravam. Leonísia suavemente, Joana Xaviel suave. Joana Xaviel de certo chorava. Esta estória ela não sabia, e nunca tinha escutado. Essa estória ela não contava. O velho Camilo que amava. [...] Manuelzão estendeu a mão. Para ninguém ele apontava. A boiada fosse sair (UEA, 191).

Os conflitos de Manuelzão aparecem metaforizados no seu "pé machucado", o que lhe dificulta transitar pelo espaço da festa, decidir se assume o comando da comunidade e se, depois da festa, irá conduzir a boiada. Entretanto, tão logo termina a narrativa de Camilo, a catarse, provocada pela estória, cria no protagonista a prontidão para a festa-viagem-comando. Desse modo, ele também pode retomar, sem medo, sua condição de vaqueiro: sua errância. E, sem conflitos, assumir o lugar de consenso demandado por sua posição de chefia.

Além de provocar o estado de sublimação, outra importante função da "estória" seria a de desencadear a renovação e a circulação do que estava estagnado, o que se reproduz em inúmeras situações da novela. Nesse sentido, uma das situações de maior destaque pode ser reconhecida no episódio de um riacho que seca tão logo é escolhido como ponto de referência para a construção da "casa-sede" da Samarra[88]. No meio de uma noite, ao pressentir a interrupção de seu fluxo, "cada um sentiu, de repente, no coração, o estalo do silenciozinho que ele fez, a pontuda falta da toada, do barulhinho". Todos, até as crianças, levantam-se e saem "para espiar o que não havia" (UEA, 115). O silêncio e o vazio decorrentes do desaparecimento do riacho na "realidade" do conto são todavia ressignificados e suplementados no interior d' "A Estória do Velho Camilo". De dentro dessa narrativa, seguindo-se ao confronto final entre o Menino e o Boi, ouve-se novamente o som do riacho:

O campo resplandecia. Para melhor não se ter medo, só essas belezas a gente olhava. Não se ouvia o bem-te-vi: se via o que ele não via. Se escutava o riachinho. Nem boi tem tanta lindeza, com cheiro de mulher solta, carneiro de lã branquinha. Mas o boi transformoseava: aos brancos de aço da lua. Foi nas fornalhas de um instante – o meio-tempo daquilo durado (UEA, 190).

A potência da "estória" em corrigir a "história" confere primazia ao cenário ficcional em detrimento do cenário referencial. Por sua vez, a novela termina com a "libertação" do herói e com a retomada da idéia de que a "festa" só ganhará contorno pela memória, a qual, segundo Benjamin, é a mais épica das faculdades humanas.

– Espera aí, seo Camilo...
– Manuelzão, que é que há?
– Está clareando agora, está resumindo...
– Uai, é dúvida?
Nem não. Cantar e brincar, hoje é festa – dançação. Chega o dia declarar! A festa não é pra se consumir – mas para depois se lembrar ... (UEA, 193-94).

SINAGOGA DE PAGODE

No que diz respeito às "festas de igreja" ou "festas de santo" brasileiras, o foco, segundo a perspectiva antropológica de Roberto DaMatta, é a "procissão". Em analogia com o desfile carnavalesco, esta reúne, dialogicamente, o alegre ao triste, o sadio ao doente, o puro ao pecador, a autoridade ao povo. DaMatta considera difícil, senão impossível, enquadrar as procissões no plano "estruturalista" das dicotomizações antropológicas, visto que, ao mesclar o sagrado com o profano e o formal com o informal, esse ritual engloba todas as facetas da comunidade ao mesmo tempo. A constituição híbrida (e "diferente") da procissão contribui, segundo ele, para se perceber, interpretar e representar aquilo que se deseja "construir", como a "realidade" social brasileira: "Esses ritos seriam, assim, modos de dizer algo sobre a estrutura social; mas de dizer algo de um certo ponto de vista [...] é uma estória que eles contam a eles próprios sobre eles mesmos"[89].

Tais ritos são em geral iniciados com uma missa, estão centrados na procissão (onde a imagem do santo sai de um santuário para outro) e terminam com uma festa no adro da igreja onde foi depositada a imagem. Aí se vendem doces, bebidas e são leiloados objetos para a irmandade do santo, há jogos e danças, criando-se um ambiente de encontro e comunhão muito semelhante ao do carnaval[90].

Introjetado no imaginário místico do sertanejo, o ritual da procissão que antecipa a "primeira missa" escapa ao planejamento e ao controle do "chefe" da Samarra. Como que propulsionada por um agenciamento coletivo, a procissão engloba todos os tipos sociais que, entoando hinos à Virgem, marcham rumo à capela: "Assim aquela procissão, ela marcava o início da festa? Mas Manuelzão, que tudo definira e determinara, não a tinha mandado ser, nem previra aquilo" (*UEA*, 127). Realizada a missa, o narrador observa que "a parte sagrada da festa tinha terminado" (*UEA*, 163); "O leilão principiava. O leilão ia bem. Uma festa é para se gastar dinheiro, sem fazer conta. [...] Hoje não era a festa – sinagoga de pagode, conforme o razoável?" (*UEA*, 150).

A partir das premissas desierarquizantes com que Benjamin reavalia o conceito de "alegoria", Wille Bolle esclarece que esse "discurso através do outro", em lugar de legitimar o *status quo* – representado por um tempo parado, mítico – é um signo ambíguo. Se a alegoria é, por um lado, fragmento, caducidade, ruína, por outro, ela é também a forma adequada para falar de liberdade, de imperfeição, de degradação, permitindo, dessa forma, abordar uma história inconclusa, uma outra história, uma história não real, mas possível, e aberta a transformações[91].

Superposto à matéria residual, às ruínas – monumento oculto de outra cultura mais arcaica que a da comunidade incipiente – o território da Samarra traz inscritos, em sua textura, rastros de uma história soterrada e o apelo de potencialidades não-realizadas. A alegoria benjaminiana fala dessas conexões subterrâneas. Agenciadas por uma vontade restauradora, essas conexões mostram, ao mesmo tempo, sua vocação para conservar rastros e ruínas e sua interpolação a uma história inconclusa e aberta ao devir.

Na realidade da novela, surge uma espécie de museu alternativo, performatizando a exposição de objetos sem utilidade prática nem valor de mercado, que vêm à tona e mostram, em sua pátina, os sinais rupestres de uma história soterrada. Trata-se, contudo, de objetos-moeda cujo valor simbólico custa um passe de ingresso na comunidade incipiente. Os "fiéis" que chegam para a "primeira missa" trazem consigo esses estúrdios objetos para "presentear" a santa, padroeira da capela. É com pasmo que o chefe, estranho à cultura local, entra em contato com esse museu alternativo.

Que povo, o desse baixio, dum sertão, das brenhas! De onde tiravam as estúrdias alfaias, e que juízo formavam da festa que ia ser, da missa da Samarra, na capelinha feita? Esse cafarnaúm! As lascas da pedra-de-amolar, uma buzina amarela de caçador, um bacamarte bôca-de-sino todo ferrugem, uma oitavada lanterninha, rosários de fava-vermelha, santa-rita e mariola; um *rabudo* — armadilha de ferro de pegar tatú em entrada de buraco [...] Será pensavam preciosos só para Nosso Senhor e a Virgem esses objetos fora de serventia trivial, mas com bizarria de luxo ou de memória? Talvez então eles também fossem espertos, ladinos demais, quando compareciam com aquela trenzada — por não ter saída em comércio, nem nenhum seguro custo? Manuelzão, em sutil, desconfiava (*UEA*, 108-109).

Precisamente porque bizarros, sem serventia trivial, é que esses objetos-memória não apenas refazem a história da vida privada dessa comunidade sem monumentos, como também metonimizam o resgate de uma outra forma de história. Restaurar, sob o olhar museico, uma tradição arcaica opacizada pela modernidade permite devolver materialidade a essa tradição cada vez mais impalpável. O alegre *revival*, no contexto de *fundação* e *happening* de "Uma Estória de Amor", em lugar de exercer a função de "câmara mortuária" mumificadora do passado ou de ossificação do novo, é o espaço onde os objetos exibidos "possam colidir e exibir sua heterogeneidade, e até mesmo suas incompatibilidades, para transmitir, para hibridizar e para viver no olhar e na memória do espectador"[92].

A permeabilização entre diferenças econômicas, culturais, étnicas e lingüísticas dos participantes da festa fundadora ocorre sob a mediação tradutória do fundador da comunidade alternativa. Diferentemente dos demais vaqueiros, Manuelzão domina (embora precariamente) o código escrito, não nasceu nas imediações da localidade fundacional e, enquanto capataz, a despeito de não possuir terras, difere hierarquicamente dos demais vaqueiros. Se, de um lado, está o "povo do baixio", vivendo numa barafunda, um "cafarnaúm", de outro lado, encontra-se o "chefe", visando ser proprietário como Federico Freyre, de cuja fazenda é o capataz. Freyre é dos modelos do protagonista.

Seu outro modelo é o "Senhor de Villamont", fazendeiro de alta estirpe, cujo "cavu" (capa que vai dos ombros até os pés) é o objeto do desejo do herói sem posses. Velho, quase cego, parecendo ser todo de vidro, esse nobre senhor mantém ainda "os altos gestos, a fidalguia, o que persistia nele era o molde do muito aprendido" (UEA, 121). O curioso dessa figura está na sua relação significante com Jacques de Villamont ou Sier de Villamont, historiador e arqueólogo francês que realizou excursões de pesquisas durante os últimos anos do século XVII. Tendo permanecido algum tempo em Roma e Nápoles, em 1589, ele embarcou em Veneza para visitar Chipre, Jerusalém, Palestina, Egito, regressando por Alexandria e Veneza.

Uma vez em França (1590), esse viajante francês publicou a relação das suas peregrinações sob o título de *Voyages du sieur de Villamont en Europe, Asie et Afrique*[93]. Essa obra trata de países desconhecidos e retrata, sob a perspectiva de uma testemunha atenta às diferenças, os usos e costumes dos habitantes das culturas visitadas. O interesse maior deste viajante deveu-se à curiosidade que ele, a partir da perspectiva etnológica, manifestou em relação às diferentes formas de governo e de organização social assumidas por cada um dos países ou cidades por ele visitados.

Num evidente diálogo com o leitor, o autor implícito se representa na obra rosiana para sugerir a analogia entre o pesquisador francês e o chefe da Samarra. Posto não fixar-se em lugar algum, este tem a obrigação semijurídica de instituir um novo espaço de convivência para abrigar toda a sorte de desabrigados e diferentes entre si. Dessa forma, irá pautar-se (ludicamente, uma vez que o conhecimento do referente é do autor e não da personagem) no modelo de alguém que tenha conhecimento de alternativas cosmo-políticas, como é o caso do Sier de Villamont, viajante transcriado literariamente na versão sertaneja do Senhor de Vilamão.

A identificação passa ainda pela questão da itinerância de ambos. Contudo, diferentemente da escolha deliberada do francês, que opta pela errância para conhecer, ilustrar-se e escrever, o percurso do capataz sertanejo é inverso e involuntário, já que decorre de sua dependência socioeconômica. A despeito dessa diferença, é curiosa a relação que aí se interpõe. A presença ficcional de Guimarães Rosa em sua própria obra faz uma espécie de interseção de si próprio, enquanto viajante pesquisador de novas culturas e criador ficcional de uma comunidade utópica, cujo chefe é um herói civilizador que põe a tarefa de instituir normas para corrigir o "carnafaum" do "mundo do boi".

UMA ESTÓRIA DE AMOR

Ao representar as narrativas orais no corpo de um texto escrito, onde a memória coletiva pode ser atualizada, a novela de Guimarães Rosa demonstra que a voz do narrador oral tem a potência de iluminar antigas estórias, de renová-las e torná-las capazes de ressoar em novas vozes. Tudo que parece ser fixo é afetado pela inter-subjetividade decorrente da interação das várias vozes a produzir enunciados singulares, no contexto do *revival* performatizado em "Uma Estória de Amor". As identificações em curso, a constelaridade vertiginosa da festa nada deixam fixar. Condensando-se à imagem da festa, a comunidade sertaneja de Guimarães Rosa é a imagem de fundação e dispersão de um pequeno cosmo, um museu reciclável que comporta toda a sorte de diversidade.

Em sua entrevista a Günter Lorenz, Rosa diz: "*a língua* e eu somos um casal de amantes que juntos procriam apaixonadamente"[94].

Essa relação se confirma noutro trecho da mesma entrevista, em que ele afirma: "Minha língua [...] é a arma com a qual defendo a dignidade do homem"[95]. Essa proposta materializada na obra ficcional do escritor mineiro revela a possibilidade de interromper a linearidade da sintaxe moralista e explicitamente engajada que permeia os ingênuos discursos utópicos sobre nacionalismo e nação. No entretecer das diferenças que convivem em sua "estória de amor", Guimarães Rosa performatiza sua comunidade alternativa, faz da linguagem um descontínuo e apaixonado *happening*, onde noções como totalidade, linearidade, teleologia se fraturam para encenar a tensão entre espaço e tempo, história e estória, identidade e alteridade, escritura e oralidade, a tradição e a (pós)modernidade.

NOTAS

1. Nietzsche, *Obras Incompletas*, p. 28.
2. Bakhtin, *Problemas da Poética de Dostoiévski*, p. 5 e *passim*.
3. Sobre a incomensurável esperança, o "dizer sim" à vida, mesmo nos momentos de maior adversidade, ver Nietzsche, *Obras Incompletas*, pp. 25-26.
4. Bakhtin, *A Cultura Popular na Idade Média e no Renascimento: O Contexto de François Rabelais*, pp. 8-9.
5. Caillois, *O Homem e o Sagrado*, pp. 112-115.
6. No *18 Brumário de Bonaparte*, Karl Marx afirma: "Hegel observa em uma de suas obras que todos os fatos e personagens de grande importância na história do mundo ocorrem, por assim dizer, duas vezes. E esqueceu-se de acrescentar: a primeira vez como tragédia, a segunda como farsa". *Apud* White, *Meta-História: A Imaginação Histórica do Século* XIX, p. 328.
7. Sobre a analogia da "grande cidade" projetada em "As Margens da Alegria" com o sentido utópico encerrado na fundação de Brasília, ver Souza *apud* Andrés (org.), *Utopias: Sentidos Minas Margens*; ver ainda Lima, "O Mundo em Perspectiva", em Coutinho (org.), *Guimarães Rosa*.
8. Machado de Assis, *Machado de Assis: Obra Completa*, vol. 3, p. 361.
9. White, *Meta-História*, p. 22.
10. *Idem, ibidem*.
11. *Idem*, pp. 436-437.
12. *Idem, ibidem*.
13. *Idem*, p. 52.
14. *Idem*, p. 20.
15. *Idem*, p. 17.

16. *Idem*, p. 340.
17. *Idem*, p. 378.
18. Novalis, *Pólen: Fragmentos, Diálogos, Monólogo*, p. 47.
19. *Idem*, p. 48.
20. *Idem*, p. 60.
21. *Idem, ibidem.*
22. Aristóteles, *Arte Retórica e Arte Poética*, p. 252.
23. *Idem, ibidem.*
24. *Idem*, p. 281.
25. Benjamin, *Magia e Técnica, Arte e Política: Ensaios sobre Literatura e História da Cultura*, p. 231.
26. *Idem*, p. 225.
27. *Idem*, p. 224.
28. *Idem*, p. 229.
29. Lorenz, *op. cit.*, p. 52.
30. As duas expressões citadas por Rosa em alemão são traduzidas pelo entrevistador no rodapé, seguindo a ordem em que elas aparecem na frase: "O interior e o exterior já não podem ser separados"; e *O Divã Oriental-Ocidental*, uma das principais obras de Goethe. Lorenz, *op. cit.*, p. 50.
31. Barthes, *Aula*, p. 39.
32. *Idem*, p. 18.
33. *Idem*, pp. 23-24.
34. Rónai, "Os Vastos Espaços", em Rosa, *Primeiras Estórias*, p. 24.
35. Lima, *op. cit.*, p. 500.
36. *Idem, ibidem.*
37. *Idem*, p. 501.
38. Rosa, *Tutaméia: Terceiras Estórias*, p. 3.
39. Lorenz, *op. cit.*, p. 47.
40. Sobre "plasticidade" e "transitividade cultural", ver Rama, *Transculturación Narrativa en América Latina*.
41. Sobre o "princípio da reversibilidade" em *Grande Sertão: Veredas*, ver Candido, *Tese e Antítese*.
42. Sobre a identificação de Diadorim com a "donzela guerreira", ver Galvão, *A Donzela Guerreira: Um Estudo de Gênero*, pp. 12-13; e ainda pp. 187-188.
43. Aristóteles, *Arte Retórica e Arte Poética*, p. 252.
44. Penso que o grande pacto ocorrido no romance *Grande Sertão: Veredas* é um pacto ficcional entabulado não apenas com o narratário de Riobaldo, mas também com outras vozes, desafiadas a interagirem na multíplice rede de trocas simbólicas propostas pela escrita rosiana.
45. Bakhtin, *Problemas da Poética de Dostoiévski*, p. 105.
46. *Idem*, p. 106.
47. Canclini, "Los Estudios Culturales de los 80 a los 90", em Herlinghaus e Walter (eds.), *Posmodernidad en la Periferia: Enfoques Latinoamericanos de la Nueva Teoría Cultural*, pp. 132-133.
48. Habermas, *O Discurso Filosófico da Modernidade*, pp. 16-18.
49. *Idem*, p. 18.

50. *Idem*, p. 20.
51. Gagnebin *apud* Maciel, *As Vertigens da Lucidez: Poesia e Crítica em Octavio Paz*, p. 180.
52. Pedrosa, *Dos Murais de Portinari aos Espaços de Brasília*, p. 305.
53. *Idem*, pp. 303-316.
54. *Idem*, pp. 303-304.
55. *Idem*, pp. 305-306.
56. Bizzarri, *J. Guimarães Rosa: Correspondência com seu Tradutor Italiano Edoardo Bizzarri*, pp. 22-23.
57. Rama, *A Cidade das Letras*, p. 22.
58. Pedrosa, *op. cit.*, pp. 359-361.
59. Rama, *op. cit.*, p. 22.
60. Rosa, "As Margens da Alegria", 1964, p. 3. Doravante, as referências a este conto serão indicadas pela sigla AMA, seguida da respectiva numeração.
61. Piglia, em Congresso ABRALIC, *Anais...*, p. 61. Tradução minha.
62. Lima, *op. cit.*, p. 500.
63. *Idem*, p. 501.
64. Souza, "Paisagens Pós-Utópicas", em Andrés (org.), *Utopias: Sentidos Minas Margens*, p. 154.
65. *Idem*, p. 147.
66. Rosa, *Corpo de Baile: Sete Novelas*, 2. ed., Rio de Janeiro, José Olympio, 1960.
67. Rosa, *Manuelzão e Miguilim*, 3. ed., 1964.
68. Bizzarri, *J. Guimarães Rosa: Correspondência com seu Tradutor Italiano Edoardo Bizzarri*, pp. 82-83.
69. *Idem*, p. 81. (As alterações na grafia da expressão "Côco de festa" estão no texto da carta do escritor, cuja transcrição, realizada neste capítulo, busca preservar.)
70. "Os fractais são formas geométricas que são igualmente complexas nos seus detalhes e na sua forma geral. Isto é, se um pedaço de fractal for devidamente aumentado para tornar-se do mesmo tamanho que o todo, deveria parecer-se com o todo, ainda que tivesse que sofrer algumas pequenas deformações." Mandelbrot, "Fractais: Uma Forma de Arte a Bem da Ciência", em Parente (org.), *Imagem-Máquina: A Era das Tecnologias do Virtual*, p. 197.
71. Rosa, *Corpo de Baile*.
72. Sobre "gesto museico", ver Huyssen, *Memórias do Modernismo*, pp. 224-225.
73. Bizzarri, *J. Guimarães Rosa: Correspondência com seu Tradutor Italiano Edoardo Bizzarri*, pp. 58-59.
74. V. G. Rosa, *Relembramentos: João Guimarães Rosa, Meu Pai*, p. 333.
75. Vasconcelos, *Revista USP*, pp. 84-85.
76. Segundo Freud, o nascimento da civilização pode ser identificado com a renúncia ao gozo, interdito em que basicamente repousa o início das relações culturais. Dessa renúncia, tanto mais crescente quanto mais estreitas se tornam as normas sociais, decorreria o mal-estar do homem "civilizado". Freud, *O Mal-estar da Civilização*, vol. XXI.
77. Benjamin, *Charles Baudelaire: Um Lírico no Auge do Capitalismo*, p. 131.
78. Sobre a edificação de metapontos de vista complexos, ver Morin, "Epistemologia da Complexidade", em Schnitman (org.), *Novos Paradigmas, Cultura e Subjetividade*, p. 281.

79. Sobre a substituição do real e dos seus signos pela operação de simulação, Baudrillard postula que o território já não precede o mapa nem sobrevive a ele: "É agora o mapa que precede o território – precessão dos simulacros – é ele que engendra o território cujos fragmentos apodrecem lentamente sobre a extensão do mapa. É o real, e não o mapa, cujos vestígios subsistem aqui e ali, nos desertos que já não são os do Império, mas o nosso. *O Deserto do Próprio Real*". Baudrillard, *Simulacros e Simulação*, p. 8.

80. Foucault, *A Arqueologia do Saber*, p. 10.

81. Para Bakhtin, "no carnaval, todos são participantes ativos, todos participam da festa carnavalesca [...] As leis, as proibições e restrições, que determinavam o sistema e a ordem da vida comum, isto é, extracarnavalesca, revogam-se durante o carnaval [...] Os homens, separados na vida por intransponíveis barreiras hierárquicas, entram em livre contato familiar na praça carnavalesca". Bakhtin, *Problemas da Poética de Dostoiévski*, pp.105-106.

82. "O Batuque dos Gerais", cujo ritmo e temática sugerem a ininterrupta tecedura do tear, é a epígrafe específica de "Uma Estória de Amor". Já constando nas duas primeiras edições do *Corpo de Baile*, ela foi mantida nas edições subseqüentes quando, como já se comentou, segmentaram-se, em três, os dois volumes da 1ª edição. A decisão de manter essa epígrafe na novela em questão – o que nem sempre aconteceu com respeito às epígrafes das outras novelas – sugere que o autor, aconselhado ou não por seus editores, percebeu que a estreita relação entre o mecanismo do "tear" e o modo de intencionar a novela deveria continuar sendo evidenciada pela epígrafe.

83. Benjamin, *Magia e Técnica, Arte e Política*, p. 205.

84. *Idem*, p. 211.

85. *Idem*, p. 200.

86. Caillois, *O Homem e o Sagrado*, pp. 106-107.

87. Eliade, *Mito e Realidade*.

88. Sandra Guardini Vasconcelos considera o episódio do "riacho" um dos mais importantes dessa novela. Nas palavras dela: "O episódio do riachinho seco se constitui num enigma que prefigura o desfecho da narrativa e contém, de forma cifrada, o destino de Manuelzão". Vasconcelos, *Puras Misturas: Estórias em Guimarães Rosa*, p. 31.

89. DaMatta, *Carnaval, Malandros e Heróis: Para uma Sociologia do Dilema Brasileiro*, pp. 65-66.

90. *Idem*, p. 65.

91. Bolle, "Grande Sertão", em *Revista USP*, pp. 80-93.

92. Huyssen, *Memórias do Modernismo*, p. 252.

93. Villamont, *Voyages du sieur de Villamont en Europe, Asie et Afrique* (Paris, 1596, 1600 e 1602; Arras, 1598 e 1605; Lyon, 1606; Rouen, 1608, 1610 e 1613; Liège, 1608).

94. Lorenz, *op. cit.*, p. 47.

95. *Idem*, p. 52 (embora já feita anteriormente, essa citação teve de ser retomada por uma questão operacional).

Grande Sertão: fronteiras

"Minha pátria é minha língua"
E eu não tenho pátria: tenho mátria
Eu quero frátria [...]

CAETANO VELOSO

A pátria está na busca, e também na nostalgia de repouso
que brota de nosso coração solitário e errante. Porque a vida
humana é, antes de tudo, itinerário. Estar sempre a caminho.
Por isso, no fundo, todos nós, seres humanos, somos como um
curdo sem pátria. A autêntica pátria do homem não tem perfis
nem fronteiras uniformes. O sonho cosmopolita, a imagem de
uma pátria universal é uma ilusão destrutiva. A verdadeira
pátria é a imagem das diferenças, a diversidade dos senti-
mentos, linguagens e culturas. Os itinerários plurais que tra-
çamos em nosso incessante caminhar. Em direção à pátria.

JOSÉ JIMÉNEZ

Ao propor um modelo de literatura para o próximo milênio, Italo Calvino elege – em homologia com o texto dialógico, polifônico ou carnavalesco que Bakthin surpreendeu na poética de Dostoiévski e de Rabelais – o romance multíplice, capaz de substituir a unicidade de um eu pensante pela multiplicidade de sujeitos, vozes, olhares sobre o mundo. Esse romance, concebido como um hipertexto, deve saber conjugar, em sua totalidade aberta e infinita, diversos saberes e códigos numa visão pluralística e multifacetada do mundo. Calvino identifica o ideal estético de exatidão da imaginação e da linguagem (postulado por Valéry) na literatura de Jorge Luis Borges, cujos textos contêm, segundo ele, um modelo ou um atributo do universo – o infinito, o inumerável, o tempo, o todo da consciência, das relações, das condições, das possibilidades e das impossibilidades.

É, entretanto, nos textos de Carlo Emilio Gadda que ele irá reconhecer seu modelo de romance como grande rede, onde cada vida se representa enquanto uma enciclopédia aberta, uma biblioteca, um inventário de objetos, de informações, de leituras, uma amostragem de estilos, onde tudo pode ser remexido e reordenado de todas as maneiras possíveis.

Nos textos breves de Gadda, bem como em cada episódio de seus romances, cada objeto mínimo é visto como o centro de uma rede de relações de que o escritor não consegue se esquivar, multiplicando os detalhes a ponto de suas descrições e divagações se tornarem infinitas. De qualquer ponto que parta, seu discurso se alarga de modo a compreender horizontes sempre mais vastos, e se pudesse desenvolver-se em todas as direções acabaria por abraçar o universo inteiro[1].

A idéia de integrar, numa mesma rede, conhecimento e emoção, várias experiências e estilos, onde tudo pode ser continuamente remexido e reordenado de todas as maneiras possíveis, sob o princípio de amostragem potencial do narrável, engendra a totalidade potencial, conjectural, multíplice dos hiper-romances que emblematizam a literatura do próximo milênio. Essa radiografia do hiper-romance como rede pode ser reconhecida na grande arte de Guimarães Rosa, que conjuga todas as propriedades descritas por Calvino, sem deixar ademais de conter a chave de sua própria traduzibilidade.

Como seu personagem "Cara-de-Bronze", que viaja sem sair do quarto, o escritor mineiro descobriu, mediante efetivo trânsito por inumeráveis países e línguas, a transitar por diferentes temporalidades, culturas e geografias, a partir de sua máquina de escrever. A imagem da interface entre as inumeráveis barreiras desconstruídas pelo Chefe do Serviço de Demarcação de Fronteiras teria que ajustar-se à forma de um mapa migrante, sem fronteiras ou legendas. Móvel e remanejável como um tabuleiro de xadrez, o mapa de Rosa agencia infinitas combinações territoriais, cujo traçado aceita a intervenção simultânea de negociações e acaso. Hábil estrategista, Guimarães Rosa conhece profundamente os lances mediante os quais pode reciclar os lugares fixos da geografia e da história, para criar múltiplas redes de sentido, as quais vazam das linhas de fuga de cada um de seus textos, para se enredar nas combinações recursivas entre vida e obra do escritor.

Num triz de um relance, assisti pela TV a uma cena da Bienal de Arte Moderna de 1998 (MAM, São Paulo), em que esteve em evidência a montagem performativa de um mapa dos Estados Unidos, cujas demarcações, inicialmente nítidas, desapareceram em poucos dias. Estados, cidades, relevo, redes hidrográficas etc. foram cartografadas com distintas cores de areia misturada com açúcar. Transplantada para esse mapa, uma faminta população de formigas inicia sua deambulação pelo universo sem fronteiras do mapa, o que irá gerar uma mescla de cores, fazendo pouco a pouco desaparecer os limites territoriais. Este protótipo de um novo universo em mutação poderia perfeitamente constituir um plano-piloto para a cenografia rosiana. Em diferentes épocas e escalas, Poty, capista das primeiras edições de obras de Rosa, e, posteriormente, Arlindo Daibert com suas imagens do grande sertão projetaram, em seus respectivos mapas, a perfeita tradução inter-semiótica da cartografia móvel que enforma o romance *Grande Sertão: Veredas*.

Em um recente Congresso de Literatura Comparada, Roberto Schwarz endossava o mérito atribuído a Guimarães Rosa, no sentido de fazer brotar uma literatura como a sua basicamente a partir da cultura oral que vem sobrevivendo pelas margens em vários séculos de colonização. Ou seja, no seu entendimento, a falta de acesso à escrita produziu, paradoxalmente, um grande escritor[2]. Ainda que Rosa conjugasse restauração e renovação da tradição oral, explorar a tonalidade da cor local não era o procedimento mais forte da sua escrita, que trata, na verdade, de mesclar matrizes mediante a superposição de vários outros matizes. Posto existir na obra rosiana uma forte recorrência ao acervo da oralidade, ao desclicherizar e reestruturar a morfologia do "era uma vez", o escritor-diplomata não só renova e restaura a voz recalcada da tradição oral, como a recoloca em lúdica interação com a plasticidade dos signos postos em rotação pelas vanguardas poéticas latino-americanas e européias.

Graças a esse *revival*, o tradicional "Aí, num belo dia..." pode converter-se, numa reviravolta performática do escritor mineiro, em "Ah, e, vai, um feio dia..." (*GSV*, 275). Nos contos de *Primeiras Estórias*[3], cujo título já traz, em si mesmo, o emblema do descondicionamento, há incontáveis senhas a abrir ou fechar as estórias e, em paralelo, a desfossilizar os sentidos esvaziados pela repetição da mesma clave, como atestam estes exemplos: em "Os Cimos": "Outra era a vez" (p. 168); em "As Margens da Alegria": "Era outra vez, em quando, a Alegria" (p. 7); e em "Famigerado": "Foi de incerta feita — o evento" (p. 9).

Mas é, no romance *Grande Sertão: Veredas*, que Rosa leva esse procedimento até as últimas conseqüências. O relato do narrador Riobaldo mescla "história" com "estória", as duas mais emblemáticas espécies narrativas. Ainda que ambas tenham prestígio diferenciado, ao colocá-las em relação litigante, o escritor repete o mesmo procedimento fronteiriço adotado em outras categorias temáticas e estruturantes de sua poética. Nesta obra, o escritor encena um depoimento, que Riobaldo, um fazendeiro "quase barranqueiro", concede a um senhor culto que vem da "cidade" para conhecer de perto o universo sertanejo, sua cultura, seus mitos e mais diretamente a história de apogeu e decadência da jagunçagem. Riobaldo, a despeito de ser, ao tempo da entrevista, um respeitado fazendeiro, havia-se tornado uma figura legendária na pele de um beligerante chefe de jagunços. Durante três dias, o ex-jagunço, conhecido pelo epíteto guerreiro de "Urutu Branco", hospeda seu entrevistador, tratando-o com honrarias somente concedidas a convidados ilustres.

Meio jornalista, meio escritor, meio etnólogo, o entrevistador anota em suas cadernetas de campo o depoimento de Riobaldo, ex-jagunço iniciado nas armas e nas primeiras letras, o qual se impusera a tarefa heróica de livrar o sertão do mal da jagunçagem. A despeito de ter cumprido sua missão e de ser um avatar dos valores de sua comunidade e, enquanto tal, responsável por transformações de ordem ética, política e sociocultural, Riobaldo possui, diferentemente de heróis canônicos, uma estatura bastarda, periférica, reificada, decorrente de condições de subdesenvolvimento, subumanidade e subalternidade do grupo que ele encarna e representa.

Não possuindo a autoridade da narrativa épica ou da crônica oficial, o testemunho oral do ex-jagunço só se tornará exemplar e só terá assegurada sua aura, caso entre em interlocução com alguém cujo (suposto) saber seja capaz de conferir-lhe legitimidade e assegurar-lhe a difusão. É sobretudo nesse sentido que o romance se constrói sob a forma de depoimento ou de entrevista, sob a forma de diálogo. Trata-se, todavia, de um monodiálogo ou "diálogo pela metade"[4]. Ainda que pareça ocorrer de fato uma entrevista (realizada pelo homem culto que vem de fora), as únicas palavras que se ouvem e causam crescente encantamento no leitor (através da recepção deslumbrada do entrevistador) são as do sujeito da enunciação, ou seja, do entrevistado/narrador do romance, como se, dessa forma, o autor implícito estivesse dando hora e vez à voz recalcada do sujeito subalterno.

Desde seu início, *Grande Sertão: Veredas* assume uma estrutura inusitada, visto confrontar – de chofre – seus leitores com uma fala indiciadora de que o entrevistado apresenta-se como um "muito pobre coitado" e que, apesar de já iniciado nas letras, denota inveja da cultura, da "suma doutoração" de seu interlocutor (*GSV*, 13). Trata-se, contudo, de um logro, visto Riobaldo dizer-se insciente e fazer indagações acerca de aporias existenciais e metafísicas sobre as quais ele paradoxalmente (e ironicamente) se mostra dotado de profunda sabedoria. Vemo-lo já na abertura do romance sobrepujando seu entrevistador quando, ao lhe responder, denega a hipótese implícita à pergunta inicial, cuja formulação nós, leitores, desconhecemos, mas que teremos, entretanto, de refazer a todo instante. Desde que nos deixamos envolver por um pacto ficcional diabólico instituído entre o sujeito da enunciação e seu interlocutor, torna-mo-nos também pactários da escritura a inaugurar um universo que é e não é verificável ao mesmo tempo. Um mundo sertanejo e universal, celestial e infernal, onde anjos e demônios, latifundiários e jagunços falam, como estrangeiros, uma língua estranha, vertiginosamente mediada por outras.

Dessa forma, desde seu início, o romance (o próprio pacto ficcional já o enuncia) gera a desconfiança de que estamos sendo provocados por insuspeitados protocolos discursivos a nos ameaçar com uma estética que corremos o risco de não compreender. É o desafio de um novo começo, obrigando-nos a reformular valores éticos, paradigmas estéticos e indagações filosóficas.

O "monodiálogo" entabulado por Riobaldo – em si mesmo, uma exceção à regra das conversações – inicia-se com um "travessão" e vai terminar em "travessia". Depois da "travessia", último signo verbal do romance, a rede recursiva, aparentemente esgotada, reinicia-se, inesperadamente, com um ícone, como se vê no recorte reproduzido na página seguinte.

Símbolo do hibridismo, do infinito, da linha de *moebius* e daquela serpente que morde a própria cauda, o ícone inscrito no fim do romance não apenas sugere que o chefe Urutu-Branco continuará usando veneno e antídoto para curar a provecta endemia colonial que, mesmo depois do ingresso do país na modernidade, ainda acomete o arcaico mundo do sertão/Brasil, bem como estará abrindo os elos de sua cadeia interativa para inserir novos leitores no pacto ficcional por ele proposto. Seja no início, no meio ou no

Então êle sorriu, o pronto sincero, e me vale me respondeu:

— "Tem cisma não. Pensa para diante. Comprar ou vender, às vêzes, são as ações que são as quase iguais..."

E me cerro, aqui, mire e veja. Isto não é o de um relatar passagens de sua vida, em tôda admiração. Conto o que fui e vi, no levantar do dia. Auroras.

Cerro. O senhor vê. Contei tudo. Agora estou aqui, quase barranqueiro. Para a velhice vou, com ordem e trabalho. Sei de mim? Cumpro. O Rio de São Francisco — que de tão grande se comparece — parece é um pau grosso, em pé, enorme... Amável o senhor me ouviu, minha idéia confirmou: que o Diabo não existe. Pois não? O senhor é um homem soberano, circunspecto. Amigos somos. Nonada. O diabo não há! É o que eu digo, se fôr... Existe é homem humano. Travessia.

final das narrativas de Guimarães Rosa, o processo, que faz com que cada texto do escritor seja reenviado a uma infinda e recursiva cadeia hipertextual, que não só remete a si mesma, como também à heterogeneidade conflitiva do "sertão-mundo".

Encarnação da condição ambígua de jagunço e letrado, Rioaldo, como tantos intelectuais latino-americanos, a exemplo de Che Guevara, usa uma das mãos para manejar armas de fogo e a outra para escrever poemas. Colocado numa posição transitiva, o narrador-protagonista de *Grande Sertão: Veredas* é o transculturador que vive entre duas águas, entre Deus e o demo, entre Diadorim e Otacília, entre latifundiários e jagunços, entre ser e não ser ao mesmo tempo. Para realizar sua missão heróica, ou seja, combater o mal da jagunçagem, estendendo, para tanto, uma ponte entre instâncias distintas e dissociadas, Riobaldo se apropria dos vetores de Zé Bebelo, seu mestre de guerra, segundo o qual "A gente tem de sair do sertão! mas só se sai do sertão é tomando conta dele a dentro..." (GSV, 260).

A grande lição dessa passagem, que faz do mestre "aquele que de repente aprende", é a de que só é possível mudar um sistema conhecendo bem o seu modelo constituinte, o que será viável mediante o manejo de uma perspectiva mediada por outros parâmetros. Assim, a menos que se manejem bem os paradigmas da cristalizada herança colonial, ainda resistente em setores arcaicos de regiões brasileiras e latino-americanas, nosso atraso cultural e nossa dependência econômica continuarão persistindo. Pactuar é, portanto, preciso. O duplo gesto de assimilação e resistência encerrado nos pactos e traições de Riobaldo fazem dele um emblema de todos os devedores inadimplentes da história de dependência econômica e cultural latino-americana a desembocar hoje nas intermináveis pendências do Banco Central com o FMI, o que, real e simbolicamente, torna endividados todos os brasileiros.

Não havendo como saldar a letra que sela a dívida concreta legada pelo pai/antigas oligarquias rurais/colonizador, Guimarães Rosa o faz simbolicamente, introduzindo a letra que assinala a nossa falta. Através de um jogo de "passa-anel", há uma "dádiva" de amor, que Riobaldo transforma em "dívida". Esta, por sua vez, retorna sob a forma de uma letra móvel que vai sobrar em "dávdiva"[5], forma híbrida de dádiva e dívida. Investido em condensar pedras e perdas, dádivas e dívidas, esse deslizamento metonímico se constrói basicamente da seguinte forma: Riobaldo compra uma pedra "safira" em Araçuaí e a dá de presente a Diadorim, que lhe pede para guardá-la. Mais tarde, ele usa a mesma pedra para selar seu noivado com Otacília. A cada vez que a pedra desloca, Riobaldo, sem o perceber, troca-lhe o nome (a primeira vez que menciona o assunto "pedra", Riobaldo fala em "pedras turmalinas" de Araçuaí)[6]. Nesse processo de transmutação de pedras que o narrador coloca em seu próprio caminho, a "safira" vira "topázio" e depois "ametista". Quando mais tarde, as dívidas de nosso devedor retornam como alguma coisa que falta, o ato falho aflora na forma ambígua de "erro e troco". No triz do espanto disso que inesperadamente atravessa um real imprevisto e inassimilável, o erro e o troco desenham na materialidade da pedra o fulgor significante de toda uma história de perda.

O deslizamento das pedras foi representado por Arlindo Daibert. À representação pictural desse artista plástico, segue o texto de Guimarães Rosa onde a fusão de "dádiva" e "dívida" resulta em "dávdiva".

Pactário, traidor e devedor inadimplente, o protagonista da obra-prima rosiana coloca-se na posição ambígua de assimilação e resistência aos preceitos de um legado colonial pelo qual é cobrado, mas do qual não se aceita devedor. Trocar de letra, mudar os nomes, trocar as pedras com que esbarra no meio do caminho é uma forma insurgente de reformular uma longa história de dependência político-econômica e gerar novas formas de trocas e trocos.

As linhas de fuga do mapa rosiano se deslocam. Em sua poética de fronteiras, o escritor mineiro agencia, a partir de seu heterotópico *locus* de enunciação, uma tal dança de signos, que se perde a noção dos limites entre eu e o outro, o local e o universal, o oral e o escrito, a renovação e a restauração. Ao inventariar, restaurar, reinventar suas fontes, Guimarães Rosa suplementa as potencialidades inconcluídas da literatura (e da modernidade) brasileira e latino-americana. Dessa forma, diferentemente de demarcações identitárias e de cartografias referenciais, os flutuantes portos de palavras rosianas criam zonas de confluência para a coexistência

A PEDRA DA DÁVDIVA

Otacília a tudo estava exposta, por culpa de maus conselhos. — *O seô Habão entregou a ela a pedra de ametista...* — eu falei. Alto falei; e não queria que o Alaripe ressoasse: "... entregou a ela a pedra..." Isto é: a pedra era de *topázio*! — só no bocal da idéia de contar é que erro e troco — o confuso assim. Diadorim sofria mais de tudo, quem sabe, por conta da *dávdiva* daquela pedra. Otacília não devia de ter vindo. Eu — Essas andanças![7] [dois últimos itálicos meus].

contraditória e desierarquizada entre línguas e culturas de distintas temporalidades e procedências. Como num mapa errante, essa nova configuração discursiva dá visibilidade a identidades em curso, a pátrias itinerantes, a inter-relação entre mundos geográfica e culturalmente separados que, em confronto e negociação, desconstroem territorialidades fixas para sinalizar uma nova forma de ler e habitar o mundo.

Em suas reflexões sobre o exílio, Said endossa o pensamento de Steiner, segundo o qual todo o gênero de literatura do século xx é "extraterritorial", visto quase sempre se pautar em ficções realizadas no porto errante das diásporas, por exilados e sobre exilados: "Parece apropriado [afirma Steiner] que aqueles que criam arte numa civilização de quase barbárie, que produziu tanta gente sem lar, sejam eles mesmos poetas sem casa e errantes entre as línguas"[8]. Ao divisar nesta literatura o próprio símbolo da era do refugiado, Said ilumina nossa hipótese de que, na sua estratégia ficcional de pulverizar fronteiras, a obra de Guimarães Rosa se insere nas literaturas "extraterritoriais", onde "o interior e o exterior já não podem ser separados"[9]. Trata-se indubitavelmente de uma obra de cujos fluxos multidirecionais se acena a promessa de integrações supranacionais de cabal importância para o Brasil e a América Latina, (mal) ajustados a um universo onde ainda hoje prevalecem intercâmbios culturais e econômicos desiguais.

NOTAS

1. Calvino, *Seis Propostas para o Próximo Milênio*, p. 122.
2. Sarlo e Schwarz, *Leituras de Ciclo*, p. 290.
3. Rosa, *Primeiras Estórias*.
4. Sobre a forma discursiva de "diálogo pela metade" assumida por Riobaldo, na conversação com o seu interlocutor, ver Schwarz, em *op. cit.*, p. 38.
5. Quando li pela primeira vez a palavra "dávdiva" tomei-a por erro de revisão da edição do *Grande Sertão: Veredas* com que estou trabalhando (João Guimarães Rosa, *Grande Sertão:*

Veredas, 21. ed., Rio de Janeiro, Nova Fronteira, 1986, p. 531). Contudo, ao cotejar este exemplar com outras edições (*Grande Sertão: Veredas*, 1. ed., Rio de Janeiro, Livraria José Olympio, 1956, p. 556; *Grande Sertão: Veredas*, 2. ed., Rio de Janeiro, Livraria José Olympio, 1958, p. 535; *Grande Sertão: Veredas*, 3. ed., Rio de Janeiro, Livraria José Olympio, 1964, p. 430; *Grande Sertão: Veredas*, 5. ed., Rio de Janeiro, Livraria José Olympio, 1967, p. 430; *Grande Sertão: Veredas*, 6. ed., Rio de Janeiro, Livraria José Olympio, 1968, p. 430), confirmo a grafia e, portanto, a intencionalidade do autor em explorar o efeito significante, excetuando-se, no entanto, a edição da Nova Aguilar que "corrige" a grafia de "dávdiva" para "dádiva", com evidente prejuízo de um dos mais preciosos jogos lingüísticos da obra rosiana (*Grande Sertão: Veredas*. In: *Guimarães Rosa: Ficção Completa*, Rio de Janeiro, Nova Aguilar, 1994, vol. II, p. 361.)

6. *Op. cit.*, 21. ed., p. 56.
7. *Op. cit.*, 21. ed., p. 531.
8. Edward Said, "Reflexões sobre o Exílio", *Reflexões sobre o Exílio e Outros Ensaios*, trad. Pedro Maria Soares, São Paulo, Companhia das Letras, 2001, p. 47.
9. "O interior e o exterior já não podem ser separados" é um verso de Goethe citado por Guimarães na entrevista a Günter Lorenz, em Lorenz, *op. cit.*, p. 50.

Referências bibliográficas

ACHUGAR, Hugo. *La Biblioteca en Ruinas: Reflexiones desde la Periferia*. Montevideo, Ediciones Trilce, 1994. Reflexiones desde la periferia; Sobre la ilusión interpretativa.

ANDERSON, Benedict. *Nação e Consciência Nacional*. Trad. Lólio Lourenço de Oliveira. São Paulo, Ática, 1989.

ANDRADE, Mário de. *Aspectos da Literatura Brasileira*. São Paulo, Martins, 1943. O movimento modernista.

ARAÚJO, Heloísa Vilhena de. *Guimarães Rosa: Diplomata*. Ministério das Relações Exteriores, Fundação Alexandre de Gusmão, 1987.

ARGUEDAS, José María. *El Zorro de Arriba y el Zorro de Abajo*. Buenos Aires, Editorial Losada, 1971.

ARISTÓTELES. *Arte Retórica e Arte Poética*. Trad. Antônio Pinto de Carvalho. Rio de Janeiro, Ediouro, s.d.

BAKHTIN, Mikhail. *A Cultura Popular na Idade Média e no Renascimento: O Contexto de François Rabelais*. Trad. Yara Frateschi Vieira. São Paulo/Brasília, Hucitec/Editora da Universidade de Brasília, 1987.

_____ . *Problemas da Poética de Dostoiévski*. Trad. Paulo Bezerra. Rio de Janeiro, Forense-Universitária, 1981.

BARTHES, Roland. *Aula*. Trad. Leyla Perrone-Moisés. São Paulo, Cultrix, 1989.

BAUDRILLARD, Jean. *Simulacros e Simulação*. Trad. Maria João da Costa Pereira. Lisboa, Relógio d'Água, 1991. A precessão dos simulacros.

BENJAMIN, Walter. *Magia e Técnica, Arte e Política*. São Paulo, Brasiliense, 1987. O narrador: considerações sobre a obra de Nikolai Leskov; Sobre o conceito de história.

_____ . *A Tarefa do Tradutor*. Trad. coletiva (Direção: Carlo Barck). Rio de Janeiro, UFRJ, 1992.

_____ . *Charles Baudelaire: Um Lírico no Auge do Capitalismo*. Trad. José C. M. Barbosa; Hermerson Baptista. São Paulo, Brasiliense, 1989.

BHABHA, Homi K. *O Local da Cultura*. Trad. Myriam Ávila et al. Belo Horizonte, Editora UFMG, 1998. Disseminação; Locais da cultura; O Pós-Colonial e o Pós-Moderno.

BIZZARRI, Edoardo. *J. Guimarães Rosa: Correspondência com seu Tradutor Italiano Edoardo Bizzarri*. São Paulo, T. A. Queiroz Editor, 1981.

BOLLE, Willi. "*Grande Sertão*", *Revista USP*, São Paulo, pp. 80-93, dez./fev. 1994-1995.

BORGES, Jorge Luis. *Otras Inquisiciones*. Madrid, Alianza Editorial, 1985. Magías parciales del Quijote.

BUENO, Raúl. "Sobre la Heterogeneidad Literaria y Cultural de América Latina". In: MAZZOTTI, José Antonio; AGUILAR, U. J. Zevallos (coord.). *Asedios a la Heterogeneidad Cultural: Libro de Homenaje a Antonio Cornejo Polar*. Philadelphia, Asociación Internacional de Peruanistas, 1996.

CAILLOIS, Roger. *O Homem e o Sagrado*. Trad. Geminiano Cascais Franco. Lisboa, Edições 70, 1988.

CALVINO, Italo. *Por que Ler os Clássicos*. Trad. Nilson Moulin. São Paulo, Companhia das Letras, 1991.

_____ . *Seis Propostas para o Próximo Milênio*. Trad. Ivo Barroso. São Paulo, Companhia das Letras, 1990.

CAMPOS, Augusto de. "Um Lance de 'Dês' do Grande Sertão". In: COUTINHO, Eduardo F. (org.). *Guimarães Rosa*. Rio de Janeiro, Civilização Brasileira, 1991.

CAMPOS, Haroldo de. "Para Além do Princípio da Saudade", *Folhetim*, São Paulo, nº 9, dez. 1984.

CANCLINI, Néstor García. "Los Estudios Culturales de los 80 a los 90: Perspectivas Antropológicas y Sociológicas en América Latina". In: HERLINGHAUS, Hermann; WALTER, Monika (ed.). *Posmodernidad en la Periferia*: *Enfoques Latinoamericanos de la Nueva Teoría Cultural*. Berlin, Langer, 1994.

_____ . "La Modernidad Después de la Posmodernidad". In: BELLUZZO, Ana Maria de Moraes (org.). *Modernidade*: *Vanguardas Artísticas na América Latina*. São Paulo, Memorial da América Latina, 1990.

_____ . *Culturas Híbridas*: *Estrategias para Entrar y Salir de la Moderni-*

dad. Buenos Aires, Editorial Sudamericana, 1995. Contradicciones latino-americanas.

CANDIDO, Antonio. *Formação da Literatura Brasileira: Momentos Decisivos*. São Paulo, Martins Fontes, 1959.

————. *Recortes*. São Paulo, Companhia das Letras, 1993. O Olhar Crítico de Ángel Rama; Literatura Comparada; Uma Palavra Instável.

————. *A Educação pela Noite e Outros Ensaios*. São Paulo, Ática, 1989. A Nova Narrativa; Literatura e Subdesenvolvimento.

————. *Tese e Antítese*: *Ensaios*. São Paulo, Nacional, 1964. O homem dos avessos.

————. *Sagarana*. In: COUTINHO, Eduardo F. (org.). *Guimarães Rosa*. Rio de Janeiro, Civilização Brasileira, 1991.

CAVALCANTE, Maria Neuma. "Cadernetas de Viagem: Os Caminhos da Poesia", *Revista do Instituto de Estudos Brasileiros*, São Paulo, nº 41, 1996.

CHEVALIER, Jean e CHEERBRANT, Alain. *Dicionário de Símbolos*. Trad. Vera da Costa e Silva et al. Rio de Janeiro, José Olympio, 1998.

COHN, Gabriel (org.). *Theodor W. Adorno*. São Paulo, Ática, 1986. (Col. Grandes Cientistas Sociais, n. 54).

COUTINHO, Eduardo F. (org.). *Guimarães Rosa*. Rio de Janeiro, Civilização Brasileira, 1991.

————. "Guimarães Rosa: Um Alquimista da Palavra". In: ROSA, João Guimarães. *Ficção Completa*. 3 vols. Rio de Janeiro, Nova Aguilar, 1994. vol. I.

DAIBERT, Arlindo. *Imagens do Grande Sertão*. Belo Horizonte, Editora UFMG, 1998.

DAMATTA, Roberto. *Carnavais, Malandros e Heróis*: *Para uma Sociologia do Dilema Brasileiro*. Rio de Janeiro, Rocco, 1997.

DELEUZE, Gilles. *Lógica do Sentido*. Trad. Luis Roberto Salinas Fortes. São Paulo, Perspectiva, 1988. Sobre o paradoxo.

————. *A Imagem-tempo*. Trad. Eloisa de Araujo Ribeiro. São Paulo, Brasiliense, 1990.

DELEUZE, Gilles e GUATTARI, Félix. *Mil Platôs: Capitalismo e Esquizofrenia*. 5 vols. Trad. Aurélio G. Neto e Célia P. Costa. Rio Janeiro, Editora 34, 1995, vol. I.

DERRIDA, Jacques. *A Farmácia de Platão*. Trad. Rogério da Costa. São Paulo, Iluminuras, 1991.

Duby, Georges et al. (org.). *História e Nova História*. Trad. Carlos da Veiga Ferreira. Lisboa, Teorema, s.d. O Historiador, Hoje.

Eliade, Mircea. *Mito e Realidade*. Trad. Pola Civelli. São Paulo, Perspectiva, 1991.

Escher, M.C. *29 Master Prints*. New York, Harry N. Abrams, Inc., Publishers, 1983.

Escolar, Marcelo. "Territórios de Dominação Estatal e Fronteiras Nacionais: A Mediação Geográfica da Representação Política". In: Santos, Milton et al. (org.). *Fim de Século e Globalização*. São Paulo, Hucitec, 1997.

Espartaco, Carlos. *Estetico Provisorio*. Buenos Aires, Klemm Editora, s.d. Regionalismo versus Globalización.

Fédida, Pierre. *Nome, Figura, Memória*: *A Linguagem na Situação Psicanalítica*. Trad. Martha Gambini e Claudia Berliner. São Paulo, Escuta, 1992. O Sítio do Estrangeiro.

Foucault, Michel. *A Arqueologia do Saber*. Trad. Luiz Felipe Baeta Neves. Rio de Janeiro/São Paulo, Forense-Universitária, 1977.

Freud, Sigmund. *Uma Neurose Infantil e Outros Trabalhos*. ESB. 24 vols. Trad. Adelheid Koch et al. Rio de Janeiro, Imago, 1976, vol. XVII. O Estranho.

————. *O Futuro de uma Ilusão, O Mal-estar na Civilização e Outros Trabalhos*. ESB. 24 vols. Trad. José Octávio de Aguiar Abreu. Rio de Janeiro, Imago, 1969, vol. XXI. O Mal-estar na Civilização.

————. *Totem e Tabu e Outros Trabalhos*. ESB. 24 vols. Trad. José Octávio de Aguiar Abreu. Rio de Janeiro, Imago, 1969, vol. XIII.

Fuentes, Carlos. "A Academia da Latinidade". *Folha de São Paulo*, 21 nov. 1999. Caderno Ilustrada, p. 7.

Galvão, Walnice Nogueira. *A Donzela-Guerreira: Um Estudo de Gênero*. São Paulo, SENAC São Paulo, 1998.

Geertz, Clifford. *Nova Luz sobre a Antropologia*. Trad. Vera Ribeiro. Rio de Janeiro, Jorge Zahar Editor, 2000.

Guattari, Félix. "O Novo Paradigma Estético". In: Schnitman, Dora Fried (org.). *Novos Paradigmas, Cultura e Subjetividade*. Trad. Jussara H. Rodrigues. Porto Alegre, Artes Médicas, 1996.

————. *Caosmose*: *Um Novo Paradigma Estético*. Trad. Ana Lúcia de Oliveira e Lúcia Cláudia Leão. Rio de Janeiro, Editora 34, 1992.

Guimarães, Vicente de Paulo. *Joãozito*: *Infância de João Guimarães Rosa*. Rio de Janeiro, José Olympio, 1972.

Habermas, Jürgen. *O Discurso Filosófico da Modernidade*. Trad. Ana Maria Bernardo et al. Lisboa, Publicações Dom Quixote, 1990.

HALL, Stuart. *A Identidade Cultural na Pós-modernidade*. Trad. Thomaz T. da Silva e Guacira Lopes Louro. Rio de Janeiro, DP&A Editora, 1999. O Global, o Local e o Retorno da Etnia.

HUYSSEN, Andreas. *Memórias do Modernismo*. Trad. Patrícia Farias. Rio de Janeiro, Editora UFRJ, 1997. Escapando da Amnésia – o Museu como Cultura de Massa.

JAUSS, Hans Robert. "A Estética da Recepção: Colocações Gerais". In: LIMA, Luiz Costa (coord.). *A Literatura e o Leitor: Textos de Estética da Recepção*. Trad. Luiz Costa Lima. São Paulo, Paz e Terra, 1979.

LACLAU e MOUFFE. *Hegemony and Socialist Strategy*, p. 111. *Apud* BARRETT, Michèlle. "Ideologia, Política e Hegemonia: de Gransci a Laclau e Mouffe". In: ZIZEK, Slavoj (org.). *Um Mapa da Ideologia*. Trad. Vera Ribeiro. Rio de Janeiro, Contraponto, 1996.

LE GOFF, Jacques. *História e Memória*. Trad. Irene Ferreira, Bernardo Leitão, Suzana F. Borges. Campinas, Editora da Unicamp, 1996.

LEITE, João Batista Boaventura. *Morro da Garça, no Centenário da Paróquia e da Matriz*. Juiz de Fora, Esdeva Empresa Gráfica, 1987.

LÉVI-STRAUSS, Claude. *O Pensamento Selvagem*. Trad. Tânia Pellegrini. Campinas, Papirus, 1989.

LÉVY, Pierre. *O Que É o Virtual?* Trad. Paulo Neves. São Paulo, Editora 34, 1996.

LIENHARD, Martim. "De Mestizages, Heterogeneidades, Hibridismos y otras Quimeras". In: MAZZOTTI, José Antonio; AGUILAR, U. J. Zevallos (coord.). *Asedios a la Heterogeneidad Cultural: Libro de Homenaje a Antonio Cornejo Polar*. Philadelphia, Asociación Internacional de Peruanistas, 1996.

LIMA, Luiz Costa. "O Mundo em Perspectiva". In: COUTINHO, Eduardo F. (org.). *Guimarães Rosa*. Rio de Janeiro, Civilização Brasileira, 1991.

LIMA, Sônia Maria van Dijck. "João Guimarães Rosa: Cronologia de Vida e Obra", *Revista do Instituto de Estudos Brasileiros*, São Paulo, n° 41, pp. 249-254, 1996.

LYOTARD, Jean-François. *O Inumano: Considerações sobre o Tempo*. Trad. Ana Cristina Seabra e Elisabete Alexandre. Lisboa, Estampa, 1989. Reescrever a Modernidade.

MACHADO DE ASSIS, J. M. "História de 15 Dias". In: COUTINHO, Afrânio (org.). *Machado de Assis: Obra Completa*. 3 vols. Rio de Janeiro, Nova Aguilar, 1992, vol.3.

_____ . *Dom Casmurro*. In: COUTINHO, Afrânio (org.). *Machado de Assis: Obra Completa*. 3 vols. Rio de Janeiro, José Aguilar, 1959, vol. 1.

MACIEL, Maria Esther. *As Vertigens da Lucidez: Poesia e Crítica em Octavio Paz*. São Paulo, Experimento, 1995.

MANDELBROT, Benoit. "Fractais: Uma Forma de Arte a Bem da Ciência". In: PARENTE, André (org.). *Imagem-máquina: A Era das Tecnologias do Virtual*. Rio de Janeiro, Editora 34, 1996.

MEYER-CLASON, Curt. "João Guimarães Rosa e a Língua Alemã" (xerox do texto original fornecido pelo autor, em 1998).

MIGNOLO, Walter. "Decires Fuera de Lugar: Sujetos Dicentes, Roles Sociales y Formas de Inscripción", *Revista de Crítica Latinoamericana*, Lima-Berkeley, n° 41, pp. 9-31, 1995.

_____ . "Palabras Pronunciadas con el Corazón Caliente: Teorías del Habla, del Discurso y de Escritura". In: PIZARRO, Ana (org.). *América Latina: Palavra, Literatura e Cultura*. São Paulo/Campinas, Memorial/Unicamp, 1993.

MONEGAL, Emir Rodríguez. "Em Busca de Guimarães Rosa". In: COUTINHO, Eduardo F. (org.). *Guimarães Rosa*. Rio de Janeiro, Civilização Brasileira, 1991.

MONTE ALTO, Rômulo. *El Zorro de Arriba y el Zorro Abajo de José Maria Arguedas: O pachachaca Sobre a Modernidade Latino-americana*. Belo Horizonte, 1999. 166 p. (Dissertação, Mestrado em Estudos Literários) – FALE, UFMG.

MORAÑA, Mabel (ed.). *Ángel Rama y los Estudios Latinoamericanos*. Pittsburg, Instituto Internacional de Literatura Iberoamericana, 1997. Ideología de la Transculturación.

MOREIRAS, Alberto. "José María Arguedas y el Fin de la Transculturación". In: MORAÑA, Mabel (ed.). *Ángel Rama y los Estudios Latinoamericanos*. Pittsburg, Instituto Internacional de Literatura Iberoamericana, 1997.

MORIN, Edgar. "Epistemologia da Complexidade". In: SCHNITMAN, Dora Fried (org.). *Novos Paradigmas, Cultura e Subjetividade*. Trad. Jussara Haubert Rodrigues. Porto Alegre, Artes Médicas, 1996.

NIETZSCHE, Friedrich. *Obras Incompletas*. São Paulo, Abril Cultural, 1978. A arte em "O Nascimento da Tragédia"; Sobre o Nascimento da Tragédia; Considerações Extemporâneas; Sobre Verdade e Mentira.

NOVALIS, Friedrich von Hardenberg. *Pólen: Fragmentos, Diálogos, Monólogo*. Trad. Rubens Torres Filho. São Paulo, Iluminuras, 1988.

NUNES, Benedito. "Narrativa Histórica e Narrativa Ficcional". In: RIEDEL, Dirce Côrtes (org.). *Narrativa: Ficção e História*. Rio de Janeiro, Imago, 1988.

PAZ, Octavio. *A Outra Voz*. Trad. Wladir Dupont. São Paulo, Siciliano, 1993.

————. *O Arco e a Lira*. Trad. Olga Savary. Rio de Janeiro, Nova Fronteira, 1984.

————. *Traducción: Literatura y Literalidad*. Barcelona, Tusquets, 1981.

PEDROSA, Mario. *Dos Murais de Portinari aos Espaços de Brasília*. São Paulo, Perspectiva, 1981.

PEET, Richard. "Mapas do Mundo no Fim da História". In: SANTOS, Milton et al. *O Novo Mapa do Mundo: Fim de Século e Globalização*. São Paulo, Hucitec, 1997.

PEIXOTO, Nelson Brissac. "O Olhar do Estrangeiro". In: NOVAES, Adauto (org.). *O Olhar*. São Paulo, Companhia das Letras, 1995.

PEREZ, Renard. "Guimarães Rosa". In: COUTINHO, Eduardo F. (org.). *Guimarães Rosa*. Rio de Janeiro, Civilização Brasileira, 1991.

PERRONE-MOISÉS, Leyla. *Altas Literaturas*. São Paulo, Companhia das Letras, 1998. O Modernismo em Ruínas.

PIGLIA, Ricardo. "Memoria y Tradición". Congresso ABRALIC (2: 1990: Belo Horizonte). *Anais...* vol. 1. Belo Horizonte, UFMG, 1991.

PIZARRO, Ana (org.). *América Latina: Palavra, Literatura e Cultura*. São Paulo/ Campinas, Memorial/Unicamp, 1993. Palabra, Literatura y Cultura en las Formaciones Discursivas Coloniales.

POLAR, Antonio Cornejo. "Mestizage, Transculturación, Heterogeneidad". In: MAZZOTTI, José Antonio; AGUILAR, U. J. Zevallos (coord.). *Asedios a la Heterogeneidad Cultural: Libro de Homenaje a Antonio Cornejo Polar*. Philadelphia, Asociación Internacional de Peruanistas, 1996.

PROENÇA, M. Cavalcanti. *Trilhas do Grande Sertão*. Rio de Janeiro, Serviço de Documentação do MEC, 1958. (Os Cadernos de Cultura, 114).

RAMA, Ángel. *A Cidade das Letras*. Trad. Emir Sader. São Paulo, Brasiliense, 1985.

————. *Transculturación Narrativa en América Latina*. Montevideo, Arca Editorial, 1989.

RENAN, Ernest. "What is a Nation?". In: ZIMMERN, Alfred. *Modern Political Doctrines*. Oxford, 1939, p. 192. *Apud* HOBSBAWN, Eric. J. *Nações e Nacionalismo desde 1780: Programa, Mito e Realidade*. Trad. Maria C. Paoli e Anna M. Quirino. São Paulo, Paz e Terra, 1991.

RICOEUR, Paul. *Filosofias: Entrevistas do Le Monde*. Trad. Nuno Ramos. São Paulo, Ática, 1990.

RÓNAI, Paulo. "Os Vastos Espaços." In: ROSA, João Guimarães. *Primeiras Estórias*. Rio de Janeiro, José Olympio, 1969.

Rosa, João Guimarães. "Carta de 14 de outubro a Jean-Jacques Villard", *Folha de São Paulo*, 30 jul. 1996, caderno *Mais!*.

_____ . *Guimarães Rosa: Ficção Completa*. 2 vols. Rio de Janeiro, Nova Aguilar, 1994. vol. 1. Diálogo com Guimarães Rosa.

_____ . "Entrevista a Fernando Camacho". In: Araújo, Heloísa Vilhena de. *Guimarães Rosa: Diplomata*. Ministério das Relações Exteriores, Fundação Alexandre de Gusmão, 1987.

_____ . *Corpo de Baile: Sete Novelas*. 1. ed. Rio de Janeiro, José Olympio, 1956.

_____ . *Corpo de Baile: Sete Novelas*. 2. ed. Rio de Janeiro, José Olympio, 1960.

_____ . *Estas Estórias*. Rio de Janeiro, José Olympio, 1969. Entremeio com o Vaqueiro Mariano.

_____ . *Grande Sertão: Veredas*. In: *Guimarães Rosa: Ficção Completa*. Rio de Janeiro, Nova Aguilar, 1994. vol. II.

_____ . *Grande Sertão: Veredas*. 1. ed. Rio de Janeiro, Livraria José Olympio, 1956.

_____ . *Grande Sertão: Veredas*. 2. ed. Rio de Janeiro, Livraria José Olympio, 1958.

_____ . *Grande Sertão: Veredas*. 3. ed. Rio de Janeiro, Livraria José Olympio, 1964.

_____ . *Grande Sertão: Veredas*. 5. ed. Rio de Janeiro, Livraria José Olympio, 1967.

_____ . *Grande Sertão: Veredas*. 6. ed. Rio de Janeiro, Livraria José Olympio, 1968.

_____ . *Grande Sertão: Veredas*. 21. ed. Rio de Janeiro, Nova Fronteira, 1984.

_____ . *Manuelzão e Miguilim*. Rio de Janeiro, José Olympio, 1970. Campo geral; Uma Estória de Amor (Festa de Manuelzão).

_____ . *Noites do Sertão*. Rio de Janeiro, José Olympio, 1969. Buriti.

_____ . *No Urubùquaquá, no Pinhém*. Rio de Janeiro, José Olympio, 1969. Cara-de-Bronze; O Recado do Morro.

_____ . *Primeiras Estórias*. Rio de Janeiro, José Olympio, 1969. As Margens da Alegria; A Menina de Lá; A Terceira Margem do Rio; Sorôco, Sua Mãe, Sua Filha.

_____ . *Sagarana*. Rio de Janeiro, José Olympio, 1971, p. 340. A Hora e a Vez de Augusto Matraga.

_____ . *Tutaméia: Terceiras Estórias*. Rio de Janeiro, José Olympio, 1968.

Rosa, Vilma Guimarães. *Relembramentos: João Guimarães Rosa, Meu Pai*. Rio de Janeiro, Nova Fronteira, 1983.

Rouanet, Sérgio Paulo. "Saudades de Roma", *Folha de São Paulo*, 10 jun. 2001, caderno *Mais!*.

Said, Edward W. *Cultura e Imperialismo*. Trad. Denise Bottman. São Paulo, Companhia das Letras, 1995.

————. "Reflexões sobre o Exílio". In: *Reflexões sobre o Exílio e Outros Ensaios*. Trad. Pedro Maria Soares. São Paulo, Companhia das Letras, 2001, p. 47.

Santiago, Silviano. *Uma Literatura nos Trópicos*. São Paulo, Perspectiva, 1978. O Entre-lugar do Discurso Latino-americano.

Santos, Boaventura de Sousa. *Pela Mão de Alice: O Social e o Político na Pós-Modernidade*. São Paulo, Cortez Editora, 1995. Modernidade, Identidade e Cultura de Fronteira.

Sarlo, Beatriz e Schwarz, Roberto. "Literatura e Valor". In: Andrade, Ana Luiza et al. (org.). *Leituras de Ciclo*. Florianópolis, abralic, Grifos, 1999.

Schmidt, Augusto Frederico. "A Saga de Rosa", *Correio da Manhã*. Rio de Janeiro, 18 jan. 1952. *Diálogo*, São Paulo, nº 8, p. 124, nov. 1957.

Schwarz, Roberto. *Ao Vencedor as Batatas: Forma Literária e Processo nos Inícios do Romance Brasileiro*. São Paulo, Duas Cidades, 1991. As Idéias Fora do Lugar.

————. *A Sereia e o Desconfiado*. São Paulo, Paz e Terra, 1981. Grande-sertão: a Fala.

Souza, Eneida Maria de. "O Espaço Nômade do Saber", *Revista Brasileira de Literatura Comparada*, São Paulo, nº 2, maio 1994.

————. "Paisagens Pós-utópicas". In: Andrés, Aparecida (org.). *Utopias: Sentidos Minas Margens*. Belo Horizonte, Editora ufmg, 1993.

————. *A Pedra Mágica do Discurso*. Belo Horizonte, Editora ufmg, 1999.

————. *O Século de Borges*. Belo Horizonte/Rio de Janeiro, Autêntica/Contra Capa, 1999.

Spita, Silvia. "Traición y Transculturación: Los Desgarramientos del Pensamiento Latinoamericano". In: Moraña, Mabel (ed.). *Ángel Rama y los Estudios Latinoamericanos*. Pittsburg, Instituto Internacional de Literatura Iberoamericana, 1997.

Süssekind, Flora. *O Brasil Não É Longe Daqui: O Narrador, a Viagem*. São Paulo, Companhia das Letras, 1990.

TABUCCHI, Antonio. "O Olhar Insondável", *Folha de São Paulo*, 30 jul. 1996, caderno *Mais!*, p. 7.

VASCONCELOS, Sandra Guardini Teixeira. "Os Mundos de Rosa". In: COSTA, Francisco (ed.). "30 Anos sem Guimarães Rosa", *Revista USP*, São Paulo, n° 36, dez./jan./fev. 1997-1998.

_____ . *Puras Misturas*. São Paulo, Hucitec, 1997.

VILLAMOND, Jacques. *Voyages du sieur de Villamont en Europe, Asie et Afrique.* (Paris, 1596, 1600 e 1602; Arras, 1598 e 1605; Lyon, 1606; Rouen, 1608, 1610 e 1613; Liège, 1608).

VIRILIO, Paul. *O Espaço Crítico e as Perspectivas do Tempo Real*. Trad. Paulo Roberto Pires. Rio de Janeiro, Editora 34, 1995.

WHITE, Hayden. *Meta-História*. Trad. José Laurênio de Melo. São Paulo, Edusp, 1992.

Lista de ilustrações

Detalhe da gravura "Sem título", DAIBERT. *Imagens do Grande Sertão*, 1998, p. 57.

Detalhe da gravura "Sem título", DAIBERT. *Imagens do Grande Sertão*, 1998, p. 91.

Detalhe de página, ROSA. *Grande Sertão: Veredas*. 3. ed. Rio de Janeiro, José Olympio, 1964, p. 460.

Detalhe da gravura "A pedra de turmalina", DAIBERT. *Imagens do Grande Sertão*, 1998, p. 67.

Título	*Guimarães Rosa: Fronteiras, Margens, Passagens*
Autora	Marli Fantini
Design	Ricardo Assis
	Negrito Produção Editorial
Assistentes de Design	Tomás Martins
	Ana Paula Fujita
Formato	16 x 23 cm
Tipologia	Sabon
Impressão	Lis Gráfica

Este livro foi impresso na
LIS GRÁFICA E EDITORA LTDA.
Rua Felício Antônio Alves, 370 – Bonsucesso
CEP 07175-450 – Guarulhos – SP – Fax: (11) 3382-0778
Fone: (11) 3382-0777 – e-mail: lisgrafica@lisgrafica.com.br